U0927709

中国—东盟

经贸争端解决的法制研究

潘星容　著

人民出版社

序

以高等学校青年骨干教师身份来北大访学的潘星容老师，在燕园百花竞放的春天里奉献出一部新作——《中国—东盟经贸争端解决的法制研究》。

中国与东盟国家间的经贸往来源远流长，近年来正不断向新的深度和广度发展。《中国—东盟经贸争端解决的法制研究》中所探讨的中国—东盟经贸争端解决机制，不仅有效保障中国—东盟自贸区（CAFTA）运行，为南南合作争端解决的处理提供一个参照、借鉴的示范模板，更有利于在新时代背景下加强相关国家沟通并参与“一带一路”建设，推动新型国际关系的发展。

中国—东盟自贸区争端解决机制建立虽已有十多年，然而实践非常有限。这不仅有制度本身问题，亦有制度外的原因。而国内外有关CAFTA争端解决机制的研究，无论是对其历史渊源、具体框架内容，还是其制度设置与WTO、欧盟等其他区域经济组织比较，都是基于法律视角，但缺乏案例与实证分析，更没有博弈分析的成果。

《中国—东盟经贸争端解决的法制研究》一书，将数学、统计学、经济学等相关研究方法引入对中国—东盟经贸争端解决的实践困境研究，探求解决方案。作者运用博弈论的研究方法，不仅从国际关系学角度分析贸易争端解决背后的博弈与政策导向，以及相关法律文件出台的“台前幕后”，而且尝试运用数模，绘制 CAFTA 争端解决的博弈树，对中国—东盟经贸争端解决运作进行博弈分析，对中国—东盟经贸争端解决的博弈模型变量加以定义并求解。在此基础上，作者力图进一步阐明 CAFTA 争端解决机制运行后争端双方的利益与策略选择，运用统计学将案例运行情况进行统计分析，并依据案例数据分析结果提出新型的相关制度建设，以及对 CAFTA 争端解决机制本身程序规则加以细化，使其更具实操性的建议。凡此种种，均难能可贵，值得关注。

本书围绕中国—东盟经贸争端解决的法制建设这一主题展开研究，分别从现存法律制度、与其他区域经济对比、构建博弈树、综合实际案例运用、法制建设策略等方面进行深入探讨。作者在研究中将国际关系的国际机制理论、博弈论与国际法、诉讼程序、管理经济学、统计学进行有机结合；将原运用于国内的多元争端解决机制理论拓展运用于区域经济领域；将反诉也大胆运用到区域争端解决机制中，强调其意义和对被告的一种特殊保护措施，维护争端当事人的合法权益。本书中的跨学科研究旨在实质性地提高作为抽象系统的国际争端解决机制的有效性，并为建设相互尊重、公平正义、合作共赢的新型争端解决机制提供有力的借鉴和参考。倘将来在中国—东盟经贸争端解决机制的发展和完善过程中，能够撷本书之成而济之，则善莫大焉。

本书中所进行的研究，同时得到 2018 年度广东省普通高校重点科研平台和科研项目之特色创新类项目（项目批准号：2018WTSCX095）和广东金融学院创新强校工程科学研究项目（序号 39 科学研究与社会服务项目类别）“建设相互尊重、公平正义、合作共赢的新型 CAFTA 争端解决的机制”、2020 年广东省本科高校教学质量与教学工程建设项目之大学生实践教学基地项目（序号 34）“广东中基层法院实践教学基地群”的支持，并入选广东金融学院法学文库。

邵景春

2021 年 6 月于北大燕园

目　　录

序 ………………………………………………………………（邵景春）1

绪　论 ……………………………………………………………… 1

第一章　中国—东盟争端解决的法制基础 ……………………… 25

　第一节　中国—东盟各种争端解决途径的法律基础 ………… 26

　第二节　中国—东盟争端解决法律文件的出台 ……………… 36

　第三节　与其他争端解决机制的比较分析 …………………… 51

第二章　中国—东盟争端解决博弈的理论分析 ………………… 65

　第一节　博弈论与国际机制的切合点 ………………………… 65

　第二节　CAFTA 争端解决机制的博弈树 ……………………… 70

第三章　专题案例分析 …………………………………………… 95

　第一节　政府间层面解决机制与法律机制的比较 …………… 95

　第二节　承认与执行国外仲裁裁决的案例 …………………… 105

　第三节　CAFTA 成员国公民在中国起诉的案例 ……………… 115

　第四节　中国海外工人的被诉与反诉 ………………………… 137

第四章　CAFTA 争端解决机制的完善和对策研究 ……………… 147

　第一节　CAFTA 争端解决机制的实施情况 …………………… 147

第二节　CAFTA 争端解决机制的不足与完善 …………………… 152
第三节　中国的策略选择 ………………………………………… 164
结　语 ………………………………………………………… 175

附录　重要参考文件 ………………………………………… 181
参考文献 ……………………………………………………… 250

绪　论

一、研究目的和意义

进入21世纪,经济全球化和区域经济一体化已成为当今世界发展的两大潮流,它们反映的不仅是经济问题、法律问题,而且也是国际关系问题。两者之间是一种辩证统一的关系:一方面,以欧盟、NAFTA和AFTA为代表的区域一体化进程,着眼于自贸区内的融通,反面便是排斥自贸区之外的贸易对象;另一方面,随着区域一体化的不断推进,区域经济一体化将同地区诸多国家基本纳入到自由贸易体系内,客观上与WTO倡导的经济全球化不谋而合,这在WTO的GATT第24条和乌拉圭回合GATS第5条得到体现,即WTO的法律框架也将区域一体化的法律依据纳入自己的体系当中。近二十年来,中国与东盟(ASEAN)双方在建立面向和平与繁荣战略伙伴关系基础上,率先与东盟十国(全称为东南亚国家联盟,由10个成员国组成)基于2002年11月4日在柬埔寨金边签订的《中国—东盟全面经济合作框架协议》(以下简称《框架协议》)建立中国—东盟自由贸易区(CAFTA),标志着一个完全由发展中国家组成的经济自由贸易区的诞生。这是在上述大背景下一个顺应潮流的产物,也是中国积极参与区域经济一体化建设的一项重要实践。2020年11月15日,中国与东盟之间的经贸关系由CAFTA调整升级为《区域全面经济伙伴关系协定》(RCEP)双重加持。东盟已是我国最大贸易伙伴。在 WTO 争端解决机制被迫停摆的情况下，这将为我国在新时代主导构建一种国际经贸争端解决的新型机制提供助力，从而提升中国的国际影响力和话语权。

自贸区是区域经济一体化进程中最突出的表现形式，其他形式还反映在经济同盟、关税同盟、特惠关税区、共同市场和政治一体化。自贸区从定义上，一般是指两个以上的主权国家或单独关税区以签署协定的方式，倡导市场、生产资料、商品自由往来，切合自贸区各国的多赢局面的谋求。然而，均是发展中国家的中国和东盟各国，无论是经济发展水平、社会经济制度，还是政治、文化、法律制度，都存在着巨大的差异。与此同时，贸易、投资行为的增加本身就会带来国家间的经济摩擦和纠纷的增加的负面后果。因此在各国的相互合作过程中，争端解决的途径就显得格外重要了。很多学者认为，需要建立一个有效的内部争端解决机制来保障区域经济组织整体能够高效地运转。CAFTA 也设置了内部的争端解决机制，但其设置是否合理有效，是否起到真正妥善解决这个 CAFTA 新一代自贸区内的争端，形成长效机制并保障自贸区的高效运行？这是需要首先解决的要务。笔者认为，CAFTA 争端解决机制是根据自身情况并以 WTO 为蓝本建立起来的，兼顾了公平和效率。但这个内部的机制还欠缺实践的检验，有些争端既涉及 CAFTA 内部也涉及 CAFTA 以外的国家，尤其像美国等大国，片面地认为内部的争端解决机制就能保障区域自由贸易区的有效运行是不可取的，结合 WTO 争端解决机制和其他法律途径在 CAFTA 中的运用可以更全面地研究 CAFTA 争端妥善解决的法律途径。当然，CAFTA 争端解决的机制研究主要是围绕 CAFTA 争端解决机制进行，但不能片面地将二者等同。这也是本书研究的创新点之一。

CAFTA 解决争端的法律制度是为这一经济组织提供可预见性的中心环节和强有力保障的后盾。依据该法律制度构建争端解决的机制如何有效保障中国—东盟自由贸易区的运行,从而使中国和东盟国家之间一旦发生争端,就能得以妥善、快速地解决。这就是本书的研究目的。

实践中,至今未见有 CAFTA 争端解决机制的相关案例报道,但已出现大量 CAFTA 争端亟须解决,如 2011 年发生持续至今悬而未决的中国与缅甸关于密松水电站的投资争端、2012 年底的中国司机新加坡劳资风波(本书第四章案例实证分析将进行充分论述)等等。如何加强 CAFTA 争端解决机制的实操性,寻求经贸争端解决的有效途径,极具现实意义。

对 CAFTA 争端解决的机制研究,既具有现实的意义,又具有理论的价值。对 CAFTA 内部争端解决机制的深入研究,有助于建设和完善中国—东盟自贸区,给南南合作争端解决的处理提供一个参照、借鉴的示范模板;结合 WTO 争端解决机制进行研究,可以使该区域性组织内外所产生的争端得到圆满、快捷、高效的解决;综合各种解决争端的法律途径,可以更大范围地为解决中国—东盟自由贸易区中发生的争端提供一个良好的环境,实质性地提高作为抽象系统的国际争端解决机制的有效性,从而也达到维护地区稳定和促进经济发展的目的。在 WTO 争端解决机制的上诉机构被迫停摆的情况下,中国作为负责任的大国以 CAFTA 为试点,"推动建设相互尊重、公平正义、合作共赢的新型国际关系"和争端解决机制也未尝不可。这也是本书的研究意义和价值所在。

二、研究现状和发展趋势

(一) 从国际机制和国际法角度

1. 对争端解决机制的研究

国际机制的概念于 1970 年始用于政治经济分析。自 20 世纪 80 年代以来,国际机制论发展成为西方国际关系理论领域的一个焦点。如同美国国际关系学界 40—50 年代言必称国家权力和国家利益,60—70 年代言必称国际体系和相互依存一样。

英国詹宁斯(1995)认为,“共同同意”是国际法作为法律体系的重要根据。国际法政府间经济合作机制要正常发挥效能法律体系的重要根据,就是得到参与国的认可,并以法律作为依据。①

Robert O.Keohane and Joseph S.Nye(2001)则认为政府间经济合作机制要获得各成员的共同认可,必须妥善处理的课题是对于机制设计应当保障各国政府平等的参与权。各国参与政府间经济合作的建设和运作地位应是平等的。政府间经济合作机制应当体现和保障各国政府的共同参与平等协商的权力。越多的国际制度沿用民主规范,而民主规范也在检验国际制度的合法性。如果国际制度期待变得更为适法,那实践上就要达到宽泛的民主标准与法制原则。② 而对于成员国的共同认可实践要达到宽泛的民主标准,就应以法制原则作为依据,才能完善共同参与平等协商的机制。

而丹尼·罗德里克(2003)认为国际经济所面临的挑战是必须建立一套在自愿基础上,使政策和标准更加融合的法制规则,此将有助于减少管辖权差异造成的影响,从而促进经济一体化的深化。另外,规则中还需包含在国际经济关系法制方面的灵活性与变动性。③ 所以国际经济的合作应建立在自愿基础上,让政策和标准更加融合的一套法制规则。

Helen Milner(2004)认为政府间合作机制要具有有效性须同时具有合法性和合理性。对于政府间经贸合作机制作用的发挥,基础先是合作机制

---

① 参见[英]詹宁斯·奥本海:《国际法》,王铁崖等译,中国大百科全书出版社 1995 年版,第 8 页。

② Robert O.Keohane and Joseph S.Nye,“The Club Model of Multilateral Cooperation and Problem of Democratic Legitimacy”, In Roger B. Porter et al (eds.), *Efficiency, Equity and Legitimacy: The Multilateral Trading System at the Millennium*, Washington: Brookings, 2001, pp. 264-307.

③ 参见丹尼·罗德里克:《经济全球化的治理》,[美]约瑟夫·S.奈、约翰·D.唐纳胡主编:《全球化世界的治理》,王勇等译,世界知识出版社 2003 年版,第 299 页。

具有合法性。具体而言，其机制首先必须遵守国际法的基本原理和准则。其次是其机制发挥作用的程度，以合作机制具有合理性为条件。国际机制的价值建立不在其自身，而重视体现发挥的作用和实现的方式。① 其所强调的是政府间经贸合作机制要具有有效性须同时具有合法性和合理性，而经济合作机制仍然必须遵循国际法的基本准则。

曼库尔·奥尔森(Mancur Oison，1993)认为一国竞争力究其根源，应该是与一国的制度安排相关联，而经济发展与否取决于制度安排。当许多发达国家经济停滞时，有一些发展中国家却取得了惊人的经济增长。这种经济上的成功，经常是不同制度安排的结果——不同的法律和组织安排以及经济政策。而绝不是因为不一样的资源或资本被不同的国家所拥有。换言之，一个国家的法制质量在根本上决定了其经济成效。对于区域经济发展而论，无论是发展中国家还是发达国家，制度改革极为重要。② 他特别强调经济发展的成功经常是不同的法律和组织安排以及经济政策，而并非是因为不同的国家拥有不同的资本或资源。③ 这对于中国—东盟区域经贸合作与投资、争端解决在法制上的落实具有说服力。

而提出 2010 年 CAFTA 进入务实阶段，各参与国为让商业组织和企业更具竞争力和壮大经济规模，对自身的经济结构已作调整的乐观观点，是菲律宾司法部总检察长办公室那图斯·凯撒·里奥图科·奥贾斯代表。④ 如

---

① See Helen Milner, *The Assumption of Anarchy in International Relations Theory*: *A Critique*, 转引自[美]罗伯特·O.基欧汉:《局部全球化世界中的自由主义、权力与治理》，门洪华译，北京大学出版社 2004 年版，第 360 页。

② 参见[美]曼库尔·奥尔森:《国家兴衰探源:经济增长、滞胀与社会僵化》，吕应中等译，商务印书馆 1993 年版，第 209 页。

③ 参见[美]曼库尔·奥尔森:《国家兴衰探源:经济增长、滞胀与社会僵化》，吕应中等译，商务印书馆 1993 年版，第 209 页。

④ 参见张晓君:《第四届"中国—东盟法律合作与发展高层论坛"学术综述》，《西南政法大学学报》2011 年第 1 期。

进一步发挥地缘、文化历史等优势，CAFTA 不仅给本地区带来繁荣昌盛，而且将成为区域合作的新典范、新标杆。

国际争端解决方法在缺乏法律性的争端解决机制的情况下，是以实力为导向的。国际争端解决机制的扩散催化了国际法的发展，这也是国际社会趋向成熟的一种表现。① 对国际法有深入研究的 ICJ 前院长 Schwebel (1998) 就指出，国际法庭的增加切实起到增强国际法有效性的作用，进一步证明了国际争端解决机制的裁定和实施裁定的行为，赋予了法律的义务。有部分学者并不这样认为，他们认为国际争端解决机制的扩散会带来某些消极后果，尤其在不同争端解决机制的情况下，会因为缺乏协调性而导致国际法“破碎化”。② 但多数学者对此还是持乐观态度。国际知名学者如美国著名的 John H.Jackson 教授、日本高濑宝教授成为研究区域性经贸争端解决规则的中坚力量。

自 20 世纪 70 年代末，中国召开中国共产党第十一届中央委员会第三次全体会议进行改革开放以来，国内社会科学领域有了很大的变化，国际关系理论的研究、国际机制的认可也开始逐渐由从守望者到参与者，单纯的义务履行者发展成为责任的承担者。在中国已签订的各种区域贸易协定中，既有通过各方谈判而构建起的相对完整的争端解决机制，比如中国—智利自贸区、中国—东盟自贸区等；也有只规定了原则性条款的。

国内研究也大多集中对 WTO 争端解决机制的研究，对某一领域、行业进行个案分析，就与政府的关系展开探讨，阐述法律地位，就国际争端解决机制发展过程中的作用、产生的问题进行分析等。并且，学者大多从

① See Niels M.BLokker & Henry G.Schermers (ed.), “Proliferation of International Organizations”, *Kluwer Law International*, 2002, p.279.

② See Shane Spelliscy, “The Proliferation of International Tribunals”, *Columbia Journal of Transnational Law*, Vol.40, 2001, pp.152-157.

法律角度对中国的入世“过渡性条款”进行研究。更多着眼于我国参与度,对机制本身的关注度仍不够。对于国际争端解决机制与国际关系的联系、与地区国家间的关系发展等方面,国内学界也没有给予足够的学术关注。

2. CAFTA 争端解决机制的宏观研究

对 CAFTA 争端解决机制的宏观研究在 2002 年中国与东盟十个成员国签署了《框架协议》这一组建自贸区的基本文件后,就引起国内外部分学者的关注。这种关注如出一辙地基于国际法的视角进行分析。这方面的代表有:文莱仲裁协会会长王科林在 2010 年 11 月召开的第四届“中国—东盟法律合作与发展高端论坛”上详细阐述了 CAFTA 争端解决机制的仲裁规则,指出规则的针对性差等问题,并提出具体建议。马来西亚律师公会副主席林志伟(2011)对 CAFTA 框架下仲裁机制提出建议:借鉴欧盟,建立超越国家之上、涵盖 CAFTA11 个国家的仲裁中心,同时推动民商事判决在 CAFTA 内的承认和执行。①

苏州大学法学院博士生导师陈立虎教授在《武大国际法评论》有一专题“区域经济一体化中的法律问题”就区域贸易争端解决机制进行了研讨。② 中山大学程信和教授在其主编的《中国—东盟自由贸易区法律模式研究》(2006 年版)一书中就探讨了尚未建成的中国—东盟自由贸易区应有法律模式。③

上海大学法学院院长、中国法学会常务理事沈四宝教授在 2006 年就在其论文中提出,CAFTA《争端解决机制协议》将在中国同东盟十个成员国的

① 参见张晓君:《第四届“中国—东盟法律合作与发展高层论坛”学术综述》,《西南政法大学学报》2011 年第 1 期。

② 陈立虎、赵艳敏:《中国参与建立的区域贸易争端解决机制》,《当代法学》2007 年第 3 期。

③ 程信和:《中国—东盟自由贸易区法律模式研究》,人民法院出版社 2006 年版。

全面经济贸易、投资合作中起到重要的作用。[①] 沈教授在2010年还提议构建让私人主体参与进来的CAFTA商事纠纷解决机制,从而达到减少解决商事纠纷的成本、提高参与国之间的商贸效益的目的,并借此以打破西方商事仲裁领域的垄断局面。[②]

而学者陈静(2005)认为,建立自由贸易区所必不可少的是,用法律方法解决区域内国家的争端。[③] CAFTA未来如果可以落实司法机构的建立,对自由贸易区的经贸争端解决机制有帮助,可以减少矛盾避免冲突升级,有效促进经贸合作与投资。

浙江树人大学经济学院院长陆建人教授(2003)认为:中国和东盟如果不改变现状,中国—东盟自由贸易区的中央机构就很难成为超越成员国的权力机构,因此也就较难成为超国家的组织机制。[④] 学者张锡镇也较赞同陆建人的观点。

学者胡声平在《东亚区域整合中国之立场与策略研究》一文中认为,中国—东盟地区国家经济发展程度落差极大,这也是经济整合的阻碍,其次则是缺乏像欧盟有共通的流通货币,也使得区域内经贸整合无法提高层次,达到如欧盟的境界。然而中国—东盟近来整合积极及区域内经贸法制措施的建构,在亚太经济合作会议以及上海合作会议都提供了各国对话及经贸合作的平台,而“东盟+1”的模式为筹设建构东亚自由贸易区努力,也会为此区域的经贸带来影响。法制是可以作为解决与整合歧见的平台,而中国—

① 参见沈四宝:《论〈中国—东盟全面经济合作框架协议争端解决机制协议〉》,《上海财经大学学报》2006年第1期。

② 参见沈四宝:《论中国—东盟商事争议解决机制的构想和建议》(2011-11-12),中国新闻社[2013-02-19访问],www.cafta.org.cn。

③ 参见陈静:《东盟自由贸易区法律框架之构想》,《贵州商业高等专科学校(第18卷)》2005年第2期。

④ 参见陆建人:《揭开中国和东盟新篇章》,《求是》2003年第11期。

东盟近来已积极在整合东盟区域内经贸法制措施的建构与交流协议的促进机制，对于经贸合作有其效益。

学者樊安、李春玲在《学术探索》2011 年第 1 期发表的论文《构建更具司法性的中国—东盟自由贸易区争端解决机制》一文中提出："CAFTA 争端解决机制应更具司法性，这也符合自贸区的核心目标。东盟内部争端解决机制的实践及发展使我们看到构建司法性的中国—东盟自贸区争端解决机制有其可行性。要使该机制更具司法性，关键在于进一步完善其仲裁机制。"①

学者王瑞（2007）采用实证分析方法提出对中国—东盟自由贸易区法律框架构建的设想，主要论述了 CAFTA 的国际法律依据以及法律制度、《框架协议》主体内容。② 学者李珊（2006）、别清涛（2008）、金莹（2008）、蓝洋（2010）、蒋俊鸿（2010）、孙鹏程（2011）均从国际法的视角在其硕士学位论文中阐述 CAFTA 争端解决机制的课题。衣淑玲博士（2006）从 CAFTA 的特点③，丁丽柏（2009）从适格主体出发④，蒋德翠（2011）、陈丽平（2018）均探讨 CAFTA 争端解决机制的存在缺陷与完善。

3. CAFTA 争端解决机制的微观研究

（1）在研究方法方面，学者龚柏华（2005）、金樊和杨文涛（2006）、周彧（2007）、蔡霜（2007）、许敏（2007）、马永梅（2008）、高永富（2008）、廖增金（2010）、金霞（2011）、陆春霞（2011），硕士研究生麻慧（2005）、陈伟贤和黄悦（2006）、王大亮（2008）、齐洪婷（2009）、李玉娟（2010）、张小伟

---

① 樊安、李春玲：《构建更具司法性的中国—东盟自由贸易区争端解决机制》，《学术探索》2011 年第 1 期。

② 参见王瑞：《中国—东盟自由贸易区构建中的法律问题研究》，山西大学硕士学位论文，2007 年。

③ 参见衣淑玲：《CAFTA 争端解决机制的完善与发展趋势》，《西南政法大学学报》2006 年第 4 期。

④ 参见丁丽柏：《论 CAFTA 争端解决机制的完善》，《现代法学》2009 年第 3 期。

(2011)、齐皇(2011)、谷婀娜(2012)、曹平(2013)、贺小勇(2020)等从比较法的角度均对CAFTA争端解决机制做了类似的阐述。

(2)在CAFTA争端解决机制框架下,学者、专家研究有所聚焦的是其投资争端解决机制方面。中国商务部条约法律司司长李玲认为,对于投资者与东道国之间的争端,是否提交CAFTA争端解决机制去解决持谨慎态度,认为投资争端解决分歧时充分利用磋商、沟通交流、谈判等其他方式,执行中应慎用CAFTA《投资协议》规定的争端解决仲裁机制。① 广西大学法学院魏艳茹教授对CAFTA《投资协议》有赞有弹,赞的是在保护外国投资者私益的同时兼顾了东道国国家主权;弹的是对国家行为、根本安全例外条款都缺乏必要性的制度约束。② 专题对CAFTA投资争端解决机制进行研究的还有:学者陆以全以缔约方与投资者间争端解决为视角的评析③,学者房沫、陈光辉对CAFTA投资仲裁机制的初探④,硕士研究生苏晓敏以此为题撰写的硕士学位论文,学者肖小文在《CAFTA争端解决机制的法律探讨》一文中认为投资争议的解决条款将成为争端解决机制协议的有机组成部分⑤,等等。

(3)CAFTA争端解决机制的模式方面,中国商务部条约法律司陈雨松处长(2010)认为CAFTA争端解决机制采取的是处于东盟传统与司法解决机制之间的过渡模式。杨丽艳教授(中国法学会理事、广西师范大学法学

① 参见张晓君:《第四届"中国—东盟法律合作与发展高层论坛"学术综述》,《西南政法大学学报》2011年第1期。

② 参见张晓君:《第四届"中国—东盟法律合作与发展高层论坛"学术综述》,《西南政法大学学报》2011年第1期。

③ 参见陆以全:《中国—东盟自由贸易区投资争端解决机制评析——以缔约方与投资者间争端解决为视角》,《西部法学评论》2011年第3期。

④ 参见房沫、陈光辉:《试论中国—东盟自由贸易区投资仲裁机制》,《广西大学学报(哲学社会科学版)》2011年第6期。

⑤ 参见肖小文:《CAFTA争端解决机制的法律探讨》,《学术论坛》2011年第3期。

院)认为 CAFTA 具体归属哪种类型,仍需进一步观察和分析。这种不确定性可能也是目前没有一件争端提交 CAFTA 争端解决机构的原因之一。浙江树人大学陆建人教授认为 CAFTA 创造了新的“南南型自贸区”模式,改变了国际贸易格局。① 复旦大学法学院何力教授则看到成功和希望,持乐观的态度,认为对中国而言,中国率先参与区域经济合作的成功案例就是 2010 年建成了 CAFTA,该自贸区也已为中国和东盟国家经贸与投资等合作创造相应的环境,希望能建成像欧盟模式那样的法律机制。② 专题对 CAFTA 争端解决的模式选择进行研究的还有:学者江伟、操龙德(2010)在其《中国—东盟自由贸易区争端解决的模式选择》一文中认为,CAFTA 是一种相对松散的区域性经济合作模式,应借鉴具有准司法性,有一定强制力度的北美自贸区争端解决机制。③ RCEP 也没有新的跳脱,只是相对于欧日 EPA 在电子商务章节上有了进展。

(4)王雪(2012)、陈咏梅博士探讨 CAFTA 的法律性质④,学者秦建荣、周长青分析 CAFTA 的报复制度⑤,顾益民博士生的《WTO 与 CAFTA 争端解决管辖竞合之法理与对策》(2011)、曾文革教授及吴雪燕探讨 CAFTA 与 WTO 争端管辖权的竞合问题⑥,石现明博士(2010 年)、李莉博士、学者张昕

---

① 参见陆建人:《中国—东盟自由贸易区:经验、问题及对两岸签订 ECFA 的启示》,《亚太经济》2010 年第 5 期。

② 参见张晓君:《第四届“中国—东盟法律合作与发展高层论坛”学术综述》,《西南政法大学学报》2011 年第 1 期。

③ 参见江伟、操龙德:《中国—东盟自由贸易区争端解决的模式选择》,《湖北财经高等专科学校学报》2010 年第 2 期。

④ 参见陈咏梅:《中国—东盟自由贸易协议法律性质论》,《暨南学报(哲学社会科学版)》2012 年第 7 期。

⑤ 参见秦建荣、周长青:《论中国—东盟自贸区报复制度的缺陷及其完善——兼论 CAFTA 对 WTO 报复制度的借鉴》,《学术论坛》2007 年第 3 期。

⑥ 参见曾文革、吴雪燕:《CAFTA 与 WTO 争端管辖权的竞合及选择》,《学术界》2010 年第 1 期。

宇对 CAFTA 仲裁机制做专门的研究①,学者孔蕊对 CAFTA 争端仲裁准据法的研究②,张亮博士对中国运用 CAFTA 争端解决机制法律策略的探讨③,学者朱继胜、高剑平还从自然法思想寻求 CAFTA 争端解决机制的“理性”④,可谓从法律视角上的全面开花。

(二) 从博弈角度研究

1. GATT 争端解决的博弈

对 GATT 争端解决机制的研究是解决机制的博弈分析的开始。虽然现今看到的统计分析有 300 件左右的 GATT 争端解决案件,但由于案件没有可利用的信息,因此只能从理论上予以探讨。有学者就从博弈的视角对 GATT 争端解决机制的缺陷入手研究,结论是:争端当事方信息的不对称使被诉方国家阻止通过专家组报告的动机更为强烈,从而使 GATT 的决定难以执行。笔者认为,有一篇研究 GATT 争端解决博弈非常到位的文献,那就是至今尚未发现比其更能解释 GATT 争端解决博弈策略选择及其选择条件的文献 Chang(2002a)。其独特的解释特点鲜明,并将争端当事方的策略选择用图形直观予以表述,更具说服力。Chang(2002a)以解释决定 GATT 争端解决机制成败的关键因素为重点,观点是:申诉方和被诉方在 GATT 争端解决机制中,有着明显信息不对称的问题。申诉方对自己不利的专家组报告通过的阻止力和潜在收益远不如被诉方,但对申诉方争端前和争端期间的损失,GATT 争端解决机制不补偿。而在 WTO 争端解决中,对专家组报

---

① 参见张昕宇:《中国—东盟自由贸易区仲裁机制研究》,《河北法学》2010 年第 6 期。

② 参见孔蕊:《中国—东盟自由贸易区争端仲裁准据法研究》,《法制与社会》2012 年第 1 期。

③ 参见张亮:《中国运用 CAFTA 争端解决机制的法律策略探讨》,《云南大学学报(法学版)》2008 年第 1 期。

④ 参见朱继胜、高剑平:《自然法思想与 CAFTA 争端解决机制》,《经济与社会发展》2007 年第 7 期。

告进行上诉的概率将高于 GATT 中阻止专家组报告通过的概率。这一点已经在实践中证明了。但由于当时 WTO 受理和解决的案件也不多,Chang(2002a)的作者非常自谦地认为研究仍不够。①

2. WTO 争端解决的博弈

WTO 在许多方面,设计的新争端解决机制对 GATT 争端解决机制进行了改革。比如改善了双方的不对称信息状态(但仍没有完全消除);设立了都可向上诉机构的上诉;此外还引入了报复机制等以避免被诉国不执行 WTO 决定。Cooter and Rubinfeld(1989)对贸易争端与解决进行了综述,指出在改革 GATT 争端解决机制时,完善 WTO 争端解决机制的措施。Staiger(1995)认为在世贸体系中 WTO 争端解决机制要怎样约束以互惠双边贸易减让为目的的国际贸易协议,是 WTO 争端解决机制将要面临的挑战之一。所以 Staiger 对于 WTO 争端解决机制的效能在最开始的时候是持观望态度的。② Staiger(1995)所写的关于争端解决机制将弱化还是强化多边贸易自由化的综述性文章中,还提出了假如报复机制引用过多或设计不好或报复力度不当,都会与 WTO 所奉行的多边贸易自由化相违背的报复机制问题。③ 尤其是由于早期的案件中很多是 GATT 时期遗留的案件,而这些案件又是 GATT 多年来没有得到解决的难题。但从 WTO 争端解决的实践来看,WTO 成立 18 年来受理与解决的案件数量比 GATT 50 年所受理和解决的争端都更加多,更加有效。实践说明了 WTO 争端解决机制的成功。Rosendorff

---

① See Chang, P.(2002a),"The Evolution and Utilization of the GATT/WTO Dispute Settlement Mechanism",RSIE paper.

② See Staiger, R. (1995), "International Rules and Institutions for Cooperative Trade Policy",Ch29 in Grossman,G .M.and K.Rogoff[eds.],*Hand book of International Economies*,Vol. 3,Anlsterdam,Elsevier,pp.1495-1551.

③ See Staiger, R. (1995), "International Rules and Institutions for Cooperative Trade Policy",Ch29 in Grossman,G .M.and K.Rogoff[eds.],*Hand book of International Economies*,Vol. 3,Anlsterdam,Elsevier,pp.1495-1551.

(2000)建立解释 WTO、MERCOSUR(南锥共同体市场)和 NAFTA 的稳定发展的一个博弈模型。① 同样基于该分析框架,Ludema(2001)也撰写了分析最优贸易协议的实现是有赖于争端解决制度的合理设计的学术论文。②

Furusawa(2003)分析了 WTO 争端解决程序在贸易合作中的重要作用③,Horn and Mavroidis(1999)则从发展中国家的利益出发,分析了 WTO 争端解决机制的保障作用,是迄今看到的鲜有的维护发展中国家利益的学术论文。④

对 WTO 争端解决机制第一次进行了经济学分析的是 Butler and Hauser(2000),但没有对争端方策略选择时机进行分析。⑤

学术界关于 WTO 争端解决机制的报复制度的研究其实不算多。Bown(2002)探讨了 WTO 报复机制——将报复分类。从政治经济学角度,Chang(2002b)对 WTO 运行机制进行了探讨,并探讨了 WTO 报复机制,但也仅将报复进行分类而已。⑥ 而 Blonigen(2001)建立的报复模型在推导方面存在许多问题。⑦ Evenett(2002)研讨了 WTO 贸易的报复和减让问题,发现争端解决主要方是西方发达国家,如美国和欧盟;而发展中国家在争端解决法律

① 参见杨仕辉:《贸易争端解决的博弈分析与策略》,中国经济出版社 2006 年版,第 4 页。

② See Ludema, R. R. (2001), "Optimal International Trade Agreements and Dispute Settlement Procedures", Euro.J.of P.E.17, pp.34-67.

③ See Furusawa, T. (2003), "The Role of the WTO Dispute Settlement Procedure on International Cooperation", *Working Paper*.

④ See Horn, H.and Mavroidis, P.C. (1999), "Remedies In The WTO Dispute Settlement System and Developing Country Interests", *Working Paper*.

⑤ See Butler, M.and Hauser, H. (2000), "The World Dispute Settlement System: A First Assessment from An Economic Perspective", *The J. of Law, Economics, and Organization*, 16(2), pp. 503-533.

⑥ See Bown, C.P. (2002), "The Economics of Trade Disputes, the GATT's Article XXIII and the WTO's Dispute Settlement Understanding", *Economics and Politics*, 14(3), pp.283-323.

⑦ See Blonigen, B. A. (2001), "Antidumping and Retaliation Threats", *NBER Working Paper*, 8576.

资源方面比较匮乏。① 通过案例实证的方法,Fritz(2004)分析了 WTO 争端解决在欧盟贸易战中的作用,建议把 WTO 争端解决机制中授权报复更改为授权补偿,并建立 CGE 模型并加以运用对香蕉案(DS158)和对外国销售公司案(DS108)进行分析。② 而 Koher and Moore(1998)和 Geoffrey and Smith(1999)研究不对称成本下要保障措施实施国的政府,在面临国内政治集团压力时所采取的临时保障措施的申诉决策问题,通过应用新政治经济学方法解释国家采取与 WTO 规则不一致的保障措施的原因。③ Ethier(2002)则建立三阶段博弈模型,通过引入一个一般措施的贸易目标函数,分析研究了贸易协议中的争端和报复。④

国内博弈角度出发也大多针对 WTO 争端解决机制的研究,集中对 WTO 争端解决博弈的分析。首先,杨仕辉、吴哲(2005)对 GATT/WTO 争端解决博弈进行了统计分析,总结了其特点。其次,杨仕辉(2005a)对 GATT/WTO 初步地理论分析和比较了争端解决的博弈⑤,杨仕辉(2001,2005b)再次对 WTO 反倾销和保障措施规则的博弈进行分析并得出前期结论⑥。再次,杨仕辉、樊海云(2006)实证分析了专家组与上诉机构决定与 WTO 争端解决四阶段博弈的策略选择实证分析⑦。最后,杨仕辉教授于

---

① See Evenett,S.J.(2002),"Sticking to the Rules:Quantifying the Market Access that is Potentially Protected by WTO-sactioned Trade Retaliation",*Working Paper*.

② See Fritz,B.(2004),"WTO Dispute Settlement:An Economic Analysis of four EU-US Mini Trade Wars",Euro .Econo .Rev.,48,pp.157-168.

③ See Koher,P.and Moorc,M.O.(1998),"The Safeguard Clause,Asymmetric Information and Endogenous Protection",The World Bank Working Paper No.2000,Available at http://www.worldbank.org/researeh/trade/wp2000.htm.

④ See Ethier,W.J.(2002),"Punishments and Dispute Settlement in Trade Agreement",PIER Working Paper,01-021.

⑤ 参见杨仕辉:《WTO 保障措施规则的博弈分析》,《管理科学学报》2005 年第 5 期。

⑥ 参见杨仕辉:《反倾销规则的博弈分析》,《世界经济》2001 年第 11 期。

⑦ 参见杨仕辉、樊海云:《贸易争端解决的博弈分析》,《对外经贸实务》2006 年第 2 期。

2006年出版的《贸易争端解决的博弈分析与策略》对WTO争端解决博弈综合研究，其将WTO贸易争端解决博弈结构拓展到七阶段，并首次引入争端案例的博弈分析。① 中国加入世贸组织二十年，而WTO面临总干事人选缺位上诉机构停止运作的情况下，中国常驻WTO代表李成钢表示，WTO遭遇民粹主义、逆全球化思潮冲击，正经历其成立以来最艰难时刻。中国应为规则制定的重要参与者，在全球经济治理，特别是应对百年不遇大变局和新冠病毒大流行中发挥更大作用。这对研究CAFTA争端解决的博弈研究具有很好的参考和借鉴作用。

3. CAFTA争端解决的博弈分析

Stephan Haggard、Beth A.Simmons 认为博弈论研究人类的策略互动模式，是分析和解决冲突与合作问题、设计相关机制的有效机制，在国际政治、经济学等领域得到广泛的应用。中国—东盟自由贸易区的建设是中国和东盟国家之间合作博弈的结果，博弈论的分析方法在揭示合作和稳定的条件问题上最具有证明力，它揭示的不仅是合作机制是否能够确立，而且是对机制如何建立法制化的探讨。②

而Robert O.Keohane(1999)认为提供各方经贸有效信息交流与合作磋商的机制。信息的交流是增进彼此间互信的前提。政府通过有限的行动，使相互依赖但面临协调与合作困境的双方能够实现利益，此种目标的制度透过法制原则落实可以减少交易成本。③ 对于经贸有效信息交流是增进彼

① 参见杨仕辉:《贸易争端解决的博弈分析与策略》，中国经济出版社2006年版，第46—80页。

② See Stephan Haggard, Beth A.Simmons, "Theories of International Regime", *International Organization*, Vol.41, No.3, Summer 1987, p.506.

③ See Robert O.Keohane, "Cooperation and International Regime", Williams, Phil, Goldstein Donald, M., Shafritz, Jay M. Belmont, "Wals Worth, a Dioision of Thomson Learning", *Classic Readings of International Relations*, 1999, p.296.

此间相互信任的要素，也可以作为经贸合作磋商的机制，经贸信息的透明也是经贸合作投资便利化的法治原则。

国外学者大多从法律的角度分析反倾销争端和保障措施争端案例，但尚未发现从博弈角度分析的贸易争端案例。如印度尼西亚索托尼・穆罕达利高级法官（2010）就 CAFTA 运行过程中的反倾销问题提出看法。印度尼西亚政府已建立了相关的技术委员会来监督框架协议的实施，但法律如何维系市场公平竞争仍然是印度尼西亚政府的关注点。①

虽然西方学界在对国际争端解决机制的研究上较为领先，但是对于西方国家体系以外的争端解决机制的研究则相对较少，而在亚太国际关系框架下针对东南亚争端解决机制的系统研究就显得尤为鲜见。对 CAFTA 争端解决的机制进行研究和关注的均是来自东南亚国家的学者，而且基本上是站在法律的角度上进行的探讨，连数量都是屈指可数的，博弈的角度基本没有。

（三）国内外研究现状评析

1. 已有的成就

国外在国际机制的运用和法制的作用的理论研究都颇为成熟，尤其对 WTO 争端解决机制理论探讨和实际应用的分析更是深入、透彻。这对区域争端解决机制的构建无疑会起到很好的借鉴作用，CAFTA 的机制构建蓝图也是以 WTO 为模板的。

国内的研究虽起步较晚，但对 CAFTA 的法律内容层面分析已较为全面，如与 WTO、EU、NAFTA、AFTA、RCEP 的争端解决机制进行横向的比较，而且得到大量的年青学者对此课题的热情关注，让人倍感欣喜。从博弈角度集中对 WTO 争端解决博弈的分析，对研究 CAFTA 争端解决的博弈研究

① 参见张晓君：《第四届"中国—东盟法律合作与发展高层论坛"学术综述》，《西南政法大学学报》2011 年第 1 期。

具有很好的参考和借鉴作用。孙志煜博士(2012)在其学术论文中以CAFTA争端解决机制为样本对国际制度的实践进行了思考,并指出非正式制度的延缓及阻滞作用对CAFTA争端解决机制功能的实现造成了困境,①可算是理论向实践验证的迈进。

2. 存在的问题

首先,绝大部分研究均局限于分析《中国—东盟全面经济合作框架协议争端解决机制协议》的18个条款,侧重于围绕争端解决机制的主体、仲裁庭组成人员、设置及表决方式、裁决程序、执行程序和惩戒机制等单纯法律性问题进行探讨。

其次,国内从博弈角度对CAFTA争端解决机制进行分析的基本没有,有的也只是集中对WTO争端解决博弈的分析。学者张一锋(2009)、顾华祥(2010)在探讨CAFTA建设时分别提及CAFTA谈判的多重博弈②和贸易法律机制的博弈③,也只是抛砖引玉式地顺带提到并未见有深入探讨。孙志煜博士(2012)虽在其学术论文中以CAFTA争端解决机制为样本对国际制度的实践进行了思考,但缺乏配套措施。④ 同年,娄万锁副教授也从国际制度的视角对区域贸易争端解决机制进行研究。⑤ 但笔者认为:前者还是缺乏从宏观的国际关系理论视角予以研究,无法凸显贸易争端解决背后的博弈,如相关法律文件出台的背景,机制出台后博弈的过程和可能出现的结

① 参见孙志煜:《国际制度的表达与实践——以中国—东盟自由贸易区争端解决机制为样本的分析》,《暨南学报(哲学社会科学版)》2012年第3期。

② 参见张一锋:《CAFTA制度约束浅析》,《消费导刊》2009年第5期。

③ 参见顾华祥:《中国—东盟自贸区建设若干法律问题研究》,《中国社会科学院研究生院学报》2010年第5期。

④ 参见孙志煜:《国际制度的表达与实践——以中国—东盟自由贸易区争端解决机制为样本的分析》,《暨南学报(哲学社会科学版)》2012年第3期。

⑤ 参见娄万锁:《国际制度视角下区域贸易争端解决机制研究》,《兰州学刊》2012年第3期。

果分析;后者针对性不强,没有针对机制本身的不足和实践的欠缺提出完善的方案或解决的措施。微观方面也欠缺进一步对国际法应用实控的思考,如:中国—东盟争端解决机制的举证责任的分配等核心问题至今无人问津。

最后,纵观国内外有关中国—东盟争端解决的法制研究,无论是对内部机制的历史渊源、具体的框架内容,还是与 WTO、欧盟等其他自由贸易区进行的比较分析,都进行了较多研究,为本研究提供了大量的基本资料和观点上的参照,是本课题进一步研究的基础。不过,无论是在观点、内容上,还是在研究方法上,本书还是有其研究的自身价值和写作空间的。比如,过去的研究只是分别从国际机制、博弈论、国际法等方面分别探究,研究方法也绝大都是采取比较研究,缺乏案例的统计分析与实证分析。多从法律角度提出对中国利用 CAFTA 争端解决的机制的应对策略,研究成果没有从博弈视角出发。本书将两者综合起来进行研究,即尝试从博弈角度结合国际法对 CAFTA 争端案例进行综合分析,进行全面研究。而 CAFTA 争端解决机制本身也需要进一步细化,使其更具可操作性。此外,现有学术界对法制建设与中国—东盟经贸合作之间的关系论述也不多,把 CAFTA 争端解决的法制当作一个系统工程来研究更是缺乏。

现如今 CAFTA 已经建成,并运行了多年,在实际操作中难免会出现先前研究探讨的理论所不能涉及的方面与领域,因此亟须系统地予以总结和进一步深入探讨;并且探讨时将国际关系理论和国际法学结合一起研究,这样将更为全面地解读 CAFTA 争端解决的机制"台前幕后",从而才能真正达到完善 CAFTA 争端解决的机制的目的,为中国—东盟区域经济合作提供井然有序、安全可靠的良性法律环境,保障和巩固 CAFTA 顺利地茁壮成长。

三、研究内容与重点解决的问题

（一）研究内容及基本框架

本书从机制的内容和出台的背景入手，阐明法律依据和争端解决的博弈理论，再引入实际案例进行专题探讨，最后提出完善建议和进行对策研究。本书的整体架构和内容如下：

《绪论》是首先介绍选题目的、理论及实践意义、国内外研究及发展趋势，并加以评析；阐明研究内容的同时，列出拟重点解决的问题；在明确思路后搭建整体框架，确定研究方法，并对本书的创新点加以阐述。

第一章《中国—东盟争端解决的法制基础》，主要围绕 CAFTA 各种争端解决途径的法律基础，研究争端产生和法律文件出台的背景，在同 WTO 和北美、欧盟等自由贸易区的争端解决机制进行比较基础上，进一步比较分析 CAFTA 各种解决争端的途径，阐述 CAFTA 自身具有的独特价值。

第二章《中国—东盟争端解决博弈的理论分析》，绘出 CAFTA 争端解决的博弈树，对 CAFTA 争端解决运作进行博弈分析，尝试对 CAFTA 争端解决的博弈模型变量加以定义并求解，阐明 CAFTA 争端解决的机制运行后的争端双方的利益与策略选择。

第三章《专题案例分析》，结合相关案例进行实证分析。主要从国外仲裁裁决的承认与执行、CAFTA 成员国公民的经济纠纷在中国的起诉、CAFTA 争端解决机制的运用三个维度来进行实证案例分析，与前文理论相衔接。

第四章《CAFTA 争端解决机制的完善和对策研究》，构建 CAFTA 争端解决的法制，提出完善 CAFTA 争端解决机制的建议，探讨我国利用 CAFTA 争端解决的各种途径解决中国与东盟各国贸易争端的策略选择。

《结语》部分对中国—东盟争端解决的机制建设进行总结，就涉及的相关理论解释力进行分析，并提出了自己的主要观点。

（二）重点解决的问题

围绕 CAFTA 争端解决的机制怎样有效地保障 CAFTA 的运行，拟重点解决以下问题：

第一，从 CAFTA 争端解决机制化的法律价值出发，探讨 CAFTA 争端解决的机制设置的合理化问题。

第二，CAFTA 内部争端解决机制与 WTO、NAFTA、EU、AFTA 以及 RCEP 等自贸区争端解决机制的异同，与其他争端解决途径的融合及互补。

第三，从中国—东盟争端解决的博弈，研究如何妥善解决 CAFTA 自贸区内的争端。

第四，研究 CAFTA 争端解决机制的完善，探讨如何形成长效的争端解决的机制。

第五，我国通过 CAFTA 争端解决的机制解决中国与东盟各国贸易争端的策略选择。

四、研究方法与创新之处

（一）研究方法

1. 文献研究法

通过公开出版发行的相关专著、报纸杂志和网络等搜集相关的观点论述、统计数据和调查报告等，找出需进一步研究的问题和理论依据。

2. 比较研究法

在借鉴 WTO 和北美、欧盟以及东盟、RCEP 等自贸区关于争端解决机制的规定基础上，总结 CAFTA 关于争端解决机制的特点和存在的问题，进而比较分析其他解决途径。既进行横向比较，也进行纵向比较。

3. 案例分析法

结合相关案例，研究 CAFTA 争端解决的机制构建的必要性与可行性，寻求坚实的实践基础。

4. 跨学科论证法

综合运用法学、国际关系学、数学、经济学等多学科知识，进行系统分析与判断，构建 CAFTA 争端解决的机制。

（二）创新之处

1. 理论运用的创新

第一，将国际关系理论与法学严谨的诉讼程序相结合。国内外对 CAFTA 争端解决机制的研究缺乏从宏观的国际关系理论视角予以研究，无法凸显贸易争端解决背后的博弈；微观方面也欠缺进一步对国际法应用实控的思考。本书在探讨贸易争端解决背后的博弈与政策导向的同时，细化中国—东盟争端解决程序的相关规定。

第二，将国际机制理论与博弈论相结合进行研究。本书将原来平行的两者结合，对 CAFTA 争端解决的机制进行全面的剖析。

第三，将原运用于国内的多元争端解决机制理论，拓展运用到区域经济领域。

2. 内容的创新

第一，研究视角新颖。尝试从博弈论的视角分析 CAFTA 争端解决的途径，将宏观与微观相结合，验证国际关系重大理论的同时，填充争端解决法律实务的空隙，使之更具可操作性。

第二，比较的内容丰富。以往都是 CAFTA 争端解决机制与 WTO、其他自贸区的争端解决机制的比较研究，本书将进一步比较的是 CAFTA 各种争端解决的途径，并探讨如何融合成体系。本书研究的是 CAFTA 争端解决的机制，研究的内容更全面、更系统。

3. 研究方法的创新

第一，案例分析法。之前的有关 CAFTA 争端解决机制的论文均以理论探讨为主,缺乏对实际案例的分析,本书将进行案例的实证分析。

第二,跨学科论证法。国际关系的国际机制理论、博弈论与国际法、诉讼程序相结合跨学科地对 CAFTA 争端解决的机制进行研究,笔者并未见国内外论著有类似的探讨。绘出 CAFTA 争端解决的博弈树,运用数模尝试对 CAFTA 争端解决的博弈模型变量加以定义并求解,更能阐明 CAFTA 争端解决的博弈过程。

第一章　中国—东盟争端解决的法制基础

简称自贸区的自由贸易区（Free Trade Area，FTA），指的是在世界贸易组织（WTO）承诺的基础上，区域内两个或多个经济体。区域贸易协定（RTAs）在WTO成立后的迅猛发展，说明一定形式的区域贸易安排确实可以给区域内的成员方带来更多的利益。然而，根据对立统一的哲学原理，任何事物都有两面性，随着区域内商品、服务以及生产要素自由流动程度的加深，成员方彼此之间的贸易摩擦也逐渐升温，经贸争端不断涌现，这些不利因素都给区域贸易协定的平稳运行蒙上了一层阴影。

本书涉及的争端，不是政治与安全争端，而是指双边或多边的经贸、服务和投资合作的争端。有学者认为，需要建立一个有效的内部争端的解决机制，来保障一个区域经济合作组织整体机制高效地运行。笔者认为，单单靠内部机制是不够的，合理地利用外部机制和条件，里应外合地运用更可以圆满地解决问题。

中国—东盟自由贸易区（China-ASEAN Free Trade Area，CAFTA）争端解决机制和CAFTA争端解决的机制之间虽只有一字之差，但内涵与外延已不同。前者CAFTA争端解决机制是指依据2004年11月29日中国和东盟双方签署的《中国—东盟全面经济合作框架协议争端解决机制协议》（以下简称《争端解决机制协议》）这份自贸区重要文件建立起来的内部机制。应该说，CAFTA《争端解决机制协议》是实施《框架协议》的核心机制之一，其依据是中国与东盟十国签署《框架协议》第11条第1款的规定："1年内，为实施本协议建立适当的正当的争端解决程序与机制。"后者CAFTA争端解决的机制是指所有用于解决CAFTA争端的法律制度和国际机制，包括政府间层面的外交机制、WTO争端解决机制、CAFTA内部争端解决机制、司法解决机制、外国法院判决的承认与执行等，即后者涵盖了前者，这也是本书的研究范畴。在理论上，本书CAFTA争端解决的法制指的是多元解决机制，即依靠一系列制度的运行和多种手段调节CAFTA贸易冲突的一个相互协调、相辅相成的调整系统和解决体系。

第一节　中国—东盟各种争端解决途径的法律基础

外交途径和法律方式是国际争端和平解决的两大有效的处理途径。《联合国宪章》列举了"谈判、调查、调停、和解、斡旋、仲裁、司法解决、区域机构或区域办法等和平解决国际争端的方式"。① 我国对以上方式方法在外交实践中利用率较高，成果可喜。那么，《联合国宪章》便是上述和平解决途径所依据的法律基础了。

多元化矛盾纠纷解决机制也称选择性纠纷解决机制，多元化矛盾纠纷解决机制的概念源于美国，20世纪逐步发展为世界各国国内普遍存在的各种诉讼外纠纷解决方式。从制度化的层面划分，多元争端解决机制包括政治机制、经济机制、民间机制和法律机制等。笔者根据CAFTA的自身特征，

① 参见梁西：《国际法》，武汉大学出版社1993年版，第473—477页。

拟将多元争端解决机制应用到该区域贸易争端解决中。

当前 CAFTA 区域经济快速运转，伴随而来的便是经济贸易、服务、投资等纠纷与冲突频发，可谓争端呈现类型多样化、利益诉求复合化、争端主体多元化、矛盾交织化等特点的高发时期，为应对 CAFTA 争端多元化的发展趋势，需要加快构建和完善多元化的争端解决机制，整合各种社会资源，综合运用和解、调解、仲裁等多种方式方法，形成功能互补、程序衔接的矛盾化解体系与制度，为 CAFTA 争端当事方提供符合他们利益诉求与偏好的、可供选择的争端解决途径与方式，从而及时有效地化解矛盾与纠纷，维持 CAFTA 良好的发展态势。

CAFTA 争端的多样性需要多元化的解决方式来与之相适应。建立多元性的经贸争端解决机制，不仅能够体现现代法治社会更加注重道德文化建设的趋向，而且把法律解决作为最后手段也有利于彰显经济活动的人性化本质。

一、不具法律约束力的解决机制

（一）政府间宏观层面的解决机制

政府间层面的解决主要是指政治解决，即通过以公权力为特征的政治途径和方式，而不是遵循严格的法定程序和法律标准，来寻求争端的解决。这是以权力为导向的解决方式，是建立在争端各国实力强弱的基础上，缺乏规则性和稳定性，不具有法律约束力。与政府间公权力层面解决相对的便是民间解决机制。在当代国际社会，人们的生活方式存在差别，相互之间的交往并基于不同的原因产生冲突是自然的。特别是处于不同国度、不同社会制度、不同价值观念和不同法制背景条件下的居民，在进行经贸活动的过程中可能出现争端更是难以避免的。

政府间层面的外交解决机制主要包括协商谈判、斡旋调停、和解调查等和平地解决国际争端的政治方式:(1)协商谈判。谈判、协商解决是通过直接会谈来澄清事实、消除误会而进行国际交涉的一种方法,最后一般以国际法主体双方取得谅解得以解决。这是一种有助于达成共识的国际争端解决外交方式。协商往往并不能达成一致。(2)斡旋调停。调停与斡旋这两种外交方式,在国际法上其实是很难严格区分的。斡旋或调停一般由有影响力的国家、国际组织或个人进行,都是指在争端当事方同意和行动自由的基础上,由一个与某项争端及其当事方无关的或无特殊利害关系的第三方,来提出没有法律约束力的建议,从而促成各方达成协议的一种方式。(3)和解调查。早在《维也纳条约法公约》(Vienna Convention on the Law of Treaties)、《联合国海洋法公约》(United Nations Convention on the Law of the Sea)这两个公约里面就对和解或调解的解决方式作了相关规定。和解(调解)是指通过和解委员会查明事实,拟出不具有法律拘束力的报告,达到双方解决争端目的的一种外交方式。调查以弄清事实为主要任务,为谈判奠定基础。这在1899年的海牙《和平解决国际争端公约》(Convention for the Pacific Settlement of the International Disputes)的规定中得到体现:如争端当事国不能以外交手段解决,凡遇有国际争端只起因于对事实的意见分歧而不涉及国家荣誉或根本利益者,在情况许可范围内设立调查委员会。1913年以后的《布赖恩和平条约》(Bryan Peace Treaties)中确立了常设调查委员会。当事国发生争端时可选用1949年联大专门设立的“调查与调解小组”。如2004年的中国和越南之间就通过《谅解备忘录》解决中越植物出入境难题;2007年中国和也是CAFTA成员国的印尼就通过《南宁联合声明》解决中国与印尼的食品贸易摩擦,①这就是政府间层面解决经贸争端的运用。

---

① 参见新华网文档资源:《中国—东盟自由贸易区建设:法律先行化解贸易争端》,http://news.xinhuanet.com/fortune/2008-10/25/content_10249606.htm,2018年3月12日访问。

（二）民间的解决机制

民间解决机制能够对多元复杂的社会利益和权利冲突进行自我协调与平衡。民间团体组织是社会成员自愿组成，为实现会员的共同意愿，按照其章程开展活动的非营利性质的社会组织。这正是民间解决机制的魅力所在。民间团体具有自愿性、广泛性、组织化、群体化和自主协调平衡的特性，决定了与其他主体的争端解决机制相比，民间的自治型解决机制具有赋予组织内部各种主体解决争议方式的更多选择的优势。

具体表现在：(1)这种争端解决机制中争端当事方的来源贯穿整个纠纷解决过程的意思自治的被尊重感强烈，主要是程序的选择和协议中的合意权的意思自治。(2)民间解决机制可以通过发挥争端当事方在解决争议过程中的自主性、主动性和功利主义的合理性，达到做出双方能够接受的解决结果，从而节省了解决争端的成本。(3)赋予组织内部各种主体解决争议方式的更多选择，同时更多出于情谊维系、一次性高效解决以及双方协商、相互妥协的考虑，亦对交易环境熟悉或市场实践有更深刻的了解。多数基于情理和社会规范、行业惯例、专业知识来解决问题出发，邀请自治组织中的行业专家有效参与，针对纠纷的症结进行规劝和说服，通常能够起到使贸易争端更快捷、更公平处理的作用，促使解决方案更有效地执行。与其他争端解决机制相比，民间争端解决机制是更接近市场规律的活动，能够满足不同主体需求方面的差异性。

（三）仲裁解决机制与区域机构的区域办法

仲裁即居中裁决，我国《现代汉语词典》解释为：争议双方同意的第三者对争议事项做出决定。《法学词典》解释为：指双方当事人自愿把争议提交第三者审理，由其作出判断或裁决。法律意义上的仲裁，是指争议双方的当事人自愿将争议事项提交第三者进行裁决，并接受裁决结果的一种解决争议的方式。仲裁裁决是指仲裁庭依据应当的仲裁规则将仲裁当事人提交的争端事项审理终结后，对仲裁申请人提出的仲裁请求作出的结论性意见。①

仲裁能在国际争端尤其是国际经济争议中广泛适用，均因其具有中立性、自治性、专业性、保密性与灵活性等突出的特点。中国国际贸易仲裁委员会和中国海事仲裁委员会是中国自己的常设仲裁机构，在国际社会上有较高声誉与应用，具有解决大量争议案件的实践经验。

在这方面，中国—东盟自由贸易区正是中国利用与周边东盟成员国的疆界相邻的地理特点、国家政治经济发展程度相当、历史文化民俗传统相似等先天优势，以条约为法律依据，充分发挥区域机构与区域办法在亚太地区的国际组织的正面作用而建立的区域性国际组织，是通过寻求合作和互助来解决区域问题的一次积极尝试。CAFTA《框架协议》、CAFTA《货物贸易协议》、CAFTA《争端解决机制协议》、CAFTA《服务贸易协议》和 CAFTA《投资协议》等便是 CAFTA 的区域办法。

CAFTA 内部争端解决机制中的仲裁属于政府（或国际组织）之间的仲裁。但 CAFTA 争端解决机制中的仲裁正如 WTO 争端解决机制中的仲裁一样，与国际商事仲裁明显不同。CAFTA 争端解决机制的仲裁尚无常设机构，根据成员国的需要，临时设立，完成仲裁使命后即时自行撤销。而国际商事仲裁设有常设的仲裁机构，如中国海事仲裁委员会就是其一。仲裁有利于公平地解决争端，也有利于争端的当事人维护权益。

二、司法解决机制

司法解决是指争端双方把争端诉诸国际法院或者法庭，或者通过起诉、司法协助等方式寻求当地法院救济，由法院作出具有法律拘束力的判决法

---

① 张晓君：《国际经济法学》，厦门大学出版社 2012 年版，第 304 页。

律方式。一般认为这种“上到公堂对簿”的方式是一种不友好的行为，也会在政治上引起较大的冲击。相反，像仲裁等居中解决方式，如利用 WTO 争端解决机制，除了有利于维护自身权益并反击不公平的遭遇外，还有助于避免或减轻相互之间的贸易报复，从而营造安全、有序、和平的国际经贸与投资环境，所以更容易为争端方所接纳。成员国间的区域争端解决除了可以利用区域争端解决机制，也可以利用 WTO 争端解决机制，WTO 争端解决机制采用的专家组断案模式对于区域争端解决机制也有借鉴的意义和作用。

（一）中国涉外民事诉讼的受理

依据我国《民事诉讼法》第 259 条至第 280 条的相关规定，CAFTA 成员国的公民、企业或组织在我国法院起诉、应诉，需委托律师的，必须委托中国的律师代理诉讼；在中国境内没有住所的，办理委托手续还需要经所在国公证机关证明，并经中国驻该成员国使领馆认证，或者履行中国与该所在国订立的有关条约中规定的证明手续后，才具有效力。①

需要指出的是，因在中国履行中外合资经营企业合同、中外合作经营企业合同、中外合作勘探开发自然资源合同发生纠纷提起的诉讼，由中国法院管辖。②

在中国境内没有住所的 CAFTA 成员国当事人，不服中国一审判决、裁定的，有权上诉，时间界限为在判决书、裁定书送达之日起三十日内，特殊情况可以申请延期，但是否同意由中国法院决定。

（二）外国法院判决的承认与执行

1. 中国承认和执行外国法院判决的要件

根据我国《民事诉讼法》第 288 条至第 289 条的规定，外国法院的判决要在中国法院得到承认并有效执行，需要具备以下两个条件：

① 参见我国《民事诉讼法》第 270 条和 271 条的规定。

② 参见我国《民事诉讼法》第 273 条的规定。

第一,申请承认和执行的外国法院的判决、裁定必须已经发生法律效力。①

第二,做出判决、裁定法院的所在国家与我国有缔结或共同参加的国际条约,或按照互惠原则进行审查后,认为不违反我国法律的基本原则或者国家主权、安全、社会公共利益的,裁定承认其效力,需要执行的,发出执行令。否则不予承认和执行。②

中国参加或者缔结的国际公约,如 1991 年的《关于向国外送达民事或商事司法文书和司法外文书公约》、1987 年的《承认及执行外国仲裁裁决公约》、1998 年的《民商事案件国外调取证据公约》、2000 年的《国际油污损害民事责任公约》。这些依据《民事诉讼法》第 267 条的规定,具有优先于《民事诉讼法》的效力。

2. 中国与东盟国家实践的方式

中国因为没有加入多国性的关于承认与执行外国法院判决的国际公约,所以中国实现与东盟国家间承认和执行对方国法院判决的司法协助,主要是通过与东盟国家签订双边司法协助条约的方式进行。目前,中国和东盟国家间订立了双边《司法协助条约》情况如表 1-1 所示。

表 1-1 中国与东盟国家缔结的有关双边司法协助条约一览表

条约名称	缔结时间	签约国家	协助项目内容	生效时间
中华人民共和国和泰王国关于民商事司法协助和仲裁合作的协定	1994 年 3 月 16 日	泰国	民商事,不包括刑事	1997 年 7 月 6 日
中华人民共和国和新加坡共和国关于民事和商事司法协助的条约	1997 年 4 月 28 日	新加坡	民商事,不包括刑事	1997 年 5 月 28 日

① 参见我国《民事诉讼法》第 288 条的规定。

② 参见我国《民事诉讼法》第 289 条的规定。

续表

条约名称	缔结时间	签约国家	协助项目内容	生效时间
中华人民共和国和越南社会主义共和国关于民事和刑事司法协助的条约	1998 年 10 月 19 日	越南	民事和刑事	1998 年 10 月 19 日
中华人民共和国和老挝人民民主共和国关于民事和刑事司法协助的条约	1999 年 1 月 25 日	老挝	民事和刑事	1999 年 2 月 25 日

（三）国外仲裁裁决的承认与执行

无论是仲裁解决机制还是区域机构区域办法所作的裁决，都是以争议的解决为目的的，这还要靠执行来落实。CAFTA《争端解决机制协议》第 12 条中规定了执行方面的期限及发生争议时的解决方式。在此仅讨论我国与东盟成员国之间作出的仲裁裁决在我国的承认与执行的相关问题。根据我国立法与司法实践，我国对外国仲裁裁决的承认与执行一般如下：

1. 依照《承认及执行外国仲裁裁决公约》可承认与执行仲裁裁决裁决的范围和程序。

依据《最高人民法院关于执行我国加入的〈承认及执行外国仲裁裁决公约〉的通知》①的规定，中国对 1987 年签订的联合国《承认及执行外国仲裁裁决公约》（1958 年）②（下文简称《纽约公约》）进行了两项保留：互惠保留③和商事保留④。根据互惠保留的规定，中国只承认与执行在公约的另一个缔约国的领土内所作出的仲裁裁决，而对于在任何缔约国之外的其他

① 该通知正文参见“法律图书馆”网站，http://www.law-lib.com/law/law_view.asp? id=4225，2010 年 6 月 20 日访问。

② 该通知正文参见“法律图书馆”网站，http://www.law-lib.com/law/law_view.asp? id=15259，2010 年 6 月 10 日访问。

③ 该通知第一条第一款规定：“根据我国加入该公约时所作的互惠保留声明，我国对在另一缔约国领土作出的制裁裁决的承认和执行适用该公约。”

④ 该通知第二条第一款规定：“根据我国加入该公约时所作的商事保留声明，我国仅对按照我国法律属于契约性和非契约性商事法律关系所引起的争议适用该公约。”

国家所作出的仲裁裁决是不能按公约的规定而给予承认与执行的。

按照中国《民事诉讼法》第290条的规定，国外仲裁机构的裁决需要中国法院承认和执行的，应当由当事人直接向被执行人住所地或者其财产所在地的中级人民法院申请，中国法院应当依照中国缔结或参加的国际条约，或者按照互惠原则办理。①

条约和互惠保留声明是我国关于司法协助的基础。CAFTA的成员国国家之间作出的商事仲裁裁决能否在我国法院得到承认与执行便取决于其是否为该公约的成员国、若为非会员国其是否作出互惠保留声明。根据《最高人民法院关于执行我国加入的〈承认及执行外国仲裁裁决公约〉的通知》中的附件所列举的国家，印度尼西亚、菲利宾、泰国、马来西亚、柬埔寨、新加坡属于加入了该公约的东盟成员国，其中泰国、马来西亚、新加坡作出了互惠保留，即在以上国家内作出的商事仲裁裁决已经符合了根据《纽约公约》（即《承认及执行外国仲裁裁决公约》，the New York Convention on the Recognition and Enforcement of Foreign Arbitral Awards）在我国申请承认与执行的前提条件。文莱、老挝、缅甸、越南则是公约的非缔约国，对于该四国内作出的仲裁裁决在我国的承认与执行只能通过外交途径解决。

CAFTA《争端解决机制协议》对于“争端”的定义并不明确，也不具体，由此看来，在我国与东盟各成员国之间发生的除因合同侵权而发生的民商事争议外，仍然存在不能适用《纽约公约》来进行司法互助的空白，例如劳动争议。此类争议的仲裁裁决只能依照有条约约定的按照条约进行，没有的按照互惠原则办理，既无条约也无互惠原则的按照外交途径办理。

条约优先适用的规定保障了法律的优先适用性，维护了公约设立的初衷。对于成员国之间的互惠保留声明，保证了能够根据公约得到承认和执

① 参见我国《民事诉讼法》第290条的规定。

行的仲裁地国必须是公约的一缔约国，否则很可能出现非公约缔约国要求承认与执行的情况。对于非缔约国而言，针对该公约其未尽到应尽的义务而要求缔约国一方履行相关承诺时可能会导致对缔约一国不公平的现象产生。商事保留的声明对于“仲裁”的界定有了整齐的范围。因各国赋予“商事”一词的含义各不相同，仲裁相对于诉讼而言具有一定的自由性。一般来说，只有涉及国家的某些利益时，一国才对该事项规定不能仲裁。商事保留声明既满足了民商事交往的意思自治性，也维护了一国界定的特殊利益不仲裁的原则。

2. 外国仲裁裁决到我国申请承认与执行的条件及期限

为了保障涉外仲裁裁决在我国法院得到承认与执行，根据我国《民事诉讼法》第 246 条的规定，该申请必须于 2 年之内提出。[①] 依据《最高人民法院关于执行我国加入的〈承认及执行外国仲裁裁决公约〉的通知》第 3 条的规定：我国受理申请的法院地为各中级法院；对于被执行人在我国无居所的，适用财产地原则保障了执行的最终实现。

根据上述规定，我国《民事诉讼法》第 281 条规定了对涉外仲裁裁决“不予执行的情形”。[②] 该条规定与《纽约公约》的规定有着一定区别，后者较为详尽，根据我国在民商事另约优先适用我国加入的国际条约的惯例，在司法审查中，应适用公约的规定。

3. 我国法院对涉外仲裁裁决申请承认与执行的审查与决定程序

依据最高人民法院《关于人民法院撤销涉外仲裁裁决有关事项的通知》，凡一方当事人按照仲裁法的规定向人民法院申请撤销我国涉外仲裁裁决，如果经法院审查后认为不符合我国法律和国际公约的相关规定，在裁定撤销裁决或通知仲裁庭重新仲裁之前，须报请本辖区所属高级人民法院进行审查。

---

① 参见我国《民事诉讼法》第 246 条第一款，“申请执行的期间为二年”。

② 参见我国《民事诉讼法》第 281 条。

如果高级人民法院同意撤销裁决或通知仲裁庭重新仲裁，应将其审查意见报最高人民法院。待最高人民法院答复后，方可裁定撤销裁决或通知仲裁庭重新仲裁。① 该规定设立的严格的层报制度有利于避免因仲裁裁决终局性所造成的诉讼救济制度的困难，也是对降低涉外仲裁的成本的考虑。

CAFTA《争端解决机制协议》为我国与东盟成员国之间在国际民商事交往之中出现的贸易争端的解决提供了实体上和程序上的依据，根据其而做出的商事仲裁裁决则需要通过《纽约公约》的规定在我国得到承认与执行，此二者之间虽然存在差异，但却是保障中国—东盟自由贸易区民商事纠纷解决的重要法律依据。探究东盟各成员国与我国的司法协助途径有助于增强国际商事经贸合作的有序性和安全性，促进 CAFTA 区际交往，对于建立 CAFTA 良好的投资环境也具有重要意义。

第二节　中国—东盟争端解决法律文件的出台

世界贸易组织专家皮特斯曼（Ernst Ulrich Petersmann）曾说："所有文明社会有个共同特征，都需要有一套适用于解释规则的、和平解决争端的规范和程序。"②

目前，世界贸易组织（WTO）的争端解决机制当属世界范围内的争端解决机制，而在当今世界众多区域性的经济合作组织中，则以北美自由贸易区

① 参见我国最高人民法院《关于人民法院撤销涉外仲裁裁决有关事项的通知》，（法〔1998〕40 号），http://www.law-lib.com/law/law_view.asp? id=13909，2010 年 6 月 20 日访问。

② Ernst Ulrich Petersmann，"The Dispute Settlement System of the World Trade Organization and the Evolution of The GATT Dispute Settlement System Since 1948"，*Common Marker Law Review* 1994，p.1157.转引自赵维田：《世贸组织（WTO）的法律制度》，吉林人民出版社 2000 年版，第 430 页。

(NAFTA)的准司法性争端解决机制、欧盟(EU)的司法性争端解决机制、东盟自由贸易区(AFTA)的以协商为主争端解决机制最具代表。

一、中国—东盟争端解决法律文件出台的背景

在WTO多哈谈判陷入僵局的同时,拥有上千年传统友谊和贸易往来悠久历史的中国与东盟国家相互首选对方,组建经济共同体——中国—东盟自由贸易区。地理位置上山水相连,唇齿相依,使中国—东盟这样的区域经济一体化组织得到了迅速发展,中国与东盟的经贸关系达到了历史上的黄金时期。在国际政治变幻莫测中,中国已和东盟国家相互合作、互利互惠,共赢走过多年。对中国,同样也是对东盟来说,是双方经贸合作创新的集中写照。

自1997年始,中国和东盟领导人的第一次非正式会议在马来西亚吉隆坡举行,发表的《中华人民共和国与东盟国家首脑会晤联合声明》,就为中国和东盟的全面合作奠定了政治基础。当时的经济背景是:1997年爆发的亚洲金融危机,导致东盟寻求"东盟+3"(3主要是指中、日、韩三国)模式的对话机制,对区域经济一体化起到推动和促进的作用。从当时的世界贸易结构中分析,在发展中国家盛行几十年,以欧美发达国家市场为目标的出口导向政策已经举步维艰,新兴国家需要通过加快培育自己的国内市场,加大相互间的贸易来探索新的发展道路。① 而在中日韩三国中,中国走在前列,顾全东盟的利益,保持人民币不贬值,使东盟领导人确信中国值得信赖,愿意建立双方面向21世纪睦邻互信伙伴关系,并于当年12月加以确立。

① 参见龚铁鹰:《国际时事述评集(2009—2012)》,世界知识出版社2013年版,第100页。

而建成这一庞大的自由贸易区并非易事，中国本着“睦邻、安邻、富邻”①的周边外交政策以及“与邻为善、以邻为伴”②的周边外交方针，在东盟各国对中国加入 WTO 会带来挑战表示担忧这一问题上，2000 年 9 月朱镕基（时任中国国务院总理）回复：“从长远看，双方可以进一步探讨建立中国—东盟自由贸易区的可行性与可能性，如何加强合作的相关问题。”③由政府牵头、专家和学者组成的 CAFTA 经济合作专家组（ACEGEC）在同年 3 月 28 日马来西亚吉隆坡成立，并于 10 月提交了中国—东盟经济合作的研究报告。报告认为构建 CAFTA 对中国和东盟双方是双赢的，并给出 10 年内建成的建议。同时，报告还明确指出当时双方贸易占各自对外贸易总额的比重不大，就在 7%左右；而建成 CAFTA 后，估计中国对来自东盟进口品的需求将以每年 10%递增，中国和东盟双方的相互出口额的年增幅可高达 50%，中国和东盟国家双方的 GDP 年增长率将分别提高 0.3%和 1%，相当于 22 亿美元和 54 亿美元。④ 鉴于研究报告出来的可喜分析，各东盟领导人一致响应建立中国—东盟自由贸易区。2001 年以后，东盟各国家逐渐摆脱“中国威胁论”阴影。这样，建立一个中国—东盟自由贸易区，促进中国、东盟国家的共同发展，就有了现实的思想基础。⑤ 自此，中国和东盟十个成员国不断地将经贸合作推向新台阶。2001 年 11 月，CAFTA 各成员国在第五次中国—东盟领导人会议（举办地点：文莱斯里巴加湾）上，就未来 10 年

---

① 《习近平谈治国理政》，外文出版社 2014 年版，第 297 页。

② 《十七大以来重要文献选编》（下），中央文献出版社 2013 年版，第 251 页。

③ 许宏治：《朱镕基出席第四次中国—东盟领导人会晤》，《人民日报》2000 年 11 月 26 日。

④ See Wattanapruttipaisan：“ASEAN－China Economic Relationships and Co－operation in Trade and Investment：Petterns and Potential”，paper presented at the Symposium on ASEAN－China Entrepreneur Exchanges，Chengdu，China，22－23 October.

⑤ 参见程信和：《中国—东盟自由贸易区法律模式研究》，人民法院出版社 2006 年版，第 87 页。

组建自贸区达成共识，推动亚洲区域经济一体化出现新的发展态势。① 文莱苏丹博尔基亚将其形容为“具有重大历史意义的决定”，这种态度表明东盟前所未有的决心，加快 CAFTA 进程，而不是坐等传统出口市场的复苏。②

2002 年 11 月，中国与东盟各成员国领导人在第六次中国与东盟领导人会议（举办地点：柬埔寨金边）上，共同签署了组建自贸区的基本文件——《中国与东盟全面经济合作框架协议》（以下简称《框架协议》），启动了自贸区建设的进程。这亦是 CAFTA 各成员国在法律框架下，进一步地拓展了经贸合作的空间。

2003 年 10 月 1 日，中国与泰国开始实施双边果蔬贸易零关税，中国并在同月加入了《东南亚友好合作条约》。③ 这是以实现 2010 年建成世界最大自贸区为目标，为加速取消关税，在《框架协议》“早期收获”（Early Harvest Program）方案下，中国和东盟迈出的第一大步。“早期收获”计划于 2004 年 1 月广泛实施。这是 CAFTA《框架协议》签订以来，自贸区启动最快的内容。④ 中国与印度尼西亚共和国、马来西亚、菲律宾共和国、泰王国、文莱达鲁萨兰国和新加坡共和国等六个东盟成员国的实施期是 2005—2010 年；中国与东盟剩下的其他新成员国的实施期是 2005—2015 年。具体如表 1-2 所示。

---

① 参见程信和：《中国—东盟自由贸易区法律模式研究》，人民法院出版社 2006 年版，第 87 页。

② 参见马燕冰：《中国—东盟自由贸易区计划及其影响》，《和平与发展》2002 年第 1 期。

③ 《东南亚友好合作条约》是东盟成员国于 1976 年 2 月 24 日在印度尼西亚巴厘岛举行的东盟第一次首脑会议上签署的。2003 年 6 月，中国全国人大常委会正式决定中国加入此条约；同年 10 月，中国在印尼巴厘岛举行的第七次中国—东盟领导人（10+1）会议上正式加入《东南亚友好合作条约》。

④ 参见高歌：《CAFTA 框架下转变广西边境贸易增长方式的研究》，民族出版社 2010 年版，第 15 页。

表 1-2　中国与东盟各国关税削减时间表

开始时间	参与国家	涵盖项目	海关税率
2000 年	文莱、印度尼西亚、菲律宾、马来西亚、新加坡、泰国	85% 的 CEPT 条目	对全部东盟成员国 0—5%
2002 年 1 月 1 日	文莱、印度尼西亚、菲律宾、马来西亚、新加坡、泰国	全部 CEPT 条目	对全部东盟成员国 0—5%
2003 年 7 月 1 日	中国与东盟十个成员国	一切条目	WTO 最惠国海关税率
2003 年 10 月 1 日	泰国、中国	中国、泰国的水果蔬菜条目	中泰两国水果、蔬菜海关税率降至零
2004 年 1 月 1 日	中国与东盟全体成员国	农产品	农产品海关税率下调启动
2005 年 1 月	中国与东盟全体成员国	一切条目	对 CAFTA 所有成员国削减关税启动
2006 年	中国与东盟全体成员国	农产品	农产品关税降至零
2010 年	文莱、印度尼西亚、菲律宾、马来西亚、新加坡、泰国	一切减税产品	对原东盟 6 个成员国实行零关税
2010 年	中国与印度尼西亚、马来西亚、菲律宾、泰国、文莱、新加坡	一切产品（除部分敏感产品外）	关税降至零
2015 年	越南、老挝、柬埔寨、缅甸	一切产品（除部分敏感产品外）	对新东盟 4 个成员国零关税
2015 年	越南、老挝、柬埔寨、缅甸	一切产品（除部分敏感产品外）	对 CAFTA 所有成员国海关税率降到零
2018 年	越南、老挝、柬埔寨、缅甸	剩下部分敏感产品	对东盟自由贸易区和 CAFTA 所有成员国零关税

自2004年以来,已经成功举办了六届的中国—东盟商务与投资峰会,成为CAFTA建设的"加速阀"。2014年11月,自CAFTA达成协议后首届中国—东盟博览会成功举行:签订投资项目共129个,总投资额达49.68亿美元;双方商品贸易累计成交10.3亿美元。中国—东盟博览会为CAFTA的全方位推动奠定了良好的根基。① 逐步制定出关于自由贸易区的基本贸易规则是《框架协议》中的一个重要内容,这样作为自由贸易区赖以生存和发展的"安全阀"——《争端解决机制协议》就应运而生。2004年11月29日,东盟正式承认中国是一个完全市场经济体,并签署了《中国—东盟全面经济合作框架协议争端解决机制协议》(以下简称《争端解决机制协议》)和《中国—东盟全面经济合作框架协议货物贸易协议》(以下简称《货物贸易协议》这两份重要文件。至此,应该说CAFTA内部争端解决机制正式诞生了。时任中国国务院总理温家宝在此第八次中国—东盟领导人会议上发表《深化战略伙伴关系,推进全方位合作》的讲话,主要建议里就包括了:"切实落实中国—东盟自贸区的货物贸易协定和争端解决机制协定。"为表示诚意,中方向中国—东盟合作基金增资500万美元,保证中国—东盟自由贸易区各项合作的顺利开展。②

2005年4月,中国与文莱、印度尼西亚、菲律宾等东南亚国家签署了近30项合作协议,涉及政治、经贸、安全、科技、文化、卫生、赈灾、人员和民间交流等各个领域。③ 同年7月《货物贸易协议》的开始实施,标志着CAFTA正式启动。另外,依照自贸区建设计划,到2010年时,中国和东盟老成员国间的绝大部分产品关税要降到零,至2015年一个由11个发

① 参见程信和:《中国—东盟自由贸易区法律模式研究》,人民法院出版社2006年版,第99页。

② 参见魏达志:《东盟十国经济发展史》,海天出版社2010年版,第2—3页。

③ 参见程信和:《中国—东盟自由贸易区法律模式研究》,人民法院出版社2006年版,第100页。

展中国家组成的零关税的统一市场将改写国际经济版图。同年 12 月,中国与东盟双方达成:在已开展合作的原来领域基础上,再开拓中国—东盟重点合作领域:交通、能源、文化、旅游与公共卫生等五大领域。① 这将势必加速了中国与东盟的全面合作,对 CAFTA 的组建也起到至关重要的作用。

2006 年 12 月 9 日,中国和东盟国家在第十次中国与东盟领导人会议(举办地点:菲律宾宿务)上,又共同签署了《中国—东盟全面经济合作框架协议服务贸易协议》(以下简称《服务贸易协议》)。此举加快了自贸区又一个领域的开放进程,成功完成了中国—东盟自由贸易区协议的主要谈判,中国与东盟的关系也更加紧密。2008 年 12 月 15 日,《东盟宪章》生效仪式举行。自此,东盟进入了新的发展阶段。2009 年 8 月 15 日,东盟十国经贸部长和时任中国商务部部长陈德铭共同签署了 CAFTA《投资协议》。

中国实施区域经济一体化战略的开始就是 CAFTA,它也是中国参与区域经济一体化的标志。CAFTA 于 2010 年 1 月 1 日终于建成,它标志着一个由中国和东盟 10 个成员国共同组成的区域经济区正式走进零关税时代。CAFTA 的启动,无论是对区域的经济合作,还是对世界经济复苏、世界贸易的发展都将起到积极作用。

CAFTA 建设进程和所参与国家法律法规关系密切、不可分离。中国和东盟有关政府官员、社会学家、法律专家纷纷表示,通过法律来化解贸易争端变得特别重要。参加第五届中国—东盟自由贸易区法律事务论坛的东盟经济事务研究专家、社科院亚太研究所研究员陆建人表示:"在 CAFTA 进程加快的情况下,以法律的形式约束双方经济实体间的交往,同时规范自贸

① 中国—东盟重点合作领域:交通、能源、文化、旅游与公共卫生等五大领域的开拓是在第九次中国—东盟领导人(10+1)会议(举办地点:马来西亚吉隆坡)上达成的。

区市场秩序，显得异常重要。”①新加坡国际仲裁中心闵耐鸥主簿官认为，CAFTA《争端解决机制协议》为违反规则的争端或者妥协提供了最终办法，也为商业市场准入承诺提供了保障。②

在参与CAFTA过程中，中国和东盟各国采纳了WTO体制的规则，包括关税及贸易总协定（GATT）第24条、GATT第24条谅解书、第5条“经济一体化”、1979年的“授权条款”和GATT第四部分这些例外规则，它们都是CAFTA得以建立的法律依据。CAFTA还采用国际法作为它的法律基础，用于在基本性质文件中确认它的行动准则和在贸易区中接受它们的规范，享受权利、履行义务。由于CAFTA的自身特点以及现实需要，CAFTA的争端解决机制仅用了三年时间就已完成了初步的建立。由中国与十个国家组成的区域经济合作组织CAFTA也将为经济合作主动启用法律方式解决争端起到示范作用。

但是区域方法无论是提起主体还是解决的范围都有限，所以CAFTA亟须寻求与其他争端解决的途径融合，共同构建CAFTA争端解决的系统法制。CAFTA《争端解决机制协议》（见图1-1）是贯彻落实《框架协议》的重要程序和保障，其意义重大。它的生效使中国与东盟十国之间全面经济的合作趋向规范化。但由于规定的原则性和专用语的陌生性，有关如仲裁裁决的执行等制度并非为众人所深入而又系统地了解。据此，笔者着重对CAFTA争端解决机制中的仲裁制度与世贸组织、各区域争端解决机制作了较为全面研究的比较分析，下面就进行相关解读。

---

①　闫祥岭、何丰伦、徐博：《中国—东盟自由贸易区建设：法律先行化解贸易争端》，2008年10月25日，见http://news.xinhuanet.com/newscenter/2008-10/25/content_10250541.htm。

②　参见闫祥岭、何丰伦、徐博：《中国—东盟自由贸易区建设：法律先行化解贸易争端》，2008年10月25日，见http://news.xinhuanet.com/newscenter/2008-10/25/content_10250541.htm。

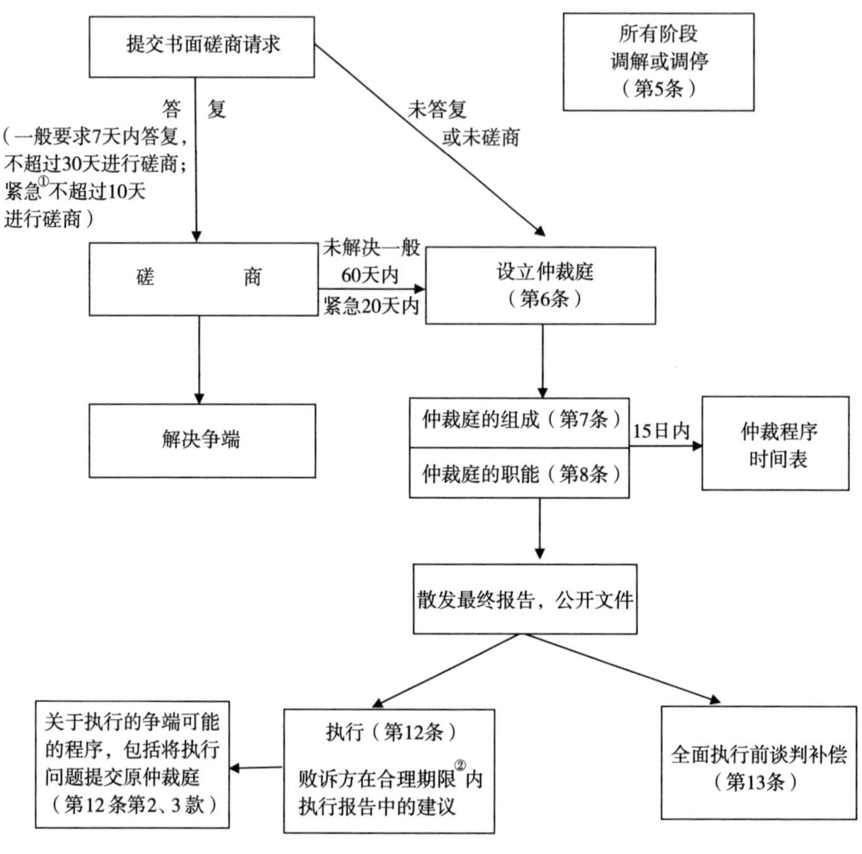

图 1-1　CAFTA 争端解决程序图

注：①紧急指紧急案件，包括易腐货物在内的案件。
②合理期限的确定：争端各方 30 天内一致确定或原仲裁庭 30 天内，最迟不超过 45 天确定。

二、中国—东盟相关法律文件出台背后的博弈

（一）构建过程的博弈

路易斯·亨金（Louis Henkin）曾论断："在各国的关系中，文明的进展可以认为是从武力到外交，从外交到法律的运动"①。具体就 CAFTA 争端解决的法制而言，可以从以下几点分析。

① Louis Henkin, *How Nations Behave*, Columbia University Press, 1979, p.1.

第一，20 世纪世界经济两大显著特点是：区域经济一体化与经济全球化。20 世纪以来，区域经济一体化应时而生并不断发展。世贸组织（WTO）的成员国无不与其他相关国家建立了自由贸易的关系。申请加入 WTO 的国家达 238 个之多，其中多数国家是参加自贸区的区域贸易国家成员。到 2010 年底预计全球范围内的自贸协定有可能达到 400 个。WTO 最惠国待遇的一种例外包括有自由贸易区比多边贸易体制实施更高水平的开放。自贸区是重组世界经济格局的重要方式。

作为发展中国家，中国和东盟成员的经济实力十分有限但也寻求发展，于是中国—东盟自由贸易区诞生了。2001 年 3 月，中国—东盟自由贸易区组建了联合研究小组，该小组于当年 10 月就提交研究报告。中国与东盟 10 个成员国以该联合研究报告作为 CAFTA 决策的主要依据和重要来源。①

在分析中国与东盟十国间建立自贸区后所获得的经济利益以及面对的挑战后，联合报告提出建立中国—东盟自由贸易区，不管是从人口、GDP 还是从经贸角度看，CAFTA 将更进一步促进地区的稳定和发展。中国与东盟国家积极促进交往，密切相互间的经贸合作，并建立中国—东盟自由贸易区，是其在应对世界经济全球化、区域一体化的快速发展时做出的正确的及时的反应。

但在签署《框架协议》时，东盟的越南、老挝、柬埔寨和缅甸等东盟新成员国家也是东盟内部经济最不发达的 4 个成员国，就提出以下三个问题：（1）市场准入问题，即 CAFTA 的建立将会给这 4 个国家经济的增长带来怎样的机遇和潜在利益。（2）待遇问题，即在 CAFTA 内及第三国市场，这 4 个国家将会遭遇何种挑战与限制。（3）技术援助问题，即依照《框架协议》，

---

① 参见阎月凡：《中国—东盟自由贸易区的提出经历》，2010 年 10 月 28 日，见http://www.china.com，2018 年 12 月 12 日访问。

对这4个新成员国所给予的特别待遇对他们又会有怎样的影响和意义。① 因为上述4个国家中只有缅甸是WTO成员国,其他3个国家均不是WTO成员,所以不享有WTO给予发展中国家的一些优惠待遇,所以在跟中国谈判时就提出通过CAFTA给予特殊的差别待遇。老挝外交部经济司Somchit Inthamith在2002年召开的中国—东盟贸易、投资和发展合作研讨会上的讲话,代表了东盟以上4个成员国的主要观点:“原则上支持建议的东盟中国经济合作工作框架,也支持在10年内建立CAFTA。但是,对东盟新成员国家来说,长期具有灵活性的政策应该考虑进这个工作框架中”②。中国为了促成CAFTA,所以承诺给上述非WTO成员的越南、老挝、柬埔寨提供WTO协议中的最惠国待遇,充分满足了这些国家的需求。③ 中国与东盟成员国并在《框架协议》第1条中就以目标的形式确定下来。④

争端解决机制所起的作用就是:能够有效地解决区域贸易协定的各成员方之间贸易纠纷,最大程度地实现各成员方之间的利益平衡。区域贸易协定的各成员方作为平等的主权国家,各自具有不同的利益诉求。争端解决机制的建立实际上就是利益平衡机制的体现,利益平衡无疑是解决多种利益冲突的有效手段。实践证明了这一点。在CAFTA争端解决的机制框架下,中国与东盟拓展了双方经济贸易合作的深度和广度,其成就大家都是

① See Thitapha Wattanapruttipaisan(Senior Officer, Industrial Services Unit, “ASEAN-China FTA: Additional Market Access and More Challenging Competition”, http://www.aseansec.org/2814.htm.

② 参见Somchit Inthamith在2002年召开的中国—东盟贸易、投资和发展合作研讨会上所作的题为《中国—东盟经济合作的现状与未来》的讲话,转引自李荣林、宫占奎、孟夏:《中国与东盟自由贸易区研究》,天津大学出版社2007年版,第172页。

③ 宫占奎等:《中国与东盟经济一体化:模式比较与政策选择》,中国对外经济贸易出版社2003年版,第298页。

④ 参见《中国—东盟全面经济合作框架协议》(2002年11月4日,由中国与东盟各成员国于柬埔寨金边签署)第1条第四款:“(d)为东盟新成员国更有效地参与经济一体化提供便利,缩小各缔约方发展水平的差距。”

有目共睹的。连年来,中国一直是东盟的第一大贸易伙伴。可以说,世界的东方从此出现了一个充满活力的自由贸易区。

第二,中国一直致力于加强与东盟各成员国之间的政治关系以及经济关系,并且与东盟各成员国间的合作关系也在两者形成合作对话伙伴关系之后得以加深。鉴于中国和东盟之间地理位置上的近邻关系和传统的友好合作的悠久历史,加上两者之间经济上强烈的互补特征,一开始两者就互相青睐,把对方视为重要的合作伙伴。

1997 年,东南亚遭受发端于泰国的金融危机后,中国作为本地区一个负责任的大国,给予了受危机打击的东盟各国巨大的支撑。其间,中国表现出了负责任大国风范,用无私的援助建立了跟东盟互信的牢固基础,赢得了东盟各国的普遍好评,与中国的关系迅速改善和发展。中国与东盟国家的各个领域合作逐渐加强,合作的领域也在不断拓宽,这为 CAFTA 的建立和发展奠定了坚实的基础。①

世界各国及国际经济结构在 2007 年美国次贷危机引发的全球性金融风暴的影响下都受到了重创。在东盟各成员国中尤其是马来西亚、泰国、菲律宾等国家普遍经济严重受损。然而,经济发展趋向一体化的进程并没有改变,世界各国经济的相互依存度反而加强了,东盟各国经济依赖性日益加深。首先,全球性的贸易保护主义也在改善国内经济的同时产生作用;另外,各国又希望加强经贸合作以应对由于国际金融风险的加大而造成国际经济和政治的动荡,共同渡过难关;加上在之前全球金融危机中中国经济首先向更好趋势发展,中国市场也逐渐成为东盟各国恢复经济最好的选择。有了金融危机的经历之后,东盟更加明确了要建立有效的合作机制来防止危机的再次发生和冲击,进一步加快经济一体化。

① 参见程信和:《中国—东盟自由贸易区法律模式研究》,人民法院出版社 2006 年版,第 85 页。

CAFTA于2010年1月建成,东南亚经济一体化的发展也由此得到进一步的发展,同时也为东盟各国保持自身经济向更稳定、更健康方向发展。据2011年陪同时任中国国务院总理温家宝出席第十三次中国与东盟(“10+1”)领导人会议、第十三次东盟与中日韩(“10+3”)领导人会议、第五届东亚峰会和中日韩领导人会议的中国外交部部长杨洁篪介绍:“中国与东盟宣布建立面向和平与繁荣的战略伙伴关系以来,政治互信不断增进,各领域务实合作日益加强。”①

第三,CAFTA的成功建立,也标志着中国的战略环境发生了重大的变化。中国经济发展在美国提出向实体经济回归之后的外部条件的影响下也发生变化。比如以前依赖性地透支消费行为将有所减少,重振制造业也得到了重视。在这样的情况下,在短时间内以主要劳动密集型货物出口商的地位出现的我国地位很难改变,以上都向我国想要获得更快更好的发展提出了新的挑战,重要的是要加强区域经济合作,调整扩大外需的策略,争取打开新的出口市场。所以,CAFTA的构建是中国与东盟展开全面经济合作,为中国经济发展创造更好的周边国际环境,并且打破唯美国是瞻的西方发达国家在东南亚地区主导地位的大势所趋,也是必要的选择。

从1971年中国恢复联合国合法席位开始,中国正式得到国际机制的广泛承认。国际关系史专家王朝恩说,中国在国际机制中的立场和形象相当鲜明:作为联合国常任理事国,中国有其责任和权力,正从国际机制的守望者到参与者大步迈进。② 中国在国际机制中的作用得到国际社会的广泛承认和尊重。巴基斯坦前总统莱加里在出席亚太经社会时强调,实践证明,中国作为世界人口最多、发展最快的国家,是推进区域合作发展的榜样。中国

① 王士录:《2010—2011东南亚报告》,云南大学出版社2011年版,第203页。

② 参见季明:《中国从国际机制的守望者到参与者》,2004年10月4日,见http://www.sina.com.cn。

以和睦平等、共同发展的原则与邻国相处，从来就没有谋求过霸权。① 苏长和教授说："中国目前主要通过积极融入现有的国际组织等多边合作机制来发挥一个发展中的大国的作用，说明中国的发展并不以单边改变现有国际关系机制为目标。"②

中国率先同东盟十国基于2002年签订的《框架协议》建立中国—东盟自由贸易区。我们不难看出：《争端解决机制协议》将作出自己独特的贡献，它的意义和作用不容小觑。争端解决机制在促进完善区域贸易协定各项规则方面的贡献十分之大。从争端解决机制的功能看，运用争端解决机制处理成员方之间的经贸争端必然涉及对相关区域贸易协定条文的解释与适用的问题，将协定条文适用到有争议的具体案例的过程也是检验协议规定是否可行、有何缺陷以及怎样修改的过程。

（二）双方对CAFTA争端解决机制的共识

中国—东盟自由贸易区建立有得天独厚的条件，CAFTA争端解决机制的成立也是顺应历史潮流的必然趋势。

第一，作为近邻，中国与东盟都有合作双赢的期待。山水相连，休戚相关；在历史上，二者之间的传统友谊更是历史悠久，历史遭遇也异常相似。

近十多年来，中国与东盟各成员国在国际事务中更是互帮互助、互惠互利、相互扶持、相互配合。除此以外，东盟在中国提出建立自贸区的建议后更是在多方面积极主动配合，并在短时间内双方顺利地达成了相关的协议。《框架协议》需要相应的程序——争端解决机制来保障其有效实施，惠及成员国家。CAFTA争端解决机制是CAFTA的长效机制，有助于确保区域贸

① 参见季明：《中国从国际机制的守望者到参与者》，2004年10月4日，见http://www.sina.com.cn。

② 参见苏长和：《中国成为国际机制中日益活跃一员》，2004年9月30日，见http://www.sina.com.cn。

易协定中各项规定的有效实施。

第二,中国和东盟经济互补性强,资源禀赋各具优势,产业结构各有特点,市场空间和增长、合作潜力巨大,中国和东盟之间实现互利共赢的前景广阔。

在中国与东盟经济联合研究小组(ACEGEC)2001 年 10 月提交的中国—东盟经济合作的研究报告中显示:"双方贸易具有两大特点:一个是互补性突出;另一个是贸易潜力强大"①。

中国商务部条约法律司杨国华处长也说,CAFTA 具有多边特征,所以在出现冲突、争端与纠纷时,所涉利益会更为复杂化,影响面更广。假如缺乏有效、可靠的争端解决机制来妥善处理相关纠纷的话,CAFTA 的建立将会受到严重影响。从这个层面上来看,CAFTA 创设的一个争端解决机制协议,可以算是整个中国—东盟自贸区的"安全卫士"。②

第三,纵观历史,中国和东盟有过成功合作的基础,因此为自由贸易区的建立提供了前提。多年以前,双方关系密切,荣辱与共。建立 CAFTA 争端解决的机制是和平共商解决问题和成功合作的信心的体现。在中国和东盟长期的合作中,双方的领导人充分认识到建立 CAFTA 争端解决机制的必要性和重要性,将有利于双方政治经济的发展,从而实现本地区各成员国的共同繁荣。

第四,中国—东盟自由贸易区应运而生,这不仅是向国际社会宣布中国与东盟各成员国之间互帮互助、对抗危机、携手共进、共创辉煌的信心与决心,也起到了亚洲国家加强区域合作的示范作用。据《框架协议》等相关协

---

① Wattanapruttipaisan:"ASEAN-China Economic Relationships and Co-operation in Trade and Investment:Petterns and Potential",paper presented at the Symposium on ASEAN-China Entrepreneur Exchanges,Chengdu,China,22-23 October.

② 参见谭晶晶、邓苏勇:《争端解决框架协议:中国—东盟自贸区安全卫士》,2004 年 9 月 4 日,见 http://www.gxnews.com.cn。

议规定,如有贸易争端在中国和东盟国家中产生,在双方取消自由贸易区优惠待遇的情况下依然可以享受到 WTO 的优惠待遇。中国和东盟各缔约方都希望设立争端解决机制可对贸易冲突起到缓冲作用,争端解决机制能为 CAFTA 保驾护航。因此,自由贸易区的建成将对区域经济发展更趋稳定。

第三节　与其他争端解决机制的比较分析

将 CAFTA《争端解决机制协议》与区域经济中以硬法为主导的、混合软硬法特征的和以软法为主导的组织模式这三种组织模式相比较,可以看出中国和东盟在 CAFTA 争端解决机制组织模式的选择上的博弈与抉择。

一、与其他争端解决机制的比较分析

(一) 以硬法为主导的组织模式:EU 司法性争端解决机制

所谓的硬法是指由合法的立法机构认可并指定的强制性规则。欧洲国家一体化程度是世界上最高的,以法制为基础,包括一套具有内在独立性的完备欧共体法律体系、一套完善而各司其职的“超国家因素”机构,和保障欧共体法律实施的一套争端解决机制,显示其“硬法”特征。以硬法为主导的组织模式的欧共体对应的争端解决机制是以司法性为主。

第一,因为欧盟法可以直接适用于成员国的个人,而作为各成员方为解决争端而让渡部分主权而建立的超国家的司法机构——EU 执行委员会或理事会。这种将争端集中于同一机构处理的做法有利于维护法制的统一,使欧盟一体化的法律制度具有强制性司法保障。

第二,不需案件的原、被告当事人达成诉讼管辖的协议。

第三,法院的判决主要依靠成员国自动履行,尚且没有严格制度化的强制执行规定。①

以欧洲法院为核心的欧盟争端解决机制采用了司法化的模式,高效、权威、很好地解决了争端,很大地影响并作用于发展区域经济一体化的法律制度乃至于全球的经济一体化方面。但是也有局限性,其构建必须建立在各成员方同意让渡部分主权的基础上,这在目前的国际社会中还是难以做到的,对于那些刚刚起步的区域贸易协定而言显然不可能构建起如此高度司法化的争端解决机制。

(二) 混合软、硬法的组织模式:NAFTA 准司法性争端解决机制

NAFTA 的协定中第 20 章体现了与混合软、硬法的组织模式相对应的便是独特而具有实用主义色彩的 NAFTA 争端解决机制。主要体现在:

第一,可以通过友好的政治解决方式处理争端,可以主持斡旋、调停和调解,并非作为司法机构。但是 NAFTA 没有常设机构是有明显缺陷的,因为都是由“召之即来,挥之即去”的临时小组进行处理。

第二,在国际贸易规则方面,NAFTA“是一个具有较高层次规则精确性”②的组织,其有多套争端解决机制可供选择。假如两种以上争端解决机制都已启动,除非被诉缔约方要求按照 NAFTA 的争端解决程序来处理争端,否则缔约方应协商选择最终适用何种程序。

---

① 在英、法“羊肉大战”中,法国拒绝执行欧洲法院第 232/78 号案件(委员会诉法国)的判决。参见[英]弗兰西斯 · 斯奈德:《欧洲联盟法概论》,宋英译,北京大学出版社 1996 年版,第 54 页。

② F.M.Abbott,NAFTA and the Legalization of would politics:A Case Study International Organization,Vol.54,3,Summer2000,p.524.转引自杨丽艳:《区域经济一体化法律制度研究——兼评中国的区域经济一体化法律对策》,法律出版社 2004 年版,第 175 页。

（三）以软法为主导的组织模式：AFTA协商性争端解决机制

东盟(ASEAN)自由贸易区(AFTA)在组织模式上既不具备北美自由贸易区那种“强化法律”的条约法律机制，也不具有欧共体那种“超国家特征”。东盟软法特征的模式与东盟成员国的经济、政治、文化传统相吻合。东盟方式的价值取向是：以协商不干涉内政为原则，其决策机制贯彻“寻求一致”或称“协商一致”原则，其组织机构是松散的、各成员国平等合作式的，在争端解决方面，不是法律方法，而是采取以协商为主的方式。

以1996年《争端解决机制议定书》为法律基础，东盟在2004年11月进行修订，因为缺乏司法性程序并没有拘束力。在相当一段时间内东盟司法机构的建立是不可能的。

（四）与WTO争端解决机制的比较

对CAFTA之间的经贸关系，CAFTA《争端解决机制协议》建立的争端解决机制与世贸组织(WTO)争端解决机制相似，主要体现在其地位和作用，是落实与维持《框架协议》的法律保障。相对于世贸组织的争端解决机制，CAFTA争端解决机制既与之有相同之处也有自己独有的特色。

1. 共同点与不同点

CAFTA与世贸组织的争端解决机制的共同点在于：同CAFTA《争端解决机制协议》项下这一争端解决的基本原则与WTO《关于争端解决规则和程序之谅解》项下第3条规定的其宗旨在于确保争端之积极解决；在有关措施与任何适用之协议规定相左时撤销有关措施；只有在撤销相关措施不现实或作为相关措施未被撤销前的一项临时措施时，方可援引有关赔偿的规定作为解决争端的方法，以及在DSB授权条件下，对另一成员在差别基础上中止适用协议下有关减让或其他义务之规定相吻合。

CAFTA与世贸组织的争端解决机制的不同点在于：CAFTA争端解决机

制没有像 WTO 那样设立上诉程序来负责争端解决,缺乏一个常设机构,而是主要强调通过仲裁来解决争议,其法律程序上的正式性有待加强;而 WTO 不仅有争端解决常设机构,而且有对争端的强制管辖权专门分析法律问题的上诉机构等。

更为不同的是,专家小组和上诉机构解决争端的方式是 WTO《关于争端解决规则和程序之谅解》协议项下最为强调的重点,仲裁只是作为 WTO 内部解决争端的一种替代手段;而在《争端解决机制协议》项下,最重要的解决争端手段是仲裁,这不仅体现在篇幅上,更体现在规定的详细程度上。

WTO 第 5 条第 3 款与东盟争端解决机制第 3 条第 1 款都规定了调解和调停。不一样的是,中国—东盟争端解决机制的调解和调停程序是保密的,而 WTO 的调解和调停程序是公开的。

WTO 设立了专门的专家小组和上诉机构,同时 WTO 专家小组对裁决也建立了一套跟随执行监督制度。由于 CAFTA 没有一个统一的常设机构,所以要跟随执行监督难度则大大增加。

2. 与 WTO 管辖权冲突的问题

CAFTA 争端解决机制是以 WTO 争端解决机制为蓝本而设计的,同时借鉴、吸收了《北美自由贸易协定》NAFTA 准司法性争端解决机制。虽然 CAFTA 属于国家与集团性质的区域贸易协议,但该协议却具有多边性。① 缔约的双方是中国和东盟 10 个成员国分别签订,里面大部分是 WTO 成员国,这样一旦中国与同属 WTO 成员国的东盟国家发生经贸争端,CAFTA 争端解决机制与 WTO 争端解决机制发生管辖权冲突就在所难免了。

在处理与世贸组织等其他争端解决机制管辖权冲突的问题上,CAFTA《争端解决机制协议》运用的是平行管辖的非专有管辖权条款,即赋予争端

① 参见侯幼萍:《世界贸易组织与区域贸易组织管辖权的冲突与协调》,上海社会科学院出版社 2010 年版,第 19 页。

当事方选择权，也没有规定各个受选争端解决机制的优先顺序。

CAFTA 的争端解决机制具有先启动的强制管辖权，CAFTA 仲裁庭的裁定具有拘束力。除非争端当事双方一致同意采用一种以上的争端解决机制进行处理。但根据规定和国际法的一般原则，即禁止滥用权力原则①和礼让原则②，笔者认为在处理 CAFTA 内 WTO 成员国发生的争端时，首先应当按照 CAFTA《争端解决机制协议》的规定，赋予争端当事方协商选择是否适用 WTO 还是 CAFTA 的争端解决机制，只有争端当事方不做出选择或达不成统一意见时适用 CAFTA 争端解决机制；对于中国与东盟成员国的矛盾纠纷、WTO 的成员方与非成员方的争端以及非 WTO 成员方之间的矛盾纠纷，则应一律适用 CAFTA 争端解决的程序与法律制度。

二、相较其他机制的自有价值

中国—东盟自由贸易区（CAFTA）《争端解决机制协议》是一个在内容上比较完备的法律文件，当然有自身特点和价值。相比于世界贸易组织（WTO）、欧洲联盟（EU）的一体化机制和北美自由贸易协议（NAFTA）的紧密型合作，以及东盟自由贸易区（AFTA）松散合作模式，CAFTA 争端机制解决模式表现出自我约束、自愿和协调的特点。③

（一）《争端解决机制协议》的属性

CAFTA 本身的性质决定了其《争端解决机制协议》的法律性质。相对

① 禁止滥用权力原则是指当被诉方运用诉讼策略，在管辖权冲突时以恶意的方式反对管辖，或被诉方主张其先前拒绝接受管辖的法院或机构是更适当的，法院应适用禁止滥用权力原则，驳回被诉方反对管辖权的主张。

② 礼让原则主要是鼓励实现机构间和谐，抑制滥用多个争端解决机构，对已受案的争端解决机构给予一般性的遵从，除非存在其他更具价值的考量因素。

③ 参见杨丽艳：《试论中国—东盟自由贸易区争端解决机制》，《安徽大学学报（哲学社会科学版）》2008 年第 4 期。

于《框架协议》归属于国际实体法律而言,《争端解决机制协议》则是为了保障《框架协议》项下的实体权利不被他国侵犯,诚实信用地履行其所承担的实体义务而设立的解决各缔约方成员国相互之间矛盾纠纷的程序性法律。CAFTA《争端解决机制协议》“与《框架协议》的关系,实质上就是程序法与实体法的关系”①。这也说明 CAFTA《争端解决机制协议》项下的争端不管采取什么样的方式解决,无论是仲裁庭提出调查结果报告,还是作出终局裁决,其本质上乃至事实上都是各缔约成员国磋商解决争端,没有任何实体上的损害赔偿含义在内;为解决争端提出的建议或方法都严格遵循各成员国经过协商达成的《框架协议》项下各缔约成员国的权利义务,当然也不可能存在任何报复措施在内。这体现着区域经贸协定与多边经贸协定保持一致,旨在区域内建设一种和谐合作的“伙伴关系”以及加快区域或全球贸易自由化的趋势。

(二) 尊重主权,体现平等性与自由性

CAFTA 争端解决机制充分尊重成员国主权②,CAFTA 内争端当事国选择争端解决机制是自由的,赋予和尊重了当事人诉诸其他条约项下争端解决机制的权利。笔者认为,CAFTA《争端解决机制协议》项下的缔约成员国若同时也是其他国际多边条约或双边条约的缔约方或缔约双方,在缔约方已经依据其他国际条约或双边条约规定启动争端解决程序时,则与前面所述的与 WTO 争端解决机制的管辖权相冲突的观点一致,应允许选择适用。《争端解决机制协议》第 2 条③的真正意义就在于:在《框架协议》缔约成员国同时也是其他国际条约或双边条约缔约成员国条件下,为避免争端解决

---

① 沈四宝:《论〈中国—东盟全面经济合作框架协议争端解决机制协议〉》,《上海财经大学学报》2006 年第 1 期。

② 参见 CAFTA《争端解决机制协议》第 2 条的规定。

③ 参见 CAFTA《争端解决机制协议》第 2 条第 5 款的规定。

程序冲突,采取充分尊重首先启动解决争端程序的缔约成员国的意愿从而避免冲突。还有,根据《争端解决机制协议》中第 2 条第 8 款规定,磋商不应视为争端当事人已选择了解决场所,只有在将争端提交一争端解决专家组或者仲裁庭的条件下,争端当事方才被视为起诉方(申请人)已选定了场所。相比 CAFTA 争端解决机制制定的前身——东盟争端解决机制,允许争端方选择适用争端解决机制已是个很大的进步。①

关于法律、语言适用及费用等也体现平等性。依据《争端解决机制协议》第 8 条第 3 款第 2 项的规定②,各国内法不得适用。在第 15 条对“费用”予以说明。③

(三) 明确受案范围

依据 CAFTA《争端解决机制协议》中第 2 条的规定④,《框架协议》包含附件及其内容,其管辖范围广。笔者认为其主要包括以下五个方面,但不包括非违约之诉;同时,由于该协议解决的是中国和东盟国家政府与政府之间对条约的解释和履行方面的争议,商界、企业之间的商事也不包括在内。

第一,《框架协议》项下的权利义务争端。

第二,东盟秘书处经缔约方全体同意,将列为《框架协议》的附件的有关争端解决的特殊或附加规则。

第三,任何缔约方除中央政府之外,因这些地区、地方政府或权力机构采取的措施而产生的纠纷同属于受案范围。

第四,除了 CAFTA《框架协议》及附件和以后“根据《框架协议》形成的法律文件项下的权利义务争议和缔约方境内的中央、地区、地方政府或者权

---

① 参见 CAFTA《争端解决机制协议》第 2 条第 8 款的规定。

② 参见 CAFTA《争端解决机制协议》第 8 条第 3 款的规定。

③ 参见 CAFTA《争端解决机制协议》第 15 条的规定。

④ 参见 CAFTA《争端解决机制协议》第 2 条的规定。

力机构采取的影响《框架协议》得到遵守的措施之外,CAFTA《争端解决机制协议》适用面还延伸到其他条约项下具体权利与义务的争端”①,前提是:多边协定条件下,争端当事人双方也均是其他条约项下的缔约方或在双边条约条件下的缔约双方。

第五,争端当事人在执行仲裁庭裁决过程中需要解决或确定的问题:(1)合理的执行期间;(2)合理执行期间,是否有遵守 CAFTA 仲裁庭的建议而采取的措施,该措施是否符合《框架协议》而产生的争端;(3)对何为中止减让或利益的适当水平等问题,均可以提交原仲裁庭解决。

为减少缔约成员国政府之间的不必要争端,《争端解决机制协议》第 4 条第 1 款项下规定了一注释,即“本协定项下不允许提起非违反之诉”。据此,被申请之争端当事国没能履行其在《框架协议》项下的义务时,受损当事国才可向被申请当事国提出磋商请求。除此之外,其他任何情形都不构成《争端解决机制协议》项下的争议。质言之,争端当事方只能在《框架协议》规定的权利义务范围内行使其请求磋商、调解或调停以及提起仲裁的权利。

但法律自身具有滞后性也有其合理发展的时代性,协议回避了今后法律可能存在着合理但与现存《争端解决机制协议》原则相冲突的地方。同时需注意的是,协议对于地方政府、机构的措施,特别是司法机构即成的行为,应考虑到法不溯及既往原则,对于在协议产生之前已经完成的行为不能追溯其效力,特别是司法、仲裁行为,否则可能会破坏已建立的法的稳定性。

(四) 仲裁制度的采用

与 WTO《关于争端解决规则和程序之谅解》协议项下规定了专家小组、

---

① 参见 CAFTA《争端解决机制协议》第 2 条第 6 款的规定。

上诉机构和仲裁等解决争端的方式不同，CAFTA《争端解决机制协议》为了高效、及时地解决争议，妥善解决争端，规定了磋商（第4条）、调解或调停（第5条）、仲裁（第6条至第9条）几种具有典型意义的争议解决方式，以供争议当事方选择适用，同时也强调了仲裁的特殊作用，使其优点得以发挥。但CAFTA推动区域内经济贸易自由化的宗旨和以仲裁为核心解决争端是协调一致的。代表公正的第三方并且基于法律规则解决争议的仲裁员是具有独立性、公正性和专业性的。

仲裁庭作出的裁决只有执行才具有意义，CAFTA在其争端解决协议中规定了较严格的执行程序，即采取自愿执行和外在强制相结合的方式进行。

根据CAFTA《争端解决机制协议》第12、13条的规定，首先是“由被诉方自愿立即执行仲裁庭裁决”。[①] 如立即执行有困难，被诉方可以向原仲裁庭申请合理的执行期限。

其次是补偿，如被诉方不愿执行裁决和建议，起诉方可要求补偿，补偿也是自愿的，由双方达成补偿协议，补偿应与《框架协议》一致。

再次是报复，即中止减让或利益。报复措施作为裁决能够得到切实履行的保障，是争端解决机制中解决争端的最后手段。《争端解决机制协议》没有对胜诉方中止减让或利益等报复作出明确规定。

以上的执行程序中，自愿执行是目的。补偿和报复是不得已而为之，目的是迫使被诉方遵守原来的规则。所以，补偿和报复是临时性措施，在价值取向上并不鼓励争端当事方采取，只要被诉方撤销了违规的措施，补偿和报复就应停止。CAFTA《争端解决机制协议》的仲裁与其他机制相比，程序规定的相对完备性，显得更为详细和具体。其亦是《争端解决机制协议》项下争端解决方式中的最后防线。

---

① 参见CAFTA《争端解决机制协议》第12、13条的规定。

（五）通过磋商的原则

该原则可从CAFTA《争端解决机制协议》中的第4条关于“磋商”的规定和第5条关于“调解与调停”的规定窥见一斑。①

依据CAFTA《争端解决机制协议》中第5条的规定，CAFTA《争端解决机制协议》将政治解决机制中的调解调停很好地涵盖其中，同时还规定了保密原则。但保密原则不妨碍任何一方争端当事国向公众披露其自身立场或其书面陈述。

虽然磋商与调解并非必经程序，但CAFTA《争端解决机制协议》确立了尽最大努力通过磋商解决争端原则。争端当事国应尽最大努力通过磋商解决有关争端，不仅体现在有关磋商程序中，也体现在调解或调停以及仲裁程序中。事实上，在《争端解决机制协议》下，缔约成员国之间不管以什么样的争端解决方式出现，其中或是涉及争端当事国双方或多方之间的相互磋商或是涉及调解人/调停人或仲裁庭协助进行的磋商，争端解决的基本原则也不是赔偿性的，更不是报复性的，而是建议性的，是对争端当事国实施的有关不符合《框架协议》的措施作出认定并提出建议，以使有关被请求进行磋商的争端当事国所实施的措施在一定程度上符合《框架协议》中的规定。

（六）提供各成员国作为第三方参加争端解决

CAFTA《争端解决机制协议》还考虑了自贸区各成员有机会参与争端解决的程序，确立了第三人参加磋商的原则。如果缔约第三国参加磋商的请求未被采纳，该缔约第三国有权依据《争端解决机制协议》提出单独的磋商请求。

在WTO《关于争端解决规则和程序之谅解》项下，第三缔约成员国如果认为其与专家小组调查的问题有实质性利益，享有向专家小组陈述意见递

---

① 参见CAFTA《争端解决机制协议》第4、5条的规定。

交材料的权利，如果第三缔约成员国认为已列入专家小组议程之措施取消或损害了其在适用下之应得利益，有权依据《关于争端解决规则和程序之谅解》的通常程序提出追诉。

三、CAFTA 争端解决机制的设计考量因素

（一）区域经济合作争端解决机制的价值取向

为了维持贸易区内的经济贸易秩序，CAFTA 争端的解决机制旨在促进贸易、投资的自由化，确立公正、有效的价值目标。在国际争端解决中，该机制采用公正程序，这种争端解决程序则保障了区域内的法制规范与原则的实施。

设计时，主要遵循下面三个原则：（1）解决者中立原则。中立性原则要求争端解决中的裁判者应保持十分客观、冷静的态度，同样也必须对当事双方保持同等的法律距离。（2）争端当事方平等原则。首先，在争端解决程序中，应当以立法的形式平等地分配当事方的权利和义务，再则必须保证各当事方在程序进行过程中均享有平等的参与机会。这项原则是在国际经济贸易领域交往中，国家主权平等原则的一个重要体现。（3）利益平衡原则。其就是要发挥协调和平衡、界定各成员国利益的作用。

（二）东盟模式解决争端的传统影响

AFTA 强调成员国之间平等合作情况下，解决彼此在贸易和投资中产生的纷争，这就是东盟模式。从东盟产生和发展情况看，大部分东盟成员国都十分赞同此种方式。东盟各成员国都是主权各自独立的国家，因此各成员国都应当彼此尊重其他成员国内部的司法主权，切勿借协调解决争端之名干涉他国的内政。“和平共处五项基本原则”是中国—东盟自由贸易区成员国相互间合作的政治基础。

不过这种机制也有缺陷，例如由于这种机制不具备严格的拘束力，所以

在现实应用中显得异常的不够时效与成效，因此不能很有力地很及时地解决国际争端。显而易见，建立在东盟自由贸易区的基础之上的中国—东盟自由贸易区，每个成员国都难免受到各自原有传统的束缚。

（三）中国和东盟国家的“南南合作”

在地理位置上相互毗邻的中国与东盟国家从综合方面来讲其实都属于发展中国家，中国和东盟国家的“南南合作”可能争议频繁。《自然法思想与 CAFTA 争端解决机制》一文中也指出了这一点①。

以史为鉴，我们不难发现：在国际交往中贸易争端之所以会发生很大程度上是因为国家交往的各参与国存在着许多差异而引起的。② 所以需要统一、高效地处理。

（四）友好合作、平等协商地解决争端

中国与东盟贸易区各成员国之间在政治、安全领域甚至是领土方面还存在着一些敏感区域。针对以上情况，就产生了 CAFTA《争端解决机制协议》中的外交途径与法律方式相结合的解决模式。其优点在于：一是可以使中国与东盟各成员国之间更加顺利友好地进行协商；二是使中国、东盟各成员国具备了“规则取向”的意识，这种意识必然会为中国与东盟各成员国在发生争端时迅速寻找到妥善的争端处理方法而作出独特的贡献。

中国和东盟各成员国都是主权独立的国家，他们为了进一步促进和深化地区经济的合作以加速各自的经济发展而建立了中国—东盟自由贸易区。这个贸易区的形成本身就象征着中国与东盟各成员国之间崇尚和平、平等，喜爱睦邻友好的优良传统。另外，中国—东盟的合作也体现了商品经

---

① 参见朱继胜、高剑平：《自然法思想与 CAFTA 争端解决机制》，《经济与社会发展》2007 年第 7 期。

② 参见韦万春：《世界最大自由贸易区全面启动　中国—东盟自由贸易区构筑全球新格局》，《中国检验检疫》2010 年第 3 期。

济和对外贸易的要求。

各个自由贸易区的共同愿望都是希望通过平等、和平的合作，共谋国家的经济、政治、技术的发展，从而促使大家一起进步，国家更加富强，人民生活更加富裕，科学技术能够得到更大的飞跃。虽然在实际的经济、政治、文化等各方面的合作中，贸易区各成员国难免会出现各种各样的纷争与冲突，但是各成员国还是应当坚持以友好合作的原则处理各类纷争与利益冲突，要从贸易区的大局出发，争取以平等和平的方式进行磋商、调解、调停，最终寻求到一条可以使各国利益最优化的争端解决方法。这样才能迅速地妥善地解决争端与分歧，不断地深化合作，实现共赢。

（五）法律制度的趋向一致方向

在区域经贸协议的谈判中，对于是否要构建及如何构建争端解决机制的问题一直存在着不同意见。尽管异议居多，但是为了更好地保障区域贸易协议的运作，争端解决机制还是在大多数区域贸易协定中予以规定了。CAFTA《争端解决机制协议》标志着制度化框架的基本形成。

目前从几大区域贸易协定中设定的争端解决机制来看，除了 EU 的欧洲法院及之前独联体建立的经济法院通过诉讼的方式解决国际贸易争端外，通过诉讼方式解决争端已经很少了。大多数区域广泛采纳的争端解决机制是多元化的争端解决机制。比如，运用性很强的 NAFTA 争端解决机制便是由 6 套单独的争端解决机制组成的。另外，能占据主导地位的法律制度往往是有拘束力的解决方式。由于缺乏外力的监督与制约，待事故磋商、调解或斡旋程序达到的结果在国际贸易争端中一般不是最终的解决方式。CAFTA 争端解决首先是遵循国际通行的法律原则。东盟作为区域性的多边经济合作组织，应是最终走向全球性的贸易尝试。

（六）对争端解决方案尊重、承认与协助执行原则

为了确保中国与东盟各国协商后制定的 CAFTA《争端解决机制协议》

产生的具体实施方案落到实处，中国与东盟国家都应尊重、承认与协助执行解决方案的推进，从而保障争端当事方的合法权益。各成员国制定其国内配套的法律规范应在 CAFTA 有关协议或决议的框架内，且应跟 CAFTA《争端解决机制协议》的有关内容相衔接相关联，或直接适用，或以此作为在各成员国国内法延伸 CAFTA 争端解决机制的规定，从而使各缔约方的权利和义务在此争端解决机制确定的争端处理落实下，获得更大的保障。

第二章　中国—东盟争端解决博弈的理论分析

第一节　博弈论与国际机制的切合点

一、中国—东盟争端解决的博弈基础

“博弈论”(Game Theory)又称“对策论”①,在20世纪50年代涌现了一大批对其进行开创性研究的学者与专家。例如提出了“非合作博弈均衡”(又称“纳什均衡”,Nash Equilibrium)的纳什(John Nash),定义了“囚徒困境”(Prisoner's Dilemma)的塔科尔(A.W.Tucker),他们两人的博弈论观点基本上奠定了博弈论研究的基础。20世纪60年代在把纳什均衡引入动态分析的基础上,“泽尔腾(Reinhard Selten)提出了‘精炼纳什均衡’的概念;海萨尼(John C.Harsanyi)则在博弈论当中引入不完全信息,诞生了不完全信息博弈论”②。自此该理论构架基本完成。

合作博弈和非合作博弈是博弈论的通常分类。两者的不同之处总的来

① 参见门洪华:《博弈论与国际机制理论:方法论上的启示》,《国际观察》2000年第3期。

② 门洪华:《博弈论与国际机制理论:方法论上的启示》,《国际观察》2000年第3期。

说在于参与博弈的双方是否可以在实施实际的行为时形成具有“约束力”的协议，如果双方当事人在实际行为中能够形成具有“约束力”的协议称为合作博弈；反之，非合作博弈即指博弈双方在实施某项实际行为时不能达成共识，各当事人只能选择自己的最优战略而无法强制彼方遵守协议。非合作博弈讲求个体的理性与个体的最优战略决策。

CAFTA 争端解决机制中谈到的博弈就是指用博弈的方法来寻求国际争端中各个国家的利益最大化，从而尽量以和平的方式解决国际争端，也就是合作博弈。早在 20 世纪八九十年代国际关系理论家基欧汉（Robert O.Keohane）就曾经尝试着用“博弈论”的观点来分析国际机制在国际争端解决中的作用。他强调说：国际机制的功能理论是以独特的环境为基础建立的，而共同利益只能通过合作才能实现的情况普遍出现在一些活跃在特定问题领域的国家身上。我们本不可忽视基欧汉提出的这个前提，但是许多人包括一些专家和权威机构在国际机制理论里的现实主义在批评时却经常忽视这一点。

在基欧汉看来，国际机制是各国在国际交往中为了实现双方的共同利益而创立的。在国际交往中，许多国家都会发现其实自己是在“囚徒困境”中，一方面，各个国家知道合作会使双方共同利益最大化，但是不免又担心对方可能会因实现本国利益而做出不利于自己国家利益的事情。在这样的情况下，各个国家就建立了国家机制，试图规避以上的情况发生。① 在这种意识的指导下，各参与国就会在发生国际争端时首先从“合作”的角度出发去寻求争端解决方法而不是像囚徒般地互损，背叛对方，从而促使了参与国政治关系更长时间地持续，不到逼不得已，一般不会轻易地打破机制中达成的协议。因此，机制的形成是参与国增加了合作意识，从而使各参与国能从

① See Robert O.Keohane, *After Hegemony: Cooperation and Discord in the World Political Economy*, Princeton University Press, 1984, p.245.

本国长远的目标出发,规避了一遇争端或矛盾就背弃对方的情况的发生。

不过,斯泰恩(Arthur Stein)、奥伊(Kenneth Oye)等基欧汉之外的其他学者们则认为:博弈论可以应用的范围是有限的,博弈论的确还存在一些问题。比如,博弈论在争端解决中习惯性地将国家作为实施理性行为的统一整体,却往往忽略了影响共同合作的各个国家内部的因素。① “从 CAFTA 发展历程发现,CAFTA 是一个经济上取得意外成功的政治约定。”②

博弈论对认识国际机制具有重要的启示意义,但大部分权威学者的理论分析都集中在国际政治领域,也还没应用到具体的机制分析上。因此,笔者尝试在经济合作方面的 CAFTA 争端解决机制进行分析。经济博弈往往比政治博弈更容易达成合作。

二、中国—东盟争端解决的国际机制理论基础

从新现实主义和新自由主义相关阐述来看,国家机制的发展脉络毋庸置疑是多元的。

(一) 新现实主义

很明显,认为国际机制所起的作用无足轻重的新现实主义理论没有办法解释 CAFTA 争端解决机制在没有领导国的情况下形成的原因。但却与东盟选择“10+1”的模式并首选中国的事实相符。40 年中东盟根据国际和区域环境的发展变化不断调整利益交换对象和策略的事实说明,东盟是一个以实用主义为最终目标原则的组织。虽然东南亚多元文化、宗教信仰差异、经济社会发展水平差异悬殊等特殊的历史背景决定了东盟只能以实用

---

① See Andrew Kydd and Duncan Snidal,“Progressin Game-Theoritical Analysis of International Regimes”,*in Regime Theoryand International Relations*, ed. Volker, Rittberger, Oxford: ClarendonPress, 1993, pp.115-117.

② Wang Yuzhu and Sarah Tong(2010),“China-ASEAN FTA Changes ASEAN's Perspective on China”,*East Asian Policy*, pp.47-54.

主义的手段维持自身的凝聚力，同时以实用主义来推动区域经济合作，但无论根源在哪里，东盟这种实用主义的行为方式对其处理与对话伙伴之间关系是非常清晰的。由于东盟在处理与中国关系上的实用性，中国—东盟经济合作的发展实际上是被一种利益交换考虑所决定的“邀约—回应”博弈所推动。① 这种模式类似法律规定中的合同成立的认定模式。

（二）新自由主义

新自由主义认为，生存的压力是决定国家行为的决定性动因；国家是追求绝对收益的理性自我主义者，只关心自己的得失等等。②

国际间合作是各参与国在国际交往中如阿瑟·斯坦恩（Arthur Stein）所论，国家自主利益引导他们创建国际机制。同时该理论认为各国寻求合作是达到绝对收益的目的的必然选择，而保证有效的国际合作需要依赖于国际机制；国际机制的理论核心就是促进政府之间达到相对一致的意愿。③

笔者认为经济领域同政治领域一样，亦存在广泛的不确定性，CAFTA争端解决的法制建设可以运用法律的规范性和相对稳定性，在经济领域方面实证地解决这一理论。求同存异，减少冲突。在中国—东盟过去的这几十年合作进程中，中国—东盟经贸合作发展的同时，中国与东盟的关系也经历了从对抗到合作的过程，双方的制度化安排也随着确立并向深度发展；中国则经历了被动应对向主动塑造、参与的转变。④ 自 2011 年中国—东盟贸

① 参见王玉主：《东盟 40 年区域经济合作的动力机制（1967—2007）》，社会科学文献出版社 2011 年版，第 241 页。

② 参见王杰：《国际机制论》，新华出版社 2002 年版，第 237—241 页。

③ 参见门洪华：《构建中国大战略的框架——国家实力、战略观念与国际制度》，北京大学出版社 2005 年版，第 214 页。

④ 参见王玉主：《东盟 40 年区域经济合作的动力机制（1967—2007）》，社会科学文献出版社 2011 年版，第 246 页。

易额就高达3628.5亿美元。而到了2019年，东盟已超过美国在中国贸易对家排位中位列第二。① 到了2021年，更是超过欧盟排在中国对外贸易第一。② 中国与东盟在经济的某些方面存在竞争是不争的事实。东盟国家寻求将其与中国的利益交换关系制度化，是对中国竞争的一种现实主义理解的结果。但这种关系的达成首先说明中国—东盟双方对合作双赢预期的认可，换个角度就是首先对国际机制的作用的认同。

中国成为东盟的磋商伙伴国始于1991年7月，当时中国在东盟国家的合作地位是关系一般的。但正如东盟研究专家王玉主所论述："这一关系的确立标志中国—东盟经济合作逐步走上机制化轨道并逐步深入。"③

东盟国家不管在区域多边会议上，还是在双边交往中，都传达了这样的信息：中国综合实力和国际影响力的迅猛提升，同时在推动亚洲和平发展、促进世界经济增长、推动国际金融体系进一步改革等方面都起到了重大的作用。东盟国家同中国的新型伙伴关系经受住了时间和国际风云变幻考验，加强同中国的睦邻友好与合作是东盟坚定不移的政策，对促进东盟各国的发展和亚太地区的稳定繁荣发展，都具有极为重要的历史意义。④

2011年是CAFTA成立一周年，双方关系发展到了一个新的阶段，同时这也是中国与东盟建立对话伙伴关系的20周年。2011年10月28—30日，时任中国国务院总理温家宝在第十三次中国—东盟领导人会议（举办地点：越南河内）上讲到，"系统总结了中国与东盟关系不断友好发展的成

① 中国海关总署2019年7月12日发布：数据显示2019年上半年（1—6月）中国对美国进出口总值为1.75万亿元（人民币，下同），下降9%。美国被东南亚国家联盟（ASEAN）超过。

② 参见骆永昆：《携手30载，中国东盟经贸合作势头依旧强劲》，《大众日报》2021年8月4日。

③ 王玉主：《东盟40年区域经济合作的动力机制（1967—2007）》，社会科学文献出版社2011年版，第250页。

④ 参见王士录：《2010—2011东南亚报告》，云南大学出版社2011年版，第202页。

功经验，全面回顾、高度评价了过去5年来中国与东盟合作取得的重要成果，不断重申中国愿同东盟国家以友好合作为主线，推动中国与东盟合作继续走东亚合作的前列。”①可以这样说，基于中国的努力，已经相对成功地改变了其在东盟国家中的印象，那么中国这种通过构筑相互依赖关系来推动与东盟合作的办法也是基本成功的。鲁道夫·赛维里诺(Rodolfo Severino)——东盟前任秘书长恰如其分地描述，“东盟国家日益将中国看成是一个崛起的亚洲大国”②。事实也是这样的。2012年是CAFTA建成两周年，自贸区的法律制度推动了自贸区的建设、完善进程，双边经贸呈现良好的发展态势。2012年1—11月，中国—东盟贸易额共达到3599.5亿美元，同比增长9.3%。③2021年是中国与东盟建立对话伙伴关系30周年，双方贸易规模达6846亿美元。东盟已然是我国最大贸易伙伴。④

第二节　CAFTA争端解决机制的博弈树

一、博弈方和博弈模型变量定义

（一）博弈双方

博弈双方提交CAFTA争端解决依据的法律文件主要是：《中国—东盟全面经济合作框架协议》(2002年11月4日签署)、《中国—东盟全面经济

① 参见王士录：《2010—2011东南亚报告》，云南大学出版社2011年版，第203页。

② ［菲］鲁道夫·赛维里诺：《中国—东盟关系：过去、现在与未来》，《当代亚太》2008年第3期。

③ 参见中国国际问题研究所：《国际形势与中国外交蓝皮书(2013)》，世界知识出版社2013年版，第365页。

④ 参见骆永昆：《携手30载，中国东盟经贸合作势头依旧强劲》，《大众日报》2021年8月4日。

合作框架协议货物贸易协议》(2004年11月29日签署)、《中国—东盟全面经济合作框架协议争端解决机制协议》(2004年11月29日签署)、《中国—东盟全面经济合作框架协议服务贸易协议》(2006年12月9日签署)、《中国—东盟全面经济合作框架协议投资协议》(2009年8月15日签署)。这些相关法律文件的出台及其背后的博弈分析在前文第一章第二节已作详细研讨,这里就不再赘述。

"当CAFTA一缔约方认为另一缔约方采取的有关贸易行为阻碍了《框架协议》目标的实现或对其在《框架协议》项下的利益造成'丧失或减损',并提出磋商请求时,贸易争端就形成了。"①这里假设CAFTA贸易争端中只有两个博弈方:一个是起诉方②(A),另一个是被诉方(B)。被诉方(B)是指采取了贸易措施(b)违反CAFTA规则,致使起诉方(A)在《框架协议》项下的利益受损的国家。起诉方(A)是指提出磋商请求的当事方。双方均以其政府为代表,由于CAFTA争端解决机制允许有实质利益的第三方参与进来,所以各国政府的利益偏好和由于第三方的加入而产生的信息,都会引起诉讼成本(起诉的法律成本需要共同分担)的变化,以及仲裁庭裁定结果的不确定性。

(二)定义CAFTA争端解决博弈树的变量

具体各CAFTA争端解决博弈模型的变量定义如下(见图2-1):

l——B方采取措施(b)给A方造成的年损失;

g——B方采取措施(b)给A方带来的年收益;

V_1——A方和B方磋商解决,B方给予A方的年补偿损失(在仲裁庭成立前);

① 法律快车知识:《区域经贸争端解决的制度与实践》,2012年9月13日,见http://www.lawtime.cn。

② 争端有时也会是两个以上的缔约方提出,在本章节中为了阐述简便,分析过程中均指一起诉方。

V_2——A 方和 B 方磋商解决,B 方给予 A 方的年补偿损失(在仲裁庭成立后到仲裁庭裁定出来前);

V_3——A 方和 B 方协商达成相互满意的解决方案,B 方给予 A 方的年补偿损失(在仲裁庭裁定支持 A 方后);

V_4——A 方和 B 方磋商形成补偿方案时,被诉方 B 方在报复请求阶段给予申诉方 A 方的每年补偿损失金额;

P^B——CAFTA 仲裁庭裁定 B 方采取措施(b)违法后,B 方执行 CAFTA 仲裁庭裁定给予 A 方的年补偿损失,$P^B \leqslant l$;

$R_{l,p}^{A(B)}$——对 A(B)方不利的仲裁庭裁定的声誉损失;

R_o^B——B 方不执行 CAFTA 仲裁庭裁定的声誉损失(启动成本);

$R_{l,N}^B$——由于 B 方不执行 CAFTA 仲裁庭裁定而 A 方被授权报复后给 B 方造成的声誉损失;

$R_{w,p}^{A(B)}$——对 A(B)方有利的仲裁庭裁定的声誉收益;

$R_{a,p}^A$——支持 A 方申请仲裁庭仲裁解决争端的政治收益(A 方国内利益集团的政治支持);

$R_{a,p}^B$——在 CAFTA 仲裁庭裁定对 B 方不利时,B 方国内利益集团支持 B 方维持原措施(如推迟执行 CAFTA 仲裁庭的裁定等)的政治收益;

$R_l^B(t)$——从 t 时起,B 方执行 CAFTA 仲裁庭裁定的成本,$dR_l^B(t)/dt \geqslant 0$;

${K_1}^{A(B)}$——A(B)方向 CAFTA 请求设立仲裁庭(应诉)发生的法律成本;

${K_{21}}^{A(B)}$——A(B)方的磋商成本(在仲裁庭成立前);

${K_{22}}^{A(B)}$——A(B)方的磋商成本(在仲裁庭裁定对 B 方不利时);

${K_{23}}^{A(B)}$——A(B)方的磋商成本(A 方请求报复期间达成补偿协议);

${K_3}^A$——A 方请求报复、补偿或减让义务所发生的法律成本;

π_1——CAFTA 仲裁庭裁定支持 A 方的概率，外生变量；

θ——B 方采取措施(b)后，A 方依照 CAFTA 的规定向 B 方提出书面申诉的概率；

μ——A 方依照 CAFTA 的规定向 B 方提出书面申诉后，B 方同意进行协商的概率；

ρ_1——A 方撤诉的概率；

ρ_2——AB 双方磋商阶段磋商的失败概率；

σ_1——仲裁庭工作阶段 AB 双方磋商失败的概率；

α_1，α_2，α_3——CAFTA 仲裁庭裁定支持 A 方，A 方和 B 方协商达成相互满意的解决方案，B 方执行 CAFTA 仲裁庭裁定和不执行 CAFTA 仲裁庭裁定的概率；

α_4——CAFTA 仲裁庭裁定支持 A 方且 B 方不执行 CAFTA 仲裁庭裁定后，A 方请求补偿、义务减让或报复的概率；

α_5——CAFTA 仲裁庭裁定支持 A 方且 B 方不执行 CAFTA 仲裁庭裁定后，A 方已被授权补偿、减让义务或报复后，B 方和 A 方达成补偿协议的概率；

α_6——CAFTA 仲裁庭裁定支持 A 方且 B 方不执行 CAFTA 仲裁庭裁定后，A 方已被授权补偿、减让义务或报复且 B 方不执行 CAFTA 仲裁庭裁定，A 方实施报复的概率（CAFTA 授权报复的概率假设是内生的）；

t_1——A 方向 CAFTA 申诉的日期；

t_2——A 方向 CAFTA 申诉后，A、B 双方开始磋商的时间；

t_3——CAFTA 仲裁庭组成的日期；

t_4——CAFTA 仲裁庭裁定公布日期；

t_5——A 方申请补偿、减让义务或者报复的时间；

t_6——CAFTA 授权 A 方报复的时间；

T——终结案件的时间；

$k_1(k_2)$——CAFTA 授权报复后，A 方的经济报复（政治报复）能力的参数；

节点由 1 至 11 的阿拉伯数字体现。

二、博弈树结构和各阶段博弈分析

CAFTA 争端解决博弈树如图 2-1 所示，CAFTA 贸易争端解决过程由六个阶段组成。

A 方起诉后，CAFTA 贸易争端进入第二阶段——磋商阶段（t_2）。这一阶段始于磋商提出之日至仲裁庭成立之时。公众会关注这一环节，尤其是非案件当事方但认为磋商会涉及其实质利益的某些缔约方，会以第三方的身份申请加入诉讼程序。该阶段体现这一方式在法律上的强制性，一切有助于解决争端的磋商方式、方法，都要求诚意推进。为防止被诉方 B 方不予理睬或故意拖延时间，CAFTA 争端解决机制规定了如被诉方 B 方未在规定的时间内进行磋商，申诉方 A 方可以直接依据《争端解决机制协议》请求设立仲裁庭。所以，当 A 方依照 CAFTA 的规定向 B 方提出磋商时，B 方要做出是否磋商的策略选择。当被诉方 B 方同意磋商时，协商的结果可能是 A 方所能接受的，从而贸易争端得以解决（Z_{3T1}）；如双方达不成共识，A 方可以请求设立仲裁庭，案件进入下一阶段（t_3）。当 B 方选择不磋商时，A 方可能会撤诉（Z_2），也可能直接要求进入下一阶段（t_3）。

t_3 阶段是仲裁庭成立并工作阶段，首先 A 方会依据 CAFTA《争端解决机制协议》要求组建仲裁庭来调查、审理案件。如果此时双方达成磋商结果，还是可以请求终止仲裁庭工作程序的，争端结束（Z_{4T2}）。反之，就是由仲裁庭的裁决报告来决定。仲裁庭的裁决支持 A 方或支持 B 方的可能性都存在。在 CAFTA 争端解决机制中，仲裁庭裁决几乎是准自动通过的。这一阶段始于仲裁庭组成之日，至仲裁庭裁决报告散发之日止。

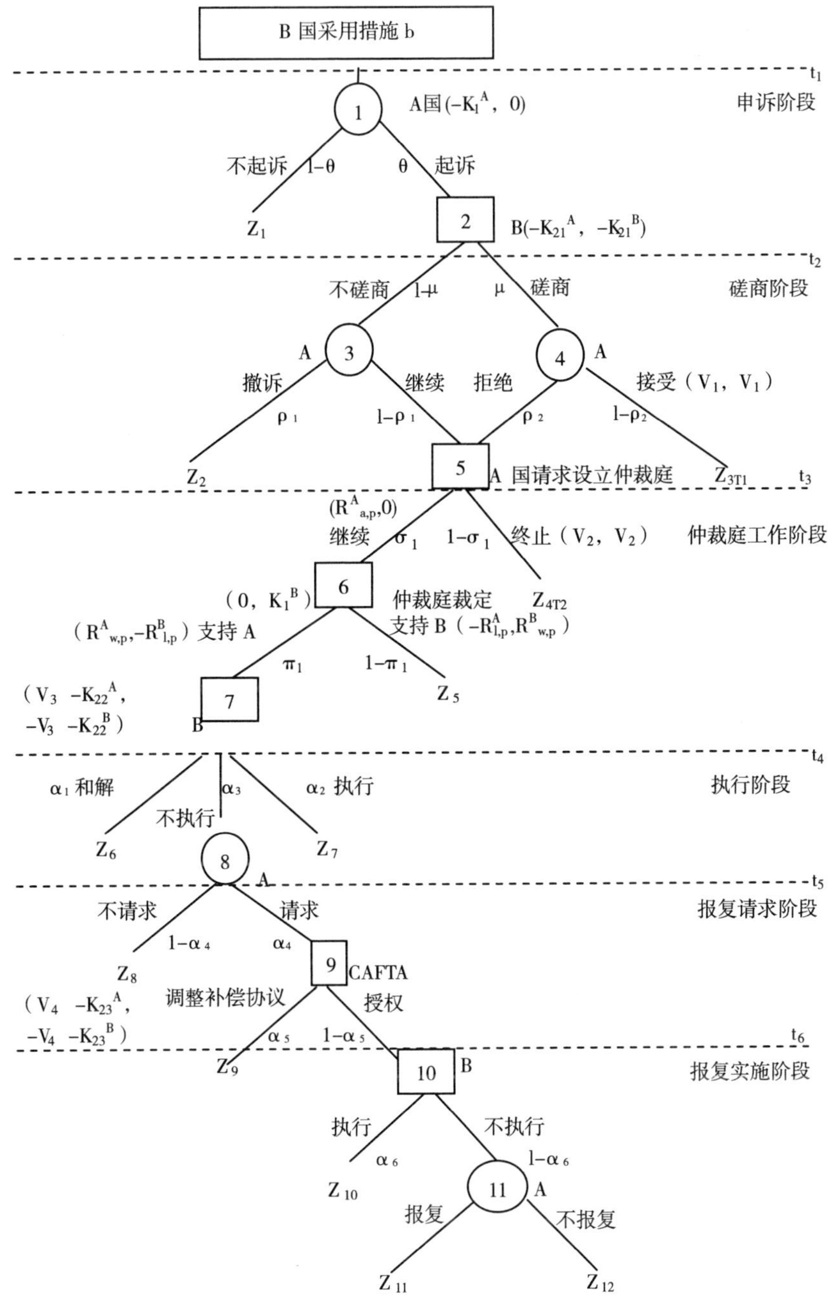

图 2-1 CAFTA 争端解决博弈树

t_4 阶段是执行阶段。在执行程序中,被诉方 B 方应以裁定的合理期限为限,对其贸易规则和采取的措施进行调整,直到与《框架协议》规则相符,即执行 CAFTA 仲裁庭的裁决。调整后是否符合、合理的期限都是由原 CAFTA 仲裁庭确定。假如 B 方认为仲裁庭的裁定难以执行,可以与申诉方 A 方达成补偿性协议。争端双方如在申诉方 A 方请求就补偿调整进行谈判的 20 天内未就补偿达成双方满意的协议,A 方可请求原仲裁庭来确定对未能使被认定与《框架协议》不一致的措施符合仲裁庭建议的 B 方实施的中止减让或利益的适当水平,即报复,进入下一阶段(t_5)。

t_5 阶段是报复请求阶段。如果 B 方不执行仲裁庭裁决,A 方的策略选择有请求报复或者不报复。如选择报复,中止减让或利益应限于在《框架协议》项下、未能使被认定与《框架协议》不一致的措施符合仲裁庭建议的争端方所享有的减让或利益。这个过程当中,争端 A、B 双方仍然可以对补偿协议的调整方案进行谈判,如能协商出相互满意的结果,亦可以结案,反之进入下一个阶段(t_6)。

t_6 阶段是报复实施阶段。B 方可选择执行或不执行仲裁庭的决定,如果选择执行,案件告结;反之,A 方可选择实施报复或不报复。

三、CAFTA 争端解决博弈模型求解

CAFTA 争端解决的博弈树的假设是:申诉方 A 方具有经济和政治报复的能力,并首先作出经济报复,一旦实施不了才会转而选择政治报复。这个假设一是基于冷战思维早已不是中国与东盟成员国之间双方经贸合作的指导思想,双方有维持长期经贸关系的良好愿望;二是基于 CAFTA 授权申诉方 A 方进行报复是为了迫使 B 方取消对 A 方不利影响的原措施(b),故被诉方 B 方在得不偿失的状况下会选择取消原措施的策略。

图 2-1 中各节点双方损益见表 2-2。

（一）报复实施阶段

定义 1：A 方具有政治报复能力，当且仅当：

$$k_2 l+R^B_{l,N}>P^B \tag{2.1}$$

定义 2：A 方具有经济报复能力，当且仅当：

$$k_1 l>P^B \tag{2.2}$$

定义 3：A 方具有超强政治报复能力，当且仅当：

$$k_2 l+R^B_{l,N}>g,k_2>0 \tag{2.3}$$

定义 4：A 方没有报复能力，当且仅当：

$$k_1,k_2=0 \tag{2.4}$$

节点 11 处，很明显，只要 $k_1>0$，A 方选择报复比选择不报复策略优越，所以 A 方定会进行报复。此处，A 方进行报复的法律依据是 CAFTA《争端解决机制协议》第 13 条按照“贸易报复”所规定的“补偿和中止减让利益”①。

节点 10，$\tau_0=t_6$。比较节点 10 处 B 方执行与不执行 CAFTA 仲裁庭裁定的收益，如果 B 方选择不执行 CAFTA 仲裁庭裁定的策略，则要求满足：

$$-R^B_I(T)+R^B_I(\tau_0)-P^B(T-\tau_0)\leqslant-(R^B_{l,N}+k_2 l)(T-\tau_0),$$

即：

$$R^{B'}_I(T)-R^{B'}_I(\tau_0)\geqslant k_2 l+R^B_{l,N}-P^B \tag{2.5}$$

（2.5）式的含义是：一旦 B 方执行 CAFTA 仲裁庭裁定产生的边际损失，大于被申诉方 A 方实施报复的年损失加上 B 方不执行而产生的年声誉损失与 A 方收到 B 方按 CAFTA 仲裁庭裁定给予的年补偿损失之差时，B 方的策略选择是任由 A 方进行报复而不执行 CAFTA 仲裁庭的裁定。

同时 B 方不执行 CAFTA 仲裁庭裁定的保留条件是：

---

① 参见朱继胜、高剑平：《自然法思想与 CAFTA 争端解决机制》，《经济与社会发展》2007 年第 7 期。

$$g-k_2l-R^B_{l,N}\geqslant 0\text{，即 }g\geqslant k_2l+R^B_{l,N}。$$

由于B方执行CAFTA仲裁庭裁定的保留条件是所获收益大于0，即$(g-P^B)(T-\tau_0)-R^B_l(T)+R^B_l\tau_0\geqslant 0$才有意义（这里假设不存在损人不利己的行为），故$R^{B'}_l(T)-R^{B'}_l(\tau_0)\leqslant g-P^B$，同时由于假设$dR^B_l(t)/dt\geqslant 0$，故有$R^{B'}_l(T)-R^{B'}_l(\tau_0)\geqslant 0$，可得$g\geqslant P^B$。因此，如果B方选择不执行CAFTA仲裁庭裁定的策略，要求：

$$g\geqslant k_2l+R^B_{l,N}\geqslant P^B \tag{2.6}$$

命题1 当$R^{B'}_I(T)-R^{B'}_I(\tau_0)\epsilon[K_2l+R^B_{l,N}-P^B_Ig-P^B]\in[k_2l+R^B_{l,N}-P^B,g-P^B]$，B方在报复实施阶段会选择不执行CAFTA仲裁庭裁定的策略。

下面来看A方策略：

节点10（$\tau_0=t_6$）：$E^A_{10}=(k_1l-P^B)(T-\tau_0)$

比较A方报复收益与B方不执行CAFTA仲裁庭的裁定与B方执行CAFTA仲裁庭裁定时A方的净收益：$\Delta^A=(k_1l-P^B)(T-\tau_0)$。

（1）在节点10，如果A方具有报复能力，应在$T=t_6$（即一旦CAFTA授权）时马上实施报复。这是申诉方A方的最优策略。

因为对申诉方A方来说，与其让B方执行CAFTA仲裁庭的裁定，还不如A方直接实施报复。也就是说，B方执行CAFTA仲裁庭的裁定能给A方带来的收益比A方实施报复带来的小，A方选择报复是一个严格占优的策略。虽然执行的是实质性对等原则，但是CAFTA争端解决机制的原意是就B方实施的原措施达成磋商解决。正如笔者在第一章第三节所探讨的CAFTA争端解决机制相较其他机制所自有的价值那样，事实上在《争端解决机制协议》下，缔约成员国之间产生不管以什么样的争端解决方式出现，其中或是涉及争端当事国双方或多方之间的相互磋商或是涉及调解人/调停人或仲裁庭协助进行的磋商，争端解决的基本原则也不是赔偿性的，更不是报复性的，而是建议性的，是对争端当事国实施的有关不符合《框架协议》的措施作出认定并提出建议，以使有关被请求进行磋商的争端当事国所实施的措施在一定程度上符合《框架协议》中的规定。

不提倡不等于不允许。在 CAFTA 争端解决中 CAFTA 的规定是可以在任意阶段磋商达成相互满意的处理方案，实际上也不用向 CAFTA 通报详细的补偿协议。因此，B 方假如完整地执行 CAFTA 仲裁庭的裁定，则 $k_1 l = P^B$（即补偿 A 方全部损失或撤销原措施）；如果是达成补偿协议（即部分执行 CAFTA 仲裁庭的裁定——在节点 7 处达成补偿协议的情况），则 $k_1 l > P^B$ 。

（2）假如 A 方具有政治报复能力，被诉方 B 方的净收益为：$\Delta^B = (g - k_2 l - R_{l,N}^B)(T - \tau_0) < 0$，当 τ_0 越小，Δ^B就越小，也就是 B 方的损失就越大。

命题 2　如果 A 方具有经济报复能力（ $k_1 l > P^B$ ），或者具有很强的政治报复能力（$g < k_2 l + R_{l,N}^B, k_2 > 0$），对申诉方 A 方来说，一旦 CAFTA 授权其进行报复，就会选择实施报复策略。

命题 3　如果 A 方具有经济报复能力，即 $k_1 l > P^B$ ，或者具有很强的政治报复能力（$g < k_2 l + R_{l,N}^B, k_2 > 0$），一旦 CAFTA 授权申诉方 A 方可以报复，当 $t = T_0$时，A 方会毫不犹豫地马上实施报复。

给定申诉方 A 方的预期策略，即如期实施报复（见命题 3），且（2.6）式成立，被诉方 B 方对 CAFTA 仲裁庭的裁定的执行时间选择如下：

假如 B 方打算执行 CAFTA 仲裁庭的裁定，B 方至节点 10 的已发生的收益为：

$$gT - K_{21}^B - K_1^B - R_{l,P}^B - R_0^B(\tau \in [t_5, t_6])$$

在这种情况下，B 方收益均在 τ 取极大值时达到最大化，如果 $R_1^{B'}$

$(T)-R_{I}^{B'}(T_0) \notin [k_2l+R_{l,N}^{B}-P^{B}, g-P^{B}]$，故在 $t=\bar{\tau}$ 时 B 方才会执行 CAFTA 仲裁庭的裁定(即不会提前执行 CAFTA 仲裁庭的裁定)。

命题 4 如果 $R_{I}^{B'}(T)-R_{I}^{B'}(\tau_0)<k_2l+R_{l,N}^{B}-P^{B}$ 或 $k_2l+R_{l,N}^{B}>g$，报复请求一经批准且申诉方 A 方会按预期那样实施，当 $t=\bar{\tau}$，被诉方 B 方才会作出执行 CAFTA 仲裁庭裁定的策略选择。

下文假设申诉方 A 方具有一定的经济政治报复的能力，即 k_1, $k_2\neq 0$。①

（二）报复请求阶段

1. 达成补偿协议与否

在节点 9($\tau=t_5$)授权报复的 A 方预期收益为：

$$E_{10}^{A}=-lT-K_{1}^{A}-K_{21}^{A}+R_{a,p}^{A}+R_{w,p}^{A}-K_{3}^{A}+\alpha_6P^{B}(T-\tau)+(1-a_6)k_1l(T-\tau);$$

双方达成补偿协议的 A 方收益为：

$$\omega_9=-lT-K_{1}^{A}-K_{21}^{A}+R_{a,p}^{A}+R_{w,p}^{A}-K_{3}^{A}-K_{23}^{A}+V_4\int\frac{T}{\tau_4}dt$$

达成补偿协议的条件是：

$$V_4(T-\tau_4)\geqslant K_{23}^{A}+\alpha_6P^{B}(T-\tau)+(1-\alpha_6)k_1l(T-\tau) \qquad (2.7)$$

授权报复的 B 方预期收益为：

$$E_{10}^{B}=gT-K_{21}^{B}-K_{1}^{B}-R_{l,p}^{B}-R_{0}^{B}-\alpha_6[R_{I}^{B}(T)-R_{I}^{B}(\tau)+P^{B}(T-\tau)]-(1-\alpha_6)(T-\tau)(k_2l+R_{l,N}^{B});$$

达成补偿协议的 B 方收益为：

$$\varphi_9=gT-K_{21}^{B}-K_{1}^{B}-R_{l,p}^{B}-R_{0}^{B}-K_{23}^{B}-V_4(T-\tau_4)。$$

达成补偿协议的条件是：

$$V_4(T-\tau)\leqslant\alpha_6[R_{I}^{B}(T)-R_{I}^{B}(\tau)+P^{B}(T-\tau)]+(1-\alpha_6)$$

① 注意 k_2 与 $R_{l,N}^{B}$ 是并存的，如果 $k_2=0$，则 $R_{l,N}^{B}=0$。

$$(T-\tau)(k_2 l+R_{l,N}^B)-K_{23}^B \tag{2.8}$$

A、B 双方达成补偿协议的条件是 $V_4 \neq \varphi$,即:

$$\alpha_6\left[R_l^B(T)-R_l^B(\tau)\right]+(1-\alpha_6)\left[(k_2-k_1)l+R_{l,N}^B\right](T-\tau) \geqslant K_{23}^A+K_{23}^B \tag{2.9}$$

命题 5 当且仅当 $\alpha_6[R_l^B(T)-R_l^B(\tau)]+(1-\alpha_6)[(k_2-k_1)l+R_{l,N}^B](T-\tau) \geqslant K_{23}^A+K_{23}^B$,在报复请求的阶段,A、B 双方的策略选择都是达成补偿协议且有解。

假设申诉方 A 方具有报复能力,其首先具备经济报复能力($k_1 l>P^B$),由于 $k_2 l+R_{l,N}^B-k_1 l$ 可正可负,如果 A 方政治报复能力强于其经济报复能力($k_2 l+R_{l,N}^B>k_1 l$),则(2.9)式左边均为正,有利于早日达成补偿协议(对 A 方有利),且 A 方政治报复能力越强,(2.9)式越易成立,特别是当 $k_2 l+R_{l,N}^B>g$ 时,(2.9)式一定成立。如果 $k_2 l+R_{l,N}^B<k_1 l$,则还需要比较(2.9)式左边第一项,如能使(2.9)式成立,还有达成补偿协议的可能,但实现日期会更晚(对 B 方有利)。可见,如果 A 方具有报复能力时,A 方政治报复能力比经济报复能力更有利于促进达成补偿协议。

下面笔者就以节点 9 为例①,用图形来直观说明形成补偿协议的条件、申诉方 A 方在 CAFTA 授权报复范围内的报复能力、报复动机能力及参数的影响。

当申诉方 A 方具有报复能力且越来越强时,A、B 双方补偿协议的达成对 A 方有利而不利于 B 方;当协议磋商成本越高时,双方补偿协议的达成对 B 方有利而不利于 A 方。在图 2-2 争端和解可能性前沿面中就表现为,当 $K_{23}^A, K_{23}^B \neq 0$ 时,S_1 将向 S_3 移动。因此,假如申诉方 A 方是希

① 节点 7 的和解原理与此相同,只是需要换成相应的节点且在图中坐标中的位置有所不同,因为各节点处的收益有所不同。

望双方补偿协议的达成,即报复不能真正实施或实施效果不好;B 方是会推脱协商谈判的时间与进程。故可能要经过多轮的磋商谈判,CAFTA 解决中的争端纠纷才能得到处理。另外,图 2-2 还适用于 CAFTA 争端解决博弈中执行阶段合意解决的策略、仲裁庭工作阶段的终止仲裁程序的策略的解释,因为磋商可以出现在任一阶段。由于原理相同,其余阶段没有再进行图解。

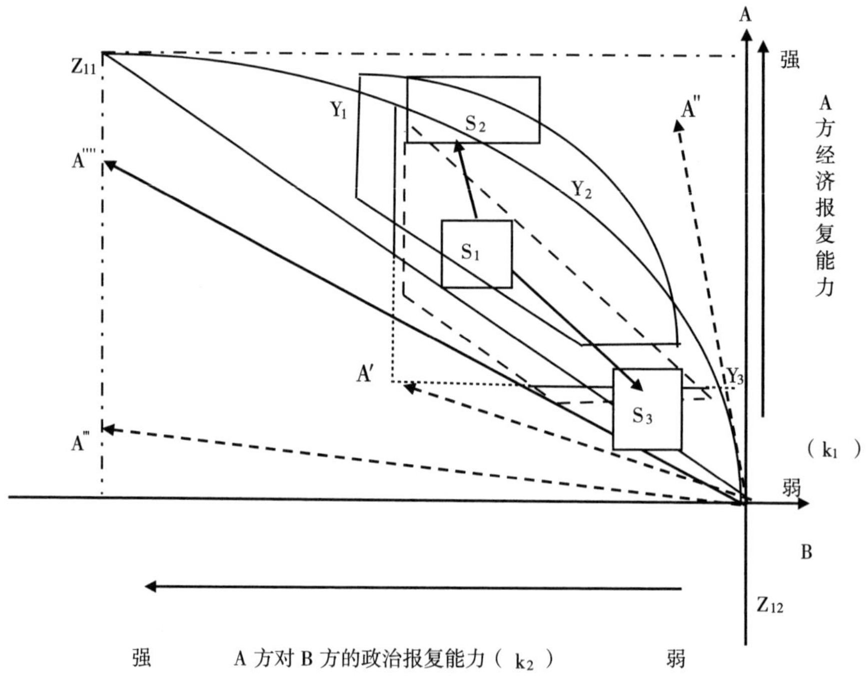

图 2-2　争端和解可能性前沿面

如果 A 方完全不具备报复能力,即参数 $k_1,k_2=0$,且假设 $K_{23}^{A},K_{23}^{B}=0$,Z_{11} 与 Z_{12} 点重合,B 方会不执行 CAFTA 仲裁庭的裁决,当申诉方 A 方的经济政治报复能力增强($k_1,k_2>0$)时,S_1 将向 S_2 移动;反之,向 S_3 移动。伴随 A 方报复能力的递增($k_1,k_2\neq 0$),Z_{11} 点逐渐向左上方移动,在

图中 A',A'',A''',A''' 各点体现,A、B 双方的和解必须在直线 $\overline{Z_{11}Z_{12}}$ 的右上方。这对 A、B 双方更有利。因为 A 方的经济政治报复能力的不同,A、B 双方的策略选择也不尽相同,(2.7)式和(2.8)式决定了争端和解可能性前沿面。

图 2-3 争端解决策略选择图探讨的是:经济与政治两种报复清单的策略选择。政治报复清单往往是出现在 CAFTA 授权申诉方 A 方报复的金额范围内,A 方选择实施经济报复不能转而政治报复。笔者在图 2-3 中分为 9 类描述申诉方 A 方可能出现的报复、补偿情况(见图 2-3 阴影部分),表 2-1 是将相对应的各种情况的 A 方报复清单与 B 方的选择策略列明,依据是 A 方的报复动机与报复能力的差异。

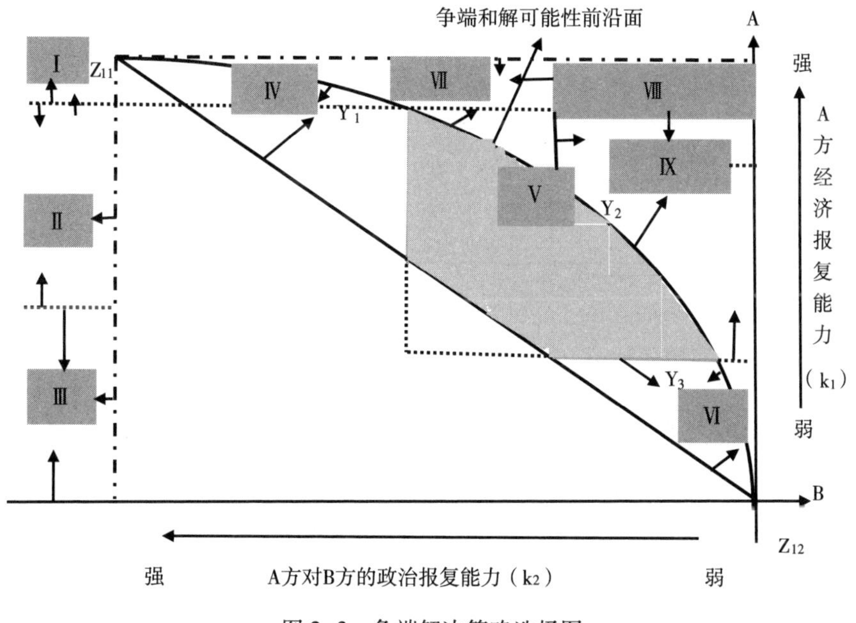

图 2-3　争端解决策略选择图

表 2-1　A 方报复清单的选择与 B 方的策略反应

区域	A 方	B 方
Ⅰ	选择使被诉方 B 方政治收益最小化,同时使出口 A 方经济收益最小化的产品组合形成报复的清单的策略	预测到有该报复清单存在和 A 方有报复能力,应在 CAFTA 授权报复前全面执行 CAFTA 仲裁庭的裁定,避免 A 方实施报复
Ⅱ	选择使被诉方 B 方政治收益最小化,并使 A 方的政治收益极大化的产品组合构成报复清单	
Ⅲ	选择使申诉方 A 方政治收益最大化的进口于 B 方的产品组合构成报复的清单的策略	
Ⅳ	选择使 A 方经济、政治收益同时极大化,并使 B 方政治收益极小化的产品组合与 B 方磋商,要求市场准入	与 A 方进行磋商,达成补偿协议
Ⅴ	选择对 A 方政治收益最大化的出口产品组合与 B 方协商,要求 B 方开放市场(市场准入)	
Ⅵ	选择对 A 方有利的出口产品组合与 B 方协商,要求 B 方增加配额	
Ⅶ	在 CAFTA 授权报复范围内,选择使 B 方政治收益极小化,并使出口 A 方损失最大化的 B 方出口产品组合构成报复清单	不执行 CAFTA 仲裁庭的裁定,宁愿 A 方实施报复
Ⅷ	在 CAFTA 授权报复范围内,选择对出口 A 方损失最大化的 B 方出口产品组合构成报复清单	
Ⅸ	在 CAFTA 授权 A 方报复的范围内,选择使出口 A 方损失极大化的 B 方出口产品组合构成报复的清单的策略	

2. 是否请求报复

节点 8($\tau \in [t_4, t_5]$, $\bar{\tau} = t_5$, $\underline{\tau} = t_4$,请求授权报复策略的 A 方收益为:

$$E_9^A = -lT - K_1^A - K_{21}^A + R_{a,p}^A + R_{w,p}^A - K_3^A + \alpha_5[V_4(T-\tau) - K_{23}^A] + (1-\alpha_5)[\alpha_6 P^B + (1-\alpha_6)k_1 l](T-\tau)$$

不请求授权报复策略的 A 方收益为:$\omega_8 = -lT - K_1^A - K_{21}^A + R_{a,p}^A + R_{w,p}^A$。两相比较,假设(2.10)式成立,申诉方 A 方作出请求报复的策略选择。理由是 τ 越小,不等式左边值越大,A 方一定会在 $\underline{\tau}$ 时刻请求报复。

$$\alpha_5 V_4(T-\tau) + (1-\alpha_5)[\alpha_6 P^B + (1-\alpha_6)k_1 l](T-\tau) \geqslant K_3^A + a_5 K_{23}^A \tag{2.10}$$

一般来说，K_3^A,K_{23}^A 与 V_4,P^B,l 等相比是很小的，且 α_5 和 $1-\alpha_5$ 不可能同时为0，因此 $\alpha_5 V_4(T-\tau)+(1-\alpha_5)[\alpha_6 P^B+(1-\alpha_6)k_1 l](T-\tau)\geqslant K_3^A+a_5 K_{23}^A$ 恒成立，$\alpha_5=0$ 也成立。此刻，优先选中请求报复的策略，故 $\alpha_4=1$ 。由于 $\alpha_5 V_4(T-\tau)+(1-\alpha_5)[\alpha_6 P^B+(1-\alpha_6)k_1 l](T-\tau)$ 在 t= τ 得最大值，故 A 方会在 t= τ 时，立即选择请求报复的策略。

命题 6　对任意 $\alpha_5\in[0,1]$，A 方都会在 $t=\underline{\tau}$ 时选择报复策略。

（三）执行阶段

此阶段的双方作出策略选择的法律依据是 CAFTA《争端解决机制协议》的第 12 条关于“执行”的规定。

节点 7（$\tau=t_4$），$\tau_3\epsilon[t_4,t_5]$。

1. B 方不执行 CAFTA 仲裁庭裁定的预期收益为：$E_8^B=gT-K_{21}^B-K_1^B-R_{l,p}^B-R_0^B-\alpha_5[V_4(T-\tau_4)+K_{23}^B]-(1-\alpha_5)\{\alpha_6[R_I{}^B(T)-R_I{}^B(\bar{T})+P^B(T-\bar{T})]+(1-\alpha_6)(T-\bar{T})(k_2l+R_{l,N}^B)\}$；

2. B 方执行 CAFTA 仲裁庭裁定的收益为：

$$\varphi_7=gT-K_{21}^B-K_1{}^B-R_{l,p}^B-R_I{}^B(T)+R_I{}^B(\tau)-P^B(T-\tau);$$

3. 双方达成相互满意解决的收益为：

$$\varphi_6=gT-K_{21}^B-K_1{}^B-R_{l,p}^B-K_{22}^B-V_3(T-\tau_3)。$$

比较 1 与 2，如果 $\varphi_7\geqslant E_8^B$，则要求（2.11）式成立：

$$R_0^B\geqslant[R_1^B(T)-R_I^B(\tau)+P^B(T-\tau)]-\alpha_5[V_4(T-\tau_4)+K_{23}^B]-(1-\alpha_5)\{\alpha_6[R_I^B(T)-R_I^B(\bar{T})+P^B(T-\bar{T})]+(1-\alpha_6)(T-\bar{T})(k_2l+R_{l,N}^B)\}\ (k_1,k_2\neq 0)\tag{2.11}$$

由于不执行 CAFTA 仲裁庭裁定给 B 方带来的损失成本不低，所以（2.11）式通常是成立的，B 方政府一般情况下都要顾及国家声誉的，没有必要不履行 CAFTA 义务(CAFTA 成员义务之一就是执行 CAFTA 仲裁庭的裁定)。尤其在 A 方具有越强政治报复能力时,(2.11)式更易成立。相对 B 方来说,在 $t=\tau$ 时,执行 CAFTA 仲裁庭裁定的策略与不执行 CAFTA 仲裁庭裁定的策略相比是一个严格占优战略,即 $\alpha_3=0$。与在报复实施的阶段被诉方 B 方不执行 CAFTA 仲裁庭裁定的选择相比较,此时 B 方会作出执行 CAFTA 仲裁庭裁定的策略选择,考虑的是不执行产生的损失而愿意;这不同于报复实施阶段,因为报复实施前,B 方已在执行阶段选择了不执行 CAFTA 仲裁庭裁定的策略的成本已产生。

命题 7 假设(2.11)式成立,在执行阶段被诉方 B 方会作出执行 CAFTA 仲裁庭裁定的策略选择。

推论 在 $t=\tau$ 时,假如申诉方 A 方具备政治报复的能力,相较于不执行 CAFTA 仲裁庭裁定的策略,B 方执行 CAFTA 仲裁庭裁定的策略是一个严格占优战略,即 $\alpha_3=0$。

比较 2 与 3,可得 B 方选择相互满意解决策略的条件,即

$$V_3 \leqslant \frac{R_I^B(T) - R_I^B(\tau) + P^B(T-\tau) - K_{22}^B}{T-\tau_3} \tag{2.12}$$

相反,当(2.12)式不成立时,被诉方 B 方会作出执行 CAFTA 仲裁庭裁定的策略选择。

接下来探讨申诉方 A 方的策略选择与相互满意解决的条件。假设被诉方 B 方不会作出不执行 CAFTA 仲裁庭裁定的策略选择(见推论)。

1. B 方执行 CAFTA 仲裁庭裁定的 A 方预期收益为:

$$\omega_7 = -lT - K_1^A - K_{21}^A + R_{a,p}^A + R_{w,p}^A + P^B(T-\tau)\ ;$$

2. 与 B 方实现相互满意解决的 A 方收益为:

$$\omega_6 = -lT - K_1^A - K_{21}^A + R_{a,p}^A + R_{w,p}^A - K_{22}^A + V_3(T-\tau_3)\ ;$$

当 $\omega_6 \geqslant \omega_7$ 时,申诉方 A 方会采取相互满意的解决策略,即:

$$V_3 \geqslant \frac{K_{22}^{A} + P^{B}(T - \tau)}{(T - \tau_3)} \tag{2.13}$$

故(2.12)式和(2.13)式确定了A、B双方相互满意解决的达成条件,具备可行解的条件是:$R_I^B(T) - R_I^B(\tau) \geqslant K_{22}^A + K_{22}^B$

命题8　双方达成相互满意的解决方案,当且仅当 $R_I^B(T) - R_I^B(\tau) \geqslant K_{22}^A + K_{22}^B$。

假如被诉方B方执行CAFTA仲裁庭的裁定成本不高或者A、B双方协调成本不低,则B方容易作出执行CAFTA仲裁庭裁定的策略。假如 t_4 变为 t_5,而且 τ_3 变成 τ_5,$R_I^B(t)$ 会变小,可行解的范围将变窄(α_1 变小);同时申诉方A方的收益下调,被诉方B方的收益上涨,B方就会拖延案件的和解进程。这是不利于相互满意的解决方案的形成的。

(四)仲裁庭工作阶段

此阶段,A方作出策略选择的法律依据是CAFTA《争端解决机制协议》的第6—9条关于“仲裁庭的设立、组成、职能和程序”的相关规定。

A方继续请求仲裁庭做出裁定的预期收益为:

$$\begin{aligned} E_6^A = & - lT - K_1^A - K_{21}^A + R_{a,p}^A + \pi_1 R_{w,p}^A + (1 - \pi_1)(R_{a,A}^A - R_{l,p}^A - K_2^A) + \\ & [\pi_1 \pi_2 + \pi_3(1 - \pi_1)] R_{w,A}^A - R_{l,A}^A \begin{bmatrix} (1 - \pi_1)(1 - \pi_3) + \\ \pi_1(1 - \pi_2) \end{bmatrix} + \\ & [\pi_1 \pi_2 + \pi_3(1 - \pi_1)] \{\alpha_1 [V_3(T - \tau_4) - K_{22}^A] + (1 - \alpha_1)(T - t_5) P^B\} \end{aligned} \tag{2.14}$$

请求终止仲裁庭程序的收益为:$\omega_4 = - lT - K_1^A - K_{21}^A + R_{a,p}^A + V_2(T - \tau_2)$。因此,在仲裁庭工作阶段,A方请求终止仲裁庭程序的条件是:

$$\begin{aligned} V_2(T - \tau_2) \geqslant & (1 - \pi_1)(R_{a,A}^A - R_{l,p}^A) - R_{l,A}^A[(1 - \pi_1)(1 - \pi_3) + \\ & \pi_1(1 - \pi_2)] + \pi_1 R_{w,p}^A + [\pi_1 \pi_2 + \pi_3(1 - \pi_1)] R_{w,A}^A + \end{aligned}$$

$$[\pi_1\pi_2+\pi_3(1-\pi_1)]\{\alpha_1[V_3(T-\tau_4)-K_{22}^A]+(1-\alpha_1)(T-t_5)P^B\} \tag{2.15}$$

这是在仲裁庭工作阶段中，申诉方 A 方提出终止仲裁程序的条件公式。此时，被诉方 B 方采取的措施（b）是否违反 CAFTA 规则的认定权在 CAFTA 仲裁庭。因为前文分析得出的条件是已知 B 方违反 CAFTA 规则。故此时 A 方认为磋商对其有利，请求终止仲裁程序的要价 V_2 比 V_3 低。但如果就动态而言，此时请求终止仲裁程序 A 方获利的时间将更长。

探讨 E_6^A 和 ω_4，因为 E_6^A 与 ω_4 均为时间 T 的减函数，即 $dE_6^A/dt<0$ 与 $d\omega_4/dt<0$，所以申诉方 A 方应尽早地申请仲裁庭成立，成立得越早，预期的收益将越大。

命题 9 A 方应尽早申请成立仲裁庭（$\tau=t_3$），法律依据为 CAFTA《争端解决机制协议》的第 6 条。

以下探讨被诉方 B 方的补偿出价的条件：

$$E_6^B=gT-K_{21}^B+(1-\pi_1)R_{w,p}^B+\pi_1(R_{a,A}^B-R_{l,p}^B)-[\pi_1\pi_2+\pi_3(1-\pi_1)]R_{l,A}^B+[(1-\pi_1)(1-\pi_3)+\pi_1(1-\pi_2)]R_{w,A}^B-[\pi_1\pi_2+\pi_3(1-\pi_1)]\{\alpha_1[V_3(T-\tau_4)+K_{22}^B]+(1-\alpha_1)[R_I^B(T)-R_I^B(t_5)-(T-t_5)P^B]\} \tag{2.16}$$

请求终止仲裁庭程序的收益是：$\varphi_4=gT-K_{21}^B-V_2(T-\tau_2)$。

因此，在仲裁庭工作阶段，B 方同意终止仲裁庭程序的条件是：$E_6^B\leqslant\varphi_4$，即：

$$V_2(T-\tau_2)\leqslant-(1-\pi_1)(R_{w,p}^B+R_{w,A}^B)-\pi_1(R_{a,A}^B-R_{l,p}^B-R_{l,A}^B)+\pi_1\{\alpha_1[V_3(T-\tau_4)+K_{22}^B]+(1-\alpha_1)[R_I^B(T)-R_I^B(t_5)-(T-t_5)P^B]\} \tag{2.17}$$

综合 A、B 方的终止仲裁庭程序的条件为 $V_2 \neq \varphi$，即：

$$(1-\pi_1)(R_{a,A}^{A}+R_{w,p}^{B}+R_{w,A}^{B}-R_{l,p}^{A}-R_{l,A}^{A})+\pi_1[R_{w,A}^{A}+R_{w,p}^{A}+R_{a,A}^{B}-R_{l,p}^{B}-R_{l,A}^{B}]\leqslant \pi_1[\alpha_1(K_{22}^{B}+K_{22}^{A})+(1-\alpha_1)R_I^B(T)-R_I^B(t_5)] \tag{2.18}$$

假设(2.18)式成立，在 A 方申请仲裁庭组成后，A、B 方会终止仲裁程序。该式是指假如 A、B 双方在 CAFTA 仲裁庭工作的期间磋商成功，那么 B 方补给 A 方的只能是部分损失，而且补偿的比例等于 CAFTA 仲裁庭认定 B 方采取的措施(b)违反 CAFTA 规则的概率。在仲裁庭期中的报告一出来，可以用于指导 A、B 双方处理的谈判补偿概率就基本确定了。但是由于被诉方 B 方不会承认采取的措施(b)是完成违反 CAFTA 规则的，所以导致了仲裁庭期中报告出来了，甚至仲裁庭的裁决报告已被传阅并接受，B 方也不会给 A 方全部的损失进行补偿。理由很简单，假如全部补偿，就等同完全承认自己是违反了 CAFTA 规则的。

探讨（2.18）式，因为 $R_{w,A}^{A}$，$R_{w,p}^{A}$，$R_{a,A}^{B}$ 都远大于 $R_{l,P}^{B}$，$R_{l,A}^{B}$，$R_I^B(T)-R_I^B(t_5)$，故有

$R_{w,A}^{A}+R_{w,p}^{A}+R_{a,A}^{B}-R_{l,p}^{B}-R_{l,A}^{B} > \alpha_1(K_{22}^{B}+K_{22}^{A})+(1-\alpha_1)R_I^B(T)-R_I^B(t_5)]$，所以(2.18)式不成立。

命题 10　申诉方 A 方提出成立仲裁庭申请后，通常都会继续选择由仲裁庭进行裁定的策略。

（五）双方磋商的阶段

磋商阶段的法律依据主要是 CAFTA《争端解决机制协议》的第 4 条和第 5 条，但 CAFTA《争端解决机制协议》确立了尽最大努力通过磋商解决争端的原则。可以说是贯穿于整个争端的解决过程，争端当事国应尽最大努力通过磋商解决有关争端，不仅体现在有关磋商程序中，也体现在调解或调

停以及仲裁程序中。这也是 CAFTA 争端解决机制的一大特色，虽然磋商与调解并非必经程序。

1. 撤诉与提出成立仲裁庭申请策略的收益的比较分析：

$$E_5^A=\sigma_1 E_6^A+(1-\sigma_1)\omega_4=\omega_2+R_{a,p}^A+\sigma_1[(R_{w,p}^A+R_{w,A}^A)+(1-\pi_1)(R_{a,A}^A-R_{l,p}^A-K_2^A-R_{l,A}^A)]+\sigma_1\pi_1\{\alpha_1[V_3(T-\tau_4)-K_{22}^A]+(1-\alpha_1)(T-t_5)P^{\mathrm{B}}\}+(1-\sigma_1)V_2(T-\tau_2) \tag{2.19}$$

右边各项均为正的(2.19)式，即便 $R_{\mathrm{a,p}}^A=0$，对任意 $\sigma_1\in[0,1]$，$E_5^A>w_2$ 也恒成立，故不能选择撤诉。A 方应及时向 CAFTA 提出组建仲裁庭的申请。

命题 11 在双方磋商的阶段，对申诉方 A 方来说，撤诉属于一个严格的劣策略。

2. 磋商阶段与请求仲裁庭成立策略的收益的比较分析：

A 方接受双边磋商解决的条件是 $E_5^A\geqslant\omega_3$，即：

$$E_5^A=\omega_3-V_1(T-\tau_1)+\sigma_1[\pi_1(R_{w,P}^A+R_{w,A}^A)+(1-\pi_1)(R_{a,A}^A-R_{l,P}^A-R_{l,A}^A)]+\sigma_1\pi_1\{\alpha_1[V_3(T-\tau_4)-K_{22}^A]+(1-\alpha_1)(T-t_5)P^B\}+(1-\sigma_1)V_2(T-\tau_2) \tag{2.20}$$

条件为：

$$V_1(T-\tau_1)\geqslant\sigma_1[\pi_1(R_{w,P}^A+R_{w,A}^A)+(1-\pi_1)(R_{a,A}^A-R_{l,P}^A-R_{l,A}^A)]+\sigma_1\pi_1\{\alpha_1[V_3(T-\tau_4)-K_{22}^A]+(1-\alpha_1)(T-t_5)P^B\}+(1-\sigma_1)V_2(T-\tau_2) \tag{2.21}$$

这是申诉方 A 方接受磋商解决的价格。

$$E_5^B=\varphi_3+V_1(T-\tau_1)+\sigma_1[(1-\pi_1)(R_{w,P}^B+R_{w,A}^B)+\pi_1(R_{a,A}^B-R_{l,P}^B-R_{l,A}^B)]+\sigma_1\pi_1\{\alpha_1[V_3(T-\tau_5)-K_{22}^B]+(1-\alpha_1)[R_I^B(T)-R_I^B(t_5)+(T-t_5)P^B]\}-(1-\sigma_1)V_2(T-\tau_2) \tag{2.22}$$

$E_5^B \leqslant \varphi_3$ 的条件如下：

$$V_1(T-\tau_1) \leqslant \sigma_1[(1-\pi_1)(R_{w,P}^B + R_{w,A}^B) + \pi_1(R_{a,A}^B - R_{l,P}^B - R_{l,A}^B)] + \sigma_1\pi_1\{\alpha_1[V_3(T-\tau_4) - K_{22}^B] + (1-\alpha_1)[R_I^B(T) - R_I^B(t_5) + (T-t_5)P^B]\} - (1-\sigma_1)V_2(T-\tau_2) \quad (2.23)$$

从以上较为复杂的公式可以看出，磋商阶段需要确定的因素太多，所以主要还是靠 A、B 双方的外交判断与双方的经贸关系，存在较高的成功解决概率。

命题 12　(2.21)式和(2.23)式在磋商阶段决定 A、B 双方磋商解决的范围。

（六）申诉阶段

A 方向 CAFTA 提出申诉的法律依据是中国与东盟十国出于构建 CAFTA 所签订的一系列法律文件：《中国—东盟全面经济合作框架协议》(2002 年)、《货物贸易协议》(2004 年)、《争端解决机制协议》(2004 年)、《服务贸易协议》(2006 年)、《投资协议》(2009 年)等。

$$E_2^A = \omega_1 - K_1^A - K_{21}^A + (1-\rho_1+\rho_1\mu)R_{a,P}^A + [(1-\mu)(1-\rho_1) + \mu\rho_2]\{\sigma_1[\pi_1(R_{w,P}^A + R_{w,A}^A) + (1-\pi_1)(R_{a,A}^A - R_{l,P}^A - R_{l,A}^A)] + \sigma_1\pi_1\{\alpha_1[V_3(T-\tau_3) - \alpha_1 K_{22}^A] + (1-\alpha_1)(T-\tau_5)P^B\} + (1-\sigma_1)V_2(T-\tau_2)\} \quad (2.24)$$

所以，$E_2^A \geqslant \omega_1$（即 A 方就会向 CAFTA 提出申诉）的条件是：

$$R_{a,P}^A \geqslant \frac{K_1^A + K_{21}^A}{(1-\rho_1+\rho_1\mu)} \quad (2.25)$$

命题 13　A 方会向 CAFTA 提出申诉，当且仅当：

$$R_{a,P}^A \geqslant \frac{K_1^A + K_{21}^A}{(1-\rho_1+\rho_1\mu)}$$

（七）引入新措施

B 方引入新措施的预期收益为：

$$E(b)=(1-\theta)\varphi_1+E_2^B=gT-\theta(1-\rho_2)\mu V_1(T-\tau_1)+\theta[(1-\mu)(1-\rho)+\mu\rho_2]\{\sigma_1[(1-\pi_1)(R_{w,P}^B+R_{w,A}^B)+\pi_1(R_{a,A}^B-R_{l,P}^B-R_{l,A}^B)]-\sigma_1\pi_1\{\alpha_1[V_3(T-\tau_4)+K_{22}^B]+(1-\alpha_1)(T-\tau_5)P^B\}+(1-\sigma_1)V_2(T-\tau_2)\}>0 \tag{2.26}$$

（2.26）式成立只需要：

$$gT\geqslant\theta K_{21}^B+\theta(1-\rho_2)\mu V_1(T-\tau_1)-\theta[(1-\mu)(1-\rho)+\mu\rho_2]\{\sigma_1[(1-\pi_1)(R_{w,P}^B+R_{w,A}^B)+\pi_1(R_{a,A}^B-R_{l,P}^B-R_{l,A}^B)]-\sigma_1\pi_1\{\alpha_1[V_3(T-\tau_4)+K_{22}^B]+(1-\alpha_1)(T-\tau_5)P^B\}+(1-\sigma_1)V_2(T-\tau_2)\}>0 \tag{2.27}$$

命题 14 假设（2.27）式成立，被诉方 B 方将引入新措施。

四、CAFTA 争端解决博弈模型的求解结论

经以上各阶段深入分析探讨，可以按照倒推法得出如下结论：

1. 在申诉方 A 方进行实施报复阶段，假设被诉方 B 方执行 CAFTA 仲裁庭裁定的成本不高或者 A 方具有很强的政治报复能力，或者 A、B 双方磋商成本高，被诉方 B 方会立即执行；假设申诉方 A 方的政治报复能力低且 B 方依照 CAFTA 仲裁庭裁定进行执行的成本也低时，B 方在报复实施阶段会选择不执行 CAFTA 仲裁庭裁定的策略。

2. 在报复请求阶段，申诉方 A 方会毋庸置疑地作出请求报复的策略选择。

3. 在执行阶段，假设被诉方 B 方作出不执行仲裁庭裁决的决定，A 方会立即向 CAFTA 争端解决机构申请给予授权报复。A、B 双方会在执行阶段达成补偿协议的可能性，存在于当 A 方政治报复能力强于其经济报复能

力时。

4. 在仲裁庭的工作阶段，申诉方 A 方应尽早及时地向 CAFTA 请求仲裁庭的成立，并将争议事项提交仲裁庭裁定。

5. 双方磋商解决阶段，申诉方 A 方会作出不撤诉的策略选择，A、B 双方以磋商解决的方式结案的可能性很大。

表 2-2　各节点双方损益表

节点	A	B
1	$\omega_1 = -lT$	$\varphi_1 = g^T$
2	$\omega_2 = -lT - K_1^A - K_{21}^A$	$\varphi_2 = gT - K_{21}^B$
3	$\omega_3 = -lT - K_1^A - K_{21}^A + R_{a,p}^A + V_1\int_{\tau_1}^{T} dt$	$\varphi_3 = gT - K_{21}^B - V_1\int_{\tau_1}^{T} dt$
4	$\omega_4 = -lT - K_1^A - K_{21}^A + R_{a,p}^A + V_2\int_{\tau_2}^{T} dt$	$\varphi_4 = gT - K_{21}^B - V_2\int_{\tau_2}^{T} dt$
5	$\omega_6 = -lT - K_1^A - K_{21}^A + R_{a,p}^A + R_{w,p}^A - K_{22}^A + V_3\int_{\tau_3}^{T} dt$	$\varphi_6 = gT - K_{21}^B - K_1^B - R_{l,p}^B - K_{22}^B - V_3(T - \tau_3)$
6	$\omega_7 = -lT - K_1^A - K_{21}^A + R_{a,p}^A + R_{w,p}^A + P^B(T - \tau)$	$\varphi_7 = gT - K_{21}^B - K_1^B - R_{l,p}^B - R_l^B(\tau) + R_l^B(T) - P^B(T - \tau)$
7	$\omega_8 = -lT - K_1^A - K_{21}^A + R_{a,p}^A + R_{w,p}^A + R_{w,A}^A + V_3\int_{\tau_4}^{T} dt - K_{22}^A$	$\varphi_8 = gT - K_{21}^B - K_1^B - R_{l,p}^B - R_{a,A}^B - R_{l,A}^B - V_3\int_{\tau_4}^{T} dt - K_{22}^B$
8	$\omega_9 = -lT - K_1^A - K_{21}^A + R_{a,p}^A + R_{w,p}^A - K_3^A - K_{23}^A + V_4\int_{\tau_4}^{T} dt$	$\varphi_9 = gT - K_{21}^B - K_1^B - R_{l,p}^B - R_0^B - K_{23}^B - V_4\int_{\tau_4}^{T} dt$
9	$\omega_{10} = -lT - K_1^A - K_{21}^A + R_{a,p}^A - R_{l,p}^A + R_{a,A}^A + R_{w,A}^A + V_3\int_{\tau_4}^{T} dt - K_{22}^A$	$\varphi_{10} = gT - K_{21}^B - K_1^B - R_{w,p}^B - R_{l,A}^B - V_3\int_{\tau_4}^{T} dt - K_{22}^B$

续表

节点	A	B
10	$\omega_{11} = -lT - K_1^A - K_{21}^A + R_{a,p}^A - R_{l,p}^A + R_{a,A}^A + R_{w,A}^A - K_3^A - K_{23}^A + V_4\int_{\tau_5}^{T} dt$	$\varphi_{11} = gT - K_{21}^B - K_1^B + R_{w,p}^B - R_{l,A}^B - R_0^B - K_{23}^B + V_4\int_{\tau_5}^{T} dt$

第三章 专题案例分析

法律制度构建是否成功还须经过实践的检验。本书在前面几个章节从法律条文、法理基础分析、制度上比较、博弈理论分析了争端解决的机制对CAFTA经贸合作、服务及投资顺利进行的影响与作用。为了进一步说明，本章拟从案例角度进行实证专题分析，从实践上深入分析说明CAFTA争端解决的机制对CAFTA经贸、服务及投资合作的影响和作用。

第一节 政府间层面解决机制与法律机制的比较

一、中缅的太平江水电站项目争端简介

2009年12月，包括太平江水电站项目在内的16个中国和缅甸项目，于缅甸首都内比都签订了合作协议。而中国大唐集团公司的员工也以满腔激情投入到电站的建设中，他们克服了缅甸政府和地方武装长期对峙、地质塌方、地震灾害以及高温多雨导致洪水上涨等多种困难，于2010年底一举实现了“一年四投”的目标。缅甸太平江水电站位于缅甸东北克钦邦境内，

90%以上的电量送入中国南方电网。因为这一区域原属克钦独立军管辖区,所以围绕中国在缅投资建设的太平江水电站区域的控制权,2011 年 6 月 9 日缅甸克钦独立军宣布与缅甸政府军开打内战,打破了 17 年的停火协议。① 据缅甸问题分析师 Aung Naing Oo 所讲“所有的利益相关者缅甸政府,中国人,克钦人都有利益要保护”②。

2013 年缅甸北部局势有所缓和。在中国大唐集团公司和海外公司大力协调统筹下,联合公司于 3 月 18 日、27 日,共派出 27 名技术人员分两批进入电站,开始恢复发电。终于在 2013 年 4 月 19 日成功恢复并发电。③这两年过程中,中国大唐集团公司和全体海内外员工的艰辛就不再诉述,详见中国大唐集团公司在 2014 年的《缅甸太平江水电站:硝烟中的守护》报道。

二、中缅密松水电站项目争端简介

缅甸密松水电站总值 36 亿美元,距云南腾冲县 200 多公里,电站位于缅甸北部的克钦山区,总装机容量为 600 万千瓦,是“中缅两国政府签署的合作项目”。中国电力投资集团(以下简称“中电投”)程中华④这样告诉记者,“2009 年 3 月,中缅两国政府签署《关于合作开发缅甸水电资源的框架协议》,包括密松电站在内的七级梯形水电站,装机总容量 2000 万千瓦,建设工期 15 年,年均发电量约 1000 亿千瓦时。其规模几乎与三峡大坝

① 参见高胜科、蔡婷贻:《中缅水电风波》,2011 年 11 月 8 日,见 http://www.hydropower.org.cn/showNewsDetail.asp? nsId=5973。

② Aung Naing Oo:《缅甸内战真相:西方鼓动抢中国的水电站》,2013 年 1 月 5 日,见 http://news.e23.cn/content/2013-01-05/2013010500212.html。

③ 参见中国大唐集团:《缅甸太平江水电站:硝烟中的守护》,2014 年 3 月 25 日,见 http://www.hydropower.org.cn/showNewsDetail.asp? nsId=12437。

④ 程中华先生时任中国电力投资集团伊江上游水电有限责任公司密松管理部主任。

等同”。[①] 在中电投全面推进密松水电站建设的过程中,“2011 年 9 月 30 日,缅甸总统吴登盛以‘缅甸政府是民选政府,必须尊重人民意愿’为由搁置该项目。缅方在声明中将工程搁置原因解释为,密松电站将影响当地生态环境,以及民众生计。一些缅甸民间组织亦发出同样指责,不过,其更多聚焦于移民与安置问题。根据中缅签署的协议要求,移民生活状况不低于原有水平并有所提高”[②]。这一举动出乎意料,因为在此之前的中国与缅甸双方有着良好的合作。缅甸总理在 2011 年 2 月视察密松水电站项目时,还督促过进展情况。“这一项目是迄今缅甸最大的利用外资项目,亦是中国最大的境外电力 BOT(“建设—经营—移交”的合作投资模式)项目。”[③]作为中方中电投表示非常意外,仅设备停放导致中方损失每月就高达上千万元人民币[④],表示“一方面等待国家有关部门指令,另一方面在进行项目投资索赔准备、法律咨询和信息资料收集工作,并加强调整公共关系管理策略,以期及早重新启动”[⑤]。

其实密松水电站是政府主导的项目,“坝址位于政府军管辖范围,淹没区却在克钦独立军控制区内,这为双方摩擦提供了可能”[⑥]。中国驻缅甸大使杨厚兰 2013 年 7 月 16 日在接受《缅甸时报》英文版副主编蒂莫西·迈克

① 参见高胜科、蔡婷贻:《中缅水电风波》,2015 年 2 月 19 日,见 http://www.hydropower.org.cn/showNewsDetail.asp? nsId=5973。

② 高胜科、蔡婷贻:《中缅水电风波》,2011 年 11 月 8 日,见 http://www.hydropower.org.cn/showNewsDetail.asp? nsId=5973。

③ 高胜科、蔡婷贻:《中缅水电风波》,2011 年 11 月 8 日,见 http://www.hydropower.org.cn/showNewsDetail.asp? nsId=5973。

④ 参见中国电力网:《停工后的缅甸密松水电站》,2014 年 1 月 6 日,见 http://www.chinapower.com.cn/newsarticle/1202/new1202120.asp。

⑤ 高胜科、蔡婷贻:《中缅水电风波》,2011 年 11 月 8 日,见 http://www.hydropower.org.cn/showNewsDetail.asp? nsId=5973。

⑥ 高胜科、蔡婷贻:《中缅水电风波》,2011 年 11 月 8 日,见 http://www.hydropower.org.cn/showNewsDetail.asp? nsId=5973。

劳林专访时表示，不确信密松水电站项目能否重启。中国驻缅甸大使馆政治处主任高明波也表示他对水坝工程是否能在2015年得以继续施工“没有清晰的预见”。[①] 2014年以来，缅甸多家私营媒体掀起炒作“中国项目（水电站等）掠夺资源、破坏环境、威胁缅甸国家安全”等新浪潮，导致缅甸社会反华情绪再度上涨。这使得密松水电站复工遥遥无期。[②]

三、两个项目背后的博弈

位于缅甸东北部的克钦族自治邦自从克钦独立军1961年成立以来，就与缅甸中央政府军武装冲突不断，直到1994年双方签署了停火协定，允许克钦独立组织继续控制克钦邦，才结束在当地两军长达33年的战火。不过在2011年6月，克钦邦再度燃起克缅战争，打破了双方中间17年的停火状态。[③] 引起战端的主要导火线就是中缅的太平江水电站项目产生的效益。

太平江水电站和密松水电站都是中国企业投资的，都是在克钦独立军传统的控制区域，显然跟克钦独立军的利益相关，而且这个利益是很明显的。但是当时中国的水电企业投资的时候就是抛开了克钦独立军在当地的武装势力，是直接跟缅甸中央政府协商合作这个事情，而修水电站的地方又是在地方武装克钦独立军控制的地区，相当于说中国政府是跟缅甸中央政府合作的这两个项目，从选择水电站的地址，签订投资合作合同，中国与缅甸政府一直绕开克钦独立组织，势必会产生利益上的矛盾。[④] “毕竟克钦独

---

① 参见苏展：《中国驻缅甸大使：不确信密松水电站项目能否重启》，2013年7月22日，见 http://news.ifeng.com/world/detail_2013_07/22/27758332_0.shtml。

② 参见宋清润：《缅甸当前对华认知特点及其走势》，《公共外交》2014年第7期。

③ 参见北极星电力网新闻中心：《缅甸北部战争殃及中国密松水电站项目》，2013年1月5日，见 http://news.bjx.com.cn/html/20130105/411579.shtml。

④ 参见北极星电力网新闻中心：《缅甸北部战争殃及中国密松水电站项目》，2013年1月5日，见 http://news.bjx.com.cn/html/20130105/411579.shtml。

立组织对中国政府来说不是一个合法的政府，没有和中国政府平等对话的资质，所以克钦独立组织实在说不上话，只是敦促中国政府在克钦邦进行投资时尊重克钦邦人民的意愿和利益。按照缅甸国家的《投资法》，不管缅甸公民还是外国公民，凡是在缅甸的土地上投资建设的企业，缅甸政府无偿要占有60%的股份。”①

密松水电站被搁置事件，一方面可以说是缅甸推进民主政治过程中受一些政治势力影响将经济项目政治化的典型。②

另一方面，密松水电站凸显了缅甸的大国平衡外交策略。缅甸转向大国平衡的外交态势（即削减依赖中国关系）和美国、印度、日本等国家在缅甸的势力排挤中国。③ 实际上，美国一直很关注中缅的密松水电站。

四、中缅密松水电站争端的解决

（一）非法律解决机制的效果

历史原因、大国博弈和缅甸内部民粹主义都是中国不得不面对的棘手难题。太平江水电站在2011年6月9日，缅甸克钦独立军与缅甸政府军围绕中国在缅投资建设的太平江水电站区域的控制权打响内战起，到2013年4月19日成功恢复发电，历经接近两年的时间。太平江水电站争端的解决主要依赖传统的政府间层面的外交解决机制，辅以无法律约束力的民间解决机制。

而中国与缅甸的密松水电站争端已被缅甸搁置3年多，是否继续等待，

---

① Victorzou：《中国在缅甸投资水电站遭遇困境的真实原因》，2013年1月14日，见http://blog.sina.com.cn/s/blog_7d7cad800101b3co.html。

② 参见李家真：《对外投资面临的政治风险及其对策研究——以中国对缅甸投资为例》，《今日中国论坛》2007年第4期。

③ 参见李家真：《对外投资面临的政治风险及其对策研究——以中国对缅甸投资为例》，《今日中国论坛》2007年第4期。

沿用传统的外交解决机制和民间解决机制，还是尝试运用法律武器，启动CAFTA争端解决机制呢？早在2013年中电投王齐跃（时任云南国际电力投资有限公司缅甸内比都代表处总代表）接受国际在线记者采访时，就表示："公司以及两国政府间都在就密松电站项目进行持续的接触和沟通，期望能够尽快达成一致，使项目早日恢复运行。他同时强调，作为一个电站群，除了密松电站之外，另外的7个电站协议不仅有效，还得到加速推动，缅甸政府也通过各种行动给予支持，包括特批人员物资进出等等。但是从公司的角度来说，必要的情况下，也不排除通过法律途径向缅甸政府进行索赔。""说到咱们密松的损失的事情上，咱们也可以明确地说，如果缅甸政府迟迟不做，或者不交流或者拒不谈，咱们也会有一些其它的途径，比如说根据仲裁的规定，或者根据咱们的投资保护协定什么的，与（缅甸）政府进行一些书面或者法律方面的交涉，至少这些准备工作都是做好了。"①

在2015年缅甸大选后的新政府能否重启密松水电站项目不明朗②、中国企业已做好相关法律资料准备的情况下，笔者建议，在沿用传统的外交解决机制和民间解决机制没有明显起效的情况下，应该及时运用CAFTA争端解决机制，结合运用法律手段维护中国企业在缅的权益，促进争端的圆满解决。下面就探讨一下启动CAFTA争端解决机制的情况。

（二）援引CAFTA《争端解决机制协议》成功的案例

2010年3月，由中国西南旱灾所引发的湄公河四国与中国用水争端③，

① 任芊：《中电投缅甸水电站搁置一年半　至今无复工迹象》，2013年4月6日，见http://news.hexun.com/2013-04-06/152858472.html。

② 参见苏展：《中国驻缅甸大使：不确信密松水电站项目能否重启》，2013年7月20日，见http://news.ifeng.com/world/detail_2013_07/22/27758332_0.shtml。

③ 参见朱盈库：《西南旱灾引发湄公河四国与中国用水争端》，2010年3月25日，见http://www.huanqiu.com/。

湄公河的源头即澜沧江在中国境内，流经老挝、缅甸、泰国、柬埔寨、越南五国，中国部分占整个干流流域总长的 44%。对 2010 年发生的旱灾，东盟相关成员国泰国、老挝、越南和柬埔寨刚开始认为，“中国利用外资在湄公河上游澜沧江修建水坝（如漫湾水电站、景洪水电站、大朝山水电站、小湾水电站等）是导致区域环境恶化的主要原因，这意味着投资对区域环境产生了直接影响”①。

而中国的观点是“整个湄公河流域普遍遭遇旱情，中国也是受灾国。对于这些东南亚国家将湄公河水位下降归因于中国在上游修建水坝一事，是不合理的，湄公河干旱与中国大坝无关”②。证据如下：“澜沧江仅占湄公河水域总流量的 13.5%。中国只是进行了蓄水发电，尚无从澜沧江取水、调水的行动和计划，不会对下游产生任何的不利影响。澜沧江—湄公河流域持续干旱是降雨量减少所致，从根本上说是全球气候变化的结果。”③杰里-伯德（湄公河委员会秘书处首席执行官）也曾发表声明，对中国的说法加以证实。需要看到的是，对中国的批评主要是一些非政府组织和媒体，湄公河流域国家的政府对这个问题是相对谨慎和客观的，柬埔寨、泰国、越南、缅甸等国政府官员都表示，湄公河流域大旱与中国无关，是整个地区降雨量偏低所致。④

该事件的背后也离不开大国之间亚太关系的博弈，即中国与湄公河流域国家在河流开发与利用上的争端成为美日等国赖以介入中国与周边东盟

① 张建中：《贸易、投资与环境协同发展的机制研究——以 CAFTA 为例》，中国社会科学出版社 2013 年版，第 73 页。

② 陈德海：《西南旱灾引发湄公河四国与中国用水争端》，2010 年 3 月 25 日，见 http://www.huanqiu.com/。

③ 李志斐：《湄公河水域争端对中国周边安全环境的影响》，《中国周边安全环境评估（2010）》2011 年第 1 期。

④ 参见李志斐：《湄公河水域争端对中国周边安全环境的影响》，《中国周边安全环境评估（2010）》2011 年第 1 期。

国家事务处理的借口,乘虚在亚太地区扩大自身的影响力和牵制中国。这也是东南亚国家出于大国平衡战略的考虑,即借助美国和日本的力量平衡中国。但是最后,中国与东盟相关成员国泰国、老挝、越南和柬埔寨在解决该争端时,援引了《争端解决机制协议》第13条关于补偿和中止减让的规定,即通过补偿的方式要求直接或间接利益的受益者向受害者进行相关的补偿。这就是CAFTA争端解决机制焕发法律机制不同于政治博弈的魅力所在。

(三)CAFTA争端解决机制在中缅密松水电站争端中的运用

根据中国和东盟于2002年11月4日在柬埔寨金边签订的CAFTA《框架协议》规定,还有第6条至第8条的相关规定,[①]中国和东盟各成员国于2009年8月15日在泰国曼谷达成CAFTA《投资协议》。根据CAFTA《投资协议》第14条规定关于缔约方与投资者间争端解决的界定,密松水电站项目的中方中电投公司可以作为适格的主体将该争端启动CAFTA争端解决机制处理。

首先,中方中电投公司在密松水电站项目被缅甸政府单方搁置时,就可以根据CAFTA《投资协议》第14条第3款,向缅甸政府发出磋商和谈判的书面请求。[②]

根据前文对CAFTA争端解决的法律程序和博弈分析,为防止被诉方缅甸政府不予理睬或故意拖延时间,CAFTA争端解决机制规定了如被诉方缅甸政府未在规定的时间内进行磋商,起诉方中电投公司可以直接依据CAFTA《争端解决机制协议》请求设立仲裁庭。所以,当中电投公司要求与

---

① 参见《中国—东盟全面经济合作框架协议投资协议》(2009年8月15日)引言和《中国—东盟全面经济合作框架协议》(2002年11月4日)第6—8条。

② 参见《中国—东盟全面经济合作框架协议投资协议》第14条第三款的规定。

缅甸政府磋商时,缅甸政府会做出磋商或不磋商的策略选择。当缅甸政府选择与中电投公司磋商时,结果可能为中电投公司所接受,从而争端得以解决;如双方达不成共识,中电投公司可以请求设立仲裁庭,案件进入下一阶段(t_3)。当缅甸政府选择不磋商时,中电投公司可能会撤诉(Z_2),也可能直接要求进入下一阶段(t_3)。但根据前面第二章博弈数据模型的分析,中电投公司撤诉是一个严格劣战略,也就是说,中电投公司应向 CAFTA 提出成立仲裁庭的请求。而且据国际在线报道:“密松电站项目被叫停后,缅甸政府已经从经济方面意识到了叫停项目导致的苦果,来缅甸的外来投资受到了直接打击和影响,2012—2013 财年度境外来缅投资额从 2010—2011 财年度的 200 亿美元骤降至 10 亿美元。”①而且下滑还在继续,2013 年中国对缅甸投资仅 3.1 亿美元,2014 年 1—7 月对缅投资跌至历史新低——5000 多万美元。② 所以在磋商阶段,中电投公司不会选择撤诉策略,与缅甸政府达成磋商解决的可能性较大。

其次,当缅甸政府选择不磋商或磋商不成时,进入仲裁庭工作阶段,中电投公司应尽早提出成立仲裁庭的请求,并由仲裁庭裁定。按照“谁主张谁举证”原则,中电投公司还应准备和提交仲裁庭充分的证据材料,如至关重要的有效的环评报告等。

关于密松水电工程可能带来的生态影响,中电投表示:“根据缅甸政府的要求,曾出资委托缅甸生物多样性和自然保护协会(BANCA)与中国长江勘测规划设计研究院共同进行环评调查。现代重大工程都应经过环境影响评价,但是,缅甸尚无重大项目环评经验,此前缅方曾考虑聘请日本、瑞士的专业机构为伊洛瓦底江项目做环评,由于环评费用高昂难以支付,最终伊洛

① 任芊:《中电投缅甸水电站搁置一年半　至今无复工迹象》,2013 年 4 月 6 日,见 http://news.hexun.com/2013-04-06/152858472.html。

② 参见宋清润:《缅甸当前对华认知特点及其走势》,《公共外交》2014 年第 7 期。

瓦底江项目的环评过程由中方主导、缅方审核。在 2008 年历经半年的现场调查取样阶段，BANCA 作为第三方介入了野外环境调查及取样，为后期报告的形成提供了一手资料。”

“2010 年 5 月，中国长江勘测规划设计研究院牵头汇总分析中缅两方的专题报告后，在结合水电项目特点的基础上汇编完成了这一流域环境影响评价报告。之后，负责密松电站建设经营的中电投云南国际公司先后委托国内专家对报告进行多次咨询，经反复讨论修订后报送至缅甸第一电力部。该报告遵照了国际水电协会（IHA）的水电可持续评价规范，从论证、施工准备、正式开工、运营等四个阶段进行评价，且主导单位需对报告的真实性实行终身负责制。”

《财经》记者了解到：“缅甸第一电力部对报告表示认可，但要求这份完整版报告暂时不能全文公开，中方尊重对方意见。9 月 6 日，中电投云南国际公司计划部在官网上公布了中方所做的环评报告的简版，其结论为从伊洛瓦底江上游水电项目的经济效益、碳减排、生物多样性保护、施工环境影响等七个方面都作出了正面的评价。这份简版报告也指出了建坝弊端，比如，会对洄游鱼类产生一定的阻隔，但该河段内洄游性鱼类较少，梯级电站建成后，河段内珍稀濒危鱼类区系、种群、数量不会发生明显变化；施工期弃渣、生产生活污水、施工期生活垃圾等将会在局部产生一定的环境影响，在实施弃渣合理堆放和防护、生活垃圾及污水定期达标处理、临时用地及时恢复植被等一系列环保措施后，不利影响可消除。观其整体表述，与中国境内水电项目建设的环评报告基本相似。”①

早在 2011 年 11 月中电投就表示：“一方面等待国家有关部门指令，另一方面在进行项目投资索赔准备、法律咨询和信息资料收集工作，并加强调

① 财经：《中缅水电风波：被叫停的密松水电站》，2011 年 11 月 9 日，见 http://www.hydropower.org.cn/showNewsDetail.asp? nsId = 5980。

整公共关系管理策略,以期及早重新启动。”[①]所以可以推断证据材料准备已是充分的,中电投应按时提交仲裁庭。

依 CAFTA《投资协议》规定:“如果按第三款规定提出磋商和谈判的书面请求后 6 个月内,争端仍未解决,除非争端所涉方另行同意,则应当根据投资者的选择,将争端提交有管辖权的争端缔约方法院或行政法庭;或依法[②]提交仲裁。”[③]这样,中国和缅甸关于密松水电站的争端就不会无期地悬而未决了。

第二节　承认与执行国外仲裁裁决的案例

一、宝腾汽车公司与金星公司申请承认及执行外国仲裁裁决的请示

广东省东莞市中级人民法院(以下简称“东莞中院”)受理宝腾汽车(中国)有限公司与金星重工制造有限公司申请承认及执行外国仲裁裁决一案[④],拟拒绝承认和执行新加坡国际仲裁中心作出的 2010 年第 2 号《最终仲裁裁决(不涉及费用)》;2010 年第 25 号《关于费用的最终裁决书》、2010 年第 32 号《对关于费用的最终裁决书的改正》的仲裁裁决。根据最高人民法院发的通知[⑤]向广东省高级人民法院请示。广东省高级人民法院经审

① 财经:《中缅水电风波:被叫停的密松水电站》,2011 年 11 月 9 日,见 http://www.hydropower.org.cn/showNewsDetail.asp? nsId=5980。

② 对于菲律宾,出现投资争端,只有争端双方的书面同意,方可根据《解决国家和他国国民之间投资争端公约》和《解决投资争端国际中心仲裁程序规则》提交仲裁请求。

③ 参见《中国—东盟全面经济合作框架协议投资协议》第 14 条第四款的规定。

④ 参见[2012]粤高法仲复字第 3 号。

⑤ 参见法发[1995]18 号《关于人民法院处理与涉外仲裁及外国仲裁事项有关问题的通知》。

查,并于 2012 年 9 月 12 日经审判委员会讨论,倾向同意东莞中院意见,拟拒绝承认和执行该仲裁裁决,故向最高人民法院请示。①

(一)当事人的基本情况

申请人:宝腾汽车(中国)有限公司[Proton Automobiles(China)Ltd,下称宝腾公司]。住所地:Arias Fabrega & Fabrega Trust Co. BVI Limited, Wickham's Cay, Road Town, Tortola, British Virgin Islands。

法定代表人:Dato' Syed Zainal Abidin Syed Mohanmed Tahir。

被申请人:金星重工制造有限公司(下称金星公司)。住所地:中华人民共和国广东省东莞市虎门镇莞太路白沙路段。

法定代表人:翟文亮,该公司董事长。

(二)案件基本情况

申请人宝腾公司为英属维尔京群岛注册成立的公司,属于马来西亚国家汽车有限公司(Perusahaan Otomobil Nasional Berhad)的海外全资子公司。被申请人金星公司为在广东省东莞市注册成立的私营企业。2002 年 6 月 17 日,宝腾公司与金星公司在东莞市签订了《合资合同》,约定合资成立金星宝腾汽车有限公司,从事汽车模具及主要零部件生产,时任宝腾公司法定代表人 Tengku Mahaleel 作为签约代表在合同上签字盖章。其中,《合资合同》第 53 条约定,"由本合同衍生的一切争议……双方不能协商解决,应提请新加坡国际仲裁中心依联合国国际贸易法委员会仲裁规则(UNCITRAL Arbitradion Rules)进行仲裁"。第 58 条约定,"对本合同的任何修订……须经双方同意并签署书面协议修改并经审批机构批准后方可生效"。此外,被申请人金星公司持有一份《备忘录》,内容是对合

① 本案判决依据的中国《民事诉讼法》相关条文是根据 2007 年 10 月 28 日第十届全国人民代表大会常务委员会第三十次会议《关于修改〈中华人民共和国民事诉讼法〉的决定》第一次修正的版本。

作双方关于未能取得汽车生产许可证而产生的出资、损失等事项进行协商。在《备忘录》的第4条，双方约定修改《合资合同》第53—54条争议解决的内容，修改为："由本合同成立、效力、解释及履行过程所产生的一切争议，双方均应首先通过友好协商解决。如果双方不能协商一致，合同双方任一方均可向中华人民共和国有管辖权的人民法院提出起诉，并适用中国法律进行处理。"①该《备忘录》由申请人宝腾公司的法定代表人 Tengku Mahaleel、被申请人金星公司的法定代表人翟文亮、见证人 Lai Kuai Weng（赖桂荣）签署。该《备忘录》记载的签字日期是2002年6月17日，被申请人金星公司承认该日期大约是在2004年年底时倒签形成。2002年6月25日，《合资合同》报广东省对外贸易经济合作厅批准。

2007年7月6日，双方因履行合营合同发生争议，申请人向新加坡国际仲裁中心提起仲裁，该仲裁机构予以受理（仲裁编号为2007第41号），并向被申请人发出了仲裁通知。被申请人在提交答辩书期间于2008年3月17日向新加坡国际仲裁中心提出管辖权异议，主张《合资合同》中的仲裁条款已经被《备忘录》中的诉讼管辖条款所取代，本案应由中华人民共和国有管辖权的法院审理。同年5月16日，被申请人为与申请人及其母公司马来西亚国家汽车有限公司中外合资经营合同纠纷一案，向东莞中院提起诉讼，该院立案受理（案号为〔2008〕东中法民四初字第133号）。2009年5月5日，新加坡国际仲裁中心作出了2009年第12号《管辖权临时裁决书（除费用外为终局裁决）》，裁决仲裁庭对该仲裁以及《合资合同》第53条规定的所有事项具有管辖权，驳回了被申请人的仲裁管辖权异议、被申请人关于中华人民共和国法院对于该仲裁事项应当具有管辖权以及该仲裁应予终止或暂停的请求。同年6月19日，新加坡国际仲裁中心又作出了2009年

① 参见〔2012〕粤高法仲复字第3号。

第17号《费用裁决书(有关管辖权临时裁决书)》,裁决被申请人支付申请人因管辖权仲裁程序有关的法务费共计424058.03新加坡元。同年6月25日,申请人就东莞中院受理〔2008〕东中法民四初字第133号案提出管辖权异议,要求驳回被申请人的起诉。

2011年12月2日,东莞中院作出〔2010〕东中法民四认字第1号裁定书,裁定:不予承认和执行新加坡国际仲裁中心作出的2009年第17号《费用裁决书(有关管辖权临时裁决书)》。

2010年1月12日,新加坡国际仲裁中心作出2010年第2号《最终仲裁裁决(不涉及费用)》,该仲裁裁决裁定:1.合资合同已经依据申请人于2006年7月11日出具的终止通知而有效终止;2.除了关于仲裁费用的主张、答复和答辩外,其他一切主张、答复和答辩均被驳回。

2010年5月24日,新加坡国际仲裁中心作出2010年第25号《关于费用的最终裁决书》,裁定:被申请人应向申请人支付本裁决书确定的法务费及仲裁费用共计655056.33新加坡元,以及申请人有权从SIAC获得4143.67新加坡元。同年6月23日,新加坡国际仲裁中心作出2010年第32号《对关于费用的最终裁决书的改正》,对《关于费用的最终裁决书》的第15节第二句、第22节、第23节第一句、第29节(f)款中的笔误和计算错误进行修正。

(三)当事人的申请及答辩意见

申请人以被申请人拒不履行上述仲裁裁决为由,于2011年4月28日向东莞中院申请:1.承认新加坡国际仲裁中心作出的2010年第2号《最终仲裁裁决(不涉及费用)》;2.承认和执行新加坡国际仲裁中心2010年第25号《关于费用的最终裁决书》和第32号《对关于费用的最终裁决书的改正》。

申请人宝腾公司称:2007年7月6日,宝腾公司对金星公司就中外合资经营企业合同纠纷事宜向新加坡国际仲裁中心提起了仲裁(仲裁编号:SIAC ARB 041/07)。2010年1月12日,仲裁庭作出了2010年第2号《最终仲裁裁决（不涉及费用）》。其后于2010年5月24日，仲裁庭作出了2010年第25号《关于费用的最终裁决书》；并于同年6月23日，作出了2010年第32号《对关于费用的最终裁决书的改正》。根据上述《最终仲裁裁决（不涉及费用）》，《合资合同》已依据宝腾公司申请，仲裁庭裁定宝腾公司出具的《终止通知》有效而终止。根据上述《关于费用的最终裁决书》及《对关于费用的最终裁决书的改正》，被申请人应支付申请人仲裁费269798.83新加坡元、法务费385217.50新加坡元，其总金额为655056.33新加坡元，折合人民币3416577.30元（按2011年4月14日中国银行折算价：新加坡元=5.2157元人民币）。但被申请人至今拒不履行该《关于费用的最终裁决书》，根据《中华人民共和国民事诉讼法》第266条、267条之规定，向东莞中院申请承认2010年第2号《最终仲裁裁决（不涉及费用）》，承认和执行2010年第25号《关于费用的最终裁决书》和2010年第32号《对关于费用的最终裁决书的改正》，并根据《中华人民共和国民事诉讼法》第229条之规定，金星公司应加倍支付迟延履行期间的利息。

被申请人答辩称，《备忘录》构成对《合资合同》第53条仲裁条款的有效修改，申请人无权申请仲裁，双方因《合资合同》产生的一切纠纷应由东莞市中级人民法院管辖。

（四）东莞中院审查意见与依据

本案是承认和执行新加坡国际仲裁中心裁决，鉴于我国和新加坡均是《纽约公约》缔约国，据《纽约公约》第1条[①]的规定，本案应以该公约为依

① 1958年6月10日在纽约召开的联合国国际商业仲裁会议上签署的《承认及执行外国仲裁裁决公约》（the New York Gonvention on the Recognition and Enforcement of Foreign Arbitral Awards），又称《纽约公约》。《承认及执行外国仲裁裁决公约》第一条第一款："由于自然人或法人间的争执而引起的仲裁裁决，在一个国家的领土内作成，而在另一个国家请求承认和执行时，适用本公约。在一个国家请求承认和执行这个国家不认为是本国裁决的仲裁裁决时，也适用本公约。"

据来审核。

首先,仲裁合法性的前提在于双方存在有效的仲裁协议,涉案《合资合同》中虽然约定了仲裁条款,但被申请人提交了《备忘录》中文版原件,已经对《备忘录》的仲裁条款进行修改,改由以诉讼方式来解决争议,因此新加坡国际仲裁中心对涉案争议的管辖是没有依据的。《备忘录》载有申请人前任法定代表人 Tengku Mahaleel 的签名,并经赖桂荣进行见证。赖桂荣在〔2010〕东中法民四认字第 1 号案件亦出庭证明《备忘录》的真实性。尽管《备忘录》前后页的纸质不同及存在多个版本,且证人对《备忘录》签订时间、地点陈述不尽一致,但上述疑点均不足以推断《备忘录》是虚假的。申请人虽主张《备忘录》是伪造的,况且 Tengku Mahaleel 的签名在多份文件中,包括法定声明都有出现,本案进行鉴定的条件是相当充分的,但申请人在仲裁及在东莞中院的认可程序中都不对 Tengku Mahaleel 的签名申请笔迹鉴定,应当自行承担举证不利的法律后果。申请人虽然在本案中提交了 Tengku Mahaleel 的法定声明,但该证据在形式上属于证人证言,并且该证人证言对整个案件的审理有决定性的作用,证人应当出庭接受质证。证人的情形并不属于《最高人民法院关于民事诉讼证据的若干规定》第五十六条所规定的客观上无法出庭接受质证的情形。因此,本案应对《备忘录》的真实性予以认定。申请人的前任法定代表人 Tengku Mahaleel 是《合资合同》的签约代表,被申请人有充足的理由相信其有权代表申请人签订《备忘录》,因此,《备忘录》应认定是合营合同双方的真实意思表示。鉴于双方在《备忘录》中重新约定了诉讼管辖条款,用于取代《合资合同》第 53 条约定的仲裁条款,应当尊重当事人的意思自治。尽管《备忘录》没有履行报批手续,但争议解决条款本身具有独立性,其效力不应受《备忘录》是否审批或者生效的影响。因此,《合资合同》第 53 条约定的仲裁条款已经失效,申请人无权向新加坡国际仲裁中心提请仲裁,本案应由东莞中院行使管辖权。

综上所述，由于申请人与被申请人之间的仲裁条款根据中国法的规定属于无效，根据《承认及执行外国仲裁裁决公约》的规定①，东莞中院认为申请人的申请不符合《承认及执行外国仲裁裁决公约》的规定，不予支持。拟裁定：一、不予承认新加坡国际仲裁中心 2010 年第 2 号《最终仲裁裁决（不涉及费用）》；二、不予承认和执行新加坡国际仲裁中心 2010 年第 25 号《关于费用的最终裁决书》、2010 年第 32 号《对关于费用的最终裁决书的改正》的仲裁裁决。

（五）广东省高级人民法院处理意见

经审查，广东省高级人民法院认为：本案是申请承认和执行外国仲裁裁决纠纷案件。由于涉案仲裁裁决在新加坡作出，中国和新加坡均是《纽约公约》的成员国，应当根据《纽约公约》的规定对本案仲裁裁决的承认与执行予以审查。

本案中，宝腾公司与金星公司的争议焦点在于《备忘录》是否有效地修改了《合资合同》的仲裁条款。就此焦点涉及两个问题：一是《备忘录》是否真实；二是若《备忘录》为真实的，是否需经审批才能生效。

经审判委员会讨论通过，一致认为在国际的经济交往过程中，合同的签署是以当事人签名为准。本案中，金星公司提交的《备忘录》原件上具有宝腾公司前法定代表人 Tengku Mahaleel 的签名，且金星公司提供了证人出庭作证，证明 Tengku Mahaleel 签署《备忘录》的事实。宝腾公司否认存在《备忘录》，其提出《备忘录》存在着格式不规范、前后页的纸质不同、版本众多等问题，并提供了经公证认证的“Tengku Mahaleel”的法定声明以证明 Tengku Mahaleel 未签署过《备忘录》。针对这些争议，我们研究认

① 参见《承认及执行外国仲裁裁决公约》第五条的规定。

为,格式是否规范、前后页的纸质是否相同、版本是否众多等并非判断《备忘录》真实性的标准。Tengku Mahaleel 出具法定声明属于证人证言,依照中国法律相关规定①,其应出庭作证,接受当事人的质询。该法定声明中也载明“Tengku Mahaleel 声明愿意在法庭上以证人身份出庭作证”。但宝腾公司在本院法庭调查时却明确表示 Tengku Mahaleel 不会作为证人出庭作证。宝腾公司在东莞中院听证过程中未申请过对《备忘录》上签名的真实性进行鉴定,也未申请 Tengku Mahaleel 出庭作证。故该法定声明不足以推翻 Tengku Mahaleel 已签署《备忘录》的事实。本案也未有其他证据证明《备忘录》存在内容伪造的情况。因此,《备忘录》真实性应予确认。

仲裁条款具有相对独立性。此独立性意味着,当事人之间关于合同修改的约定并不当然适用于仲裁条款,对仲裁条款的修改需由当事人另外作出明确约定。据此,《合资合同》第 58 条不能约束双方当事人对于仲裁条款的修订,而双方当事人已就修改仲裁条款达成意思表示一致,《备忘录》中的诉讼管辖条款无需经审批即可有效地取代《合资合同》中的仲裁条款。

由于《备忘录》中约定的诉讼管辖条款替代了原《合资合同》中的仲裁条款,宝腾公司与金星公司之间不再存在仲裁协议。新加坡国际仲裁中心作出的 2010 年第 2 号《最终仲裁裁决(不涉及费用)》;2010 年第 25 号《关于费用的最终裁决书》、2010 年第 32 号《对关于费用的最终裁决书的改正》等存在着《纽约公约》规定的②当事人之间仲裁协议无效的情形。据此,同意东莞中院意见,拟拒绝承认和执行该仲裁裁决。

---

① 参见《最高人民法院关于民事诉讼证据的若干规定》第五十五条的规定。

② 参见《承认及执行外国仲裁裁决公约》第五条第一款(甲)项的规定。

二、最高人民法院的复函及理由

最高人民法院认为:该案所涉事实及法律问题实质与广东省高级人民法院曾经向本院请示的〔2010〕东中法认字第1号案相同,本案亦应按照本院〔2010〕粤高法民四他字第9号复函确定的原则进行审理。① 即第一,鉴于本案为请示案件,对于《备忘录》是否是当事人真实签订的这一事实问题本院不予审查,该事实应由你院经过审理后作出认定,并同时注意保持人民法院生效裁判的一致性。第二,若《备忘录》系双方当事人真实签订,依照《中华人民共和国合同法》第五十七条关于争议解决条款独立性的规定以及最高人民法院《关于审理外商投资企业纠纷案件若干问题的规定(一)》第二条的规定,《备忘录》中诉讼管辖条款的效力不因未经审批机关批准而受影响。由于当事人通过签订《备忘录》中的诉讼管辖条款修改了原合资合同中的仲裁条款,原仲裁条款不再具有法律效力。新加坡国际仲裁中心依据不再具有受理该仲裁案件的权力②,对于本案所涉仲裁裁决人民法院应拒绝承认和执行。故同意广东省高级人民法院倾向性意见,即:一、不予承认新加坡国际仲裁中心作出的2010年第2号《最终仲裁裁决(不涉及费用)》;二、不予承认和执行新加坡国际仲裁中心2010年第25号《关于费用的最终裁决书》、2010年第32号《对关于费用的最终裁决书的改正》的仲裁裁决。

三、争端解决方式选择的博弈与分析

本案属于马来西亚国家汽车有限公司的海外全资子公司的宝腾公司和中国的私营企业金星公司因履行合资合同发生争端,并因案件管辖权问题发生争议:一方向新加坡国际仲裁中心申请仲裁,一方向中国法院提起

① 参见〔2012〕粤高法仲复字第3号。

② 参见《承认及执行外国仲裁裁决公约》第五条第一款的规定。

诉讼。

如前面第一章所述,仲裁和诉讼都是运用法律手段解决经济争端的方式,在此案例中就得到很好的运用和博弈。作为争端案件的当事人当然会选择认为对自己有利的法律来给自己救济。这也是管辖权发生争议的最主要最直接的原因。该案中属于马来西亚国家汽车有限公司的海外全资子公司的宝腾公司,希望由新加坡国际仲裁中心依联合国《贸易委员会仲裁规则》(UNCITRAL Arbitration Rules)进行仲裁;而中国的私营企业金星公司则希望交由中国法院进行审判,适用中国法律进行处理。究竟谁才应该具有管辖的权力呢? 按照国际法和国际惯例,根据合同当事人"意思自治原则"和"谁主张谁举证"的法则,主要看双方提供的证据,即双方当事人约定的处理争端解决的条款。

首先,中国和新加坡都是《承认及执行外国仲裁裁决公约》的加入国,中国在依据《承认及执行外国仲裁裁决公约》审核仲裁符合有效的情况下,是承认和执行新加坡国际仲裁中心裁决的;反之,予以拒绝。

其次,双方存在的《合资合同》中的仲裁条款,在被申请人提交的《备忘录》中文版原件中已经对仲裁条款进行修改,改由以诉讼方式来解决争议,因此新加坡国际仲裁中心对涉案争议的管辖没有依据。

再次,争端解决条款具有独立性。尽管《备忘录》没有履行报批手续,但其效力不应受《备忘录》是否审批或者生效的影响。

最后,由于《备忘录》中约定的诉讼管辖条款替代了原《合资合同》中的仲裁条款,原仲裁条款不再具有法律效力。新加坡国际仲裁中心受理的依据构成《纽约公约》第五条第一款(甲)项规定的拒绝承认和执行的情形,所以中国最高人民法院的复函是符合国际法和国际惯例的。

本案中,中国私营企业金星公司很好地运用了司法解决机制,处理了与马来西亚籍的宝腾公司的争议,维护自身权益的同时和平地解决了争端。

此案刚好发生在CAFTA成立的过程中，是法制在CAFTA争端解决发挥作用和提供保障的一个很好的例子。

第三节　CAFTA成员国公民在中国起诉的案例

一、中国与马来西亚公民借款合同纠纷案一审情况

（一）中国公司上诉的缘由

上诉人中山市盈富房地产有限公司（以下简称“盈富公司”）、珠海市福安钢木制品有限公司（以下简称“福安公司”）、陈秋平与被上诉人邱财加（外文名：KHOO CHAI KAA）、黄茂常（外文名：WONG MIOW SONG）及原审被告吴秀玉借款合同纠纷一案，不服广东省珠海市中级人民法院〔2011〕珠中法民四初字第113号民事判决，向广东省高级人民法院提起上诉。①

邱财加、黄茂常于2011年8月9日向原审法院起诉称：2007年6月，邱财加、黄茂常与陈秋平、珠海市福安钢木制品有限公司（以下简称“福安公司”）、中山市盈富房地产有限公司（以下简称“盈富公司”）约定，由邱财加、黄茂常借款人民币1500万元给盈富公司、福安公司、陈秋平，并于2007年6月21日实际借款人民币700万元给盈富公司、福安公司、陈秋平。在陈秋平的说服下，邱财加、黄茂常与盈富公司、福安公司、陈秋平、吴秀玉于2007年7月11日签订《债权转股权协议书》，约定由邱财加、黄茂常给陈秋平、福安公司与盈富公司的借款人民币1500万元转为购买盈富公司50%的股权，但暂不办理股权变更登记手续；并约定若盈富公司、福安公司、陈秋平、吴秀玉存在违反合同义务等情形的，邱财加、黄茂常有权将50%的股权

① 参见〔2013〕粤高法民四终字第7号。

转回为借款债权。《债权转股权协议书》签订后，经过协商，双方于当日签订《合作合同书》，确认由邱财加、黄茂常给陈秋平、福安公司与盈富公司的借款人民币1500万元转为购买盈富公司50%的股权，并约定由双方合作开发盈富公司与福安公司名下的位于中山市三乡镇雍陌村、塘敢村地段的共57.3亩商住用地项目。邱财加、黄茂常与福安公司、盈富公司于2007年7月12日又签订《借款协议》，约定由邱财加、黄茂常投入人民币1500万元购买盈富公司50%的股权转为邱财加、黄茂常借款人民币1500万元给福安公司，借款期限为签订该协议之日起六个月；并约定盈富公司愿意用其名下的土地就借款承担担保责任。

直至2008年2月27日，邱财加、黄茂常累计支付盈富公司、福安公司、陈秋平借款人民币1500万元。为了使邱财加、黄茂常投入的资金的抵押担保权利得以实现，邱财加、黄茂常与陈秋平、盈富公司、福安公司于2008年10月23日签订《补充协议(一)》，约定将邱财加、黄茂常投入开发的资金以借款名义办理土地抵押权登记；并约定盈富公司用其名下的位于中山市三乡镇塘敢村的土地作为抵押担保资产，陈秋平为此承担连带保证责任。签订《补充协议(一)》后，邱财加、黄茂常认为自己的权益无法得到保障，故于2008年10月24日，邱财加、黄茂常与陈秋平、盈富公司、福安公司、吴秀玉签订了《补充协议(二)》，约定邱财加、黄茂常与盈富公司、福安公司的合作开发关系又变更为借款关系，并约定由陈秋平、盈富公司与福安公司于2009年12月31日之前归还借款。否则，在邱财加、黄茂常决定不购买盈富公司股权后，邱财加、黄茂常将于借款期限届满后按每月三分息向盈富公司、福安公司、陈秋平主张利息。同日，盈富公司、福安公司、陈秋平出具《借款明细表》，确认于2007年6月21日至2008年10月16日期间，共同向邱财加、黄茂常借款人民币21170827.00元。出具《借款明细表》后的当日，盈富公司与福安公司分别与邱财加、黄茂常签订《抵押借款协议》，约定盈富公司与福安公司用其各自名下的土地分别为借款债权人民币1000万元与11170827.00元提供抵押担保，并约定于签订协议的当天办理抵押权登记。但协议签订后，盈富公司与福安公司一直没有办理抵押权登记。在邱财加、黄茂常的多次催促下，盈富公司于2009年4月9日办理《委托书〈公证书〉》，委托陈秋平代办抵押担保登记手续。但陈秋平实际上没有办理抵押权登记。

邱财加、黄茂常支付给盈富公司、福安公司、陈秋平、吴秀玉的借款经过双方协商，多次由借款债权转为双方的合作款项，又由合作款项最终转为借款债权。盈富公司、福安公司、陈秋平、吴秀玉应就其对于邱财加、黄茂常的借款承担如期还款义务，但经过邱财加、黄茂常的多次口头催告，盈富公司、福安公司、陈秋平、吴秀玉一直没有归还借款，为维护自身合法权利，请求：1.盈富公司、福安公司、陈秋平、吴秀玉共同归还邱财加、黄茂常借款人民币21170827.00元；2.盈富公司、福安公司、陈秋平、吴秀玉共同支付上述借款的利息至实际支付之日止，现暂计至起诉之日（2011年7月27日）为人民币18615629.77元。原审开庭时，邱财加、黄茂常明确其第二项诉请的利息标准为，以借款人民币21170827.00元为基数，从2007年6月21日开始按照中国人民银行公布的同期1年期贷款利率的四倍计算至实际支付之日止。

盈富公司、福安公司、吴秀玉在原审答辩称：1.本案实际属于股权纠纷，并非借款纠纷。2007年7月11日，邱财加、黄茂常与盈富公司、陈秋平签订了《合作合同书》，邱财加、黄茂常以入股形式参与盈富公司的房地产，属于合作开发投资关系。从邱财加、黄茂常与盈富公司2008年1月11日签订的《修改补充协议书》来看，此时双方仍明确为开发投资关系。邱财加、黄茂常与盈富公司、福安公司、陈秋平2008年10月23日签订《补充协议（一）》，各方实质为合作开发投资关系。根据我国法律规定，外商参与合作后,双方应设立中外合资企业,办理股权变更的相关手续。后考虑到相关程序复杂,为此邱财加、黄茂常同意不办理股权登记变更,但约定共同控制公司账号。邱财加、黄茂常在签订合法有效的《合作合同书》后,即实际上以股东的身份参与了公司的经营管理,行使相关的权利。同时各方还根据《合作合同书》的约定办理了相关合作事项,包括但不限于:(1)在协议签订后办理了盈富公司的法定代表人为黄志连的手续。(2)变更了公司财务在银行的印签,邱财加、黄茂常至今仍有印签在盈富公司的银行,如无其签字同意,盈富公司不能从银行转出一分钱,从而实现了第一份合同第九条第三款第1项关于"甲方拥有盈富公司的重大事务决策权及公司的财务控制权"。而且至今邱财加、黄茂常仍在控制公司的财务。(3)从之后双方对合同的实际履行来看,上述款项为股权转让款,应由盈富公司的股东收取。而根据合同及实际履行,均是用来偿还福安公司的对外债务,这与股权协议中债务由原股东承担的约定是环环相扣、相互印证的。(4)在邱财加、黄茂常付了部分款项后,盈富公司开始委托设计,聘请施工单位。在2007年10月1日与广东省珠海柏年投资顾问公司(也就是邱财加、黄茂常查封盈富公司财产时的担保人)签订了咨询策划合同。盈富公司也多次召开董事会,讨论项目的开发问题。2. 关于《债权转股权协议书》、《借款协议》的性质。从签订时间看,《合作合同书》签订在前,《债权转股权协议书》和《借款协议》签订在后。从内容看,《合作合同书》就合作的各方面事项进行了较详细的约定,《债权转股权协议书》和《借款协议》具有担保的性质,明显是为配合《合作合同书》签订的,在性质上属于从合同。故《借款协议》在性质上仍属于《合作合同书》的从合同,其不影响双方属于投资合作的真实关系。3. 关于《补充协议(二)》。《补充协议(二)》违反我国法律的强制性规定,是无效的。即使有效,也只是《补充协议(一)》的从合同,起担保的作用。另外,由于邱财加、黄茂常的恶意违约,造成了盈富公司的巨大损失。4. 关于案件的主体。此案的案由实际上是股权纠纷，并非借款纠纷。盈富公司作为投资的对象，不应列为案件的被告，应列为案件的第三人。综上，此案实质上属于股权纠纷，并非借款合同纠纷。邱财加、黄茂常以借款合同纠纷为案由向法院提出诉讼是不恰当的，且《补充协议（二）》并非双方的真实意思表示，该协议在法律上亦是无效的。故请求法院驳回邱财加、黄茂常的诉讼请求。

陈秋平在原审答辩称：请求驳回邱财加、黄茂常的诉讼请求。双方实际上是合作关系，而非借款合同关系。

（二）原审法院判决与认定分析

原审法院经审理查明如下事实：原告 KHOO CHAI KAA 在我国使用的中文名为邱财加，WONG MIOW SONG 在我国使用的中文名为黄茂常。盈富公司系在中山市依法设立的有限责任公司，2010 年 6 月 7 日，盈富公司法定代表人由吴秀玉变更为黄志连，股东由吴秀玉（持股比例 75%）与福安公司（持股比例 25%），变更为黄志连（持股比例 55%）与吴秀玉（持股比例 45%）。福安公司系在珠海市依法设立的台港澳法人独资有限责任公司，已于 2005 年 11 月 2 日被吊销工商营业执照。

邱财加、黄茂常和盈富公司、福安公司、陈秋平、吴秀玉签订了落款日期为 2007 年 7 月 11 日的《债权转股权协议书》，其中第一条约定，福安公司和陈秋平向邱财加、黄茂常借款人民币 1500 万元（现已支付 700 万元，2007 年 7 月 12 日支付 300 万元，尚余 500 万元以合作项目工程进度情况协商支付），借款期限为六个月（以 1500 万元借款中最后一笔借款支付之日起计算），因盈富公司、福安公司、陈秋平、吴秀玉四方到期不能清偿借款，现经五方协商同意，将 1500 万元到期借款转为购买盈富公司的 50%股权。协议还约定了相关的股权事宜。协议第五条约定，邱财加、黄茂常依据《合作合同书》中约定享有的相关权利依然有效。盈富公司在《合作合同书》中承担的相关义务同样应当履行。协议第六条约定,由于邱财加、黄茂常的外籍身份,邱财加、黄茂常同意暂不办理关于股东的工商变更登记手续,待邱财加、黄茂常在中国内地成立内资公司后,盈富公司同意将邱财加、黄茂常所持股权按同等股权比例变更为邱财加、黄茂常开办的内资公司持有。协议第九条约定,本协议从借款到期之日起生效。该协议于同日办理了见证手续。

2007 年 7 月 11 日,邱财加、黄茂常、陈秋平、福安公司和盈富公司签订了《合作合同书》,约定由邱财加、黄茂常、陈秋平、福安公司合作开发盈富公司与福安公司名下的位于中山市三乡镇雍陌村、塘敢村地段的共 57.3 亩商住土地项目。同时确认邱财加、黄茂常出资现金人民币 1500 万元购买该企业项目 50%的股份,占合作项目 50%股权。合同第十四条还约定陈秋平、福安公司应于协议签订之日起 30 日内办理盈富公司的法定代表人变更为黄志连的申请变更手续,等等一系列的义务。该合同于同日办理了见证手续。

福安公司、陈秋平作为借款人,邱财加、黄茂常作为出借人,盈富公司作为担保人,签订了落款日期为 2007 年 7 月 12 日的《借款协议》,协议约定福安公司、陈秋平向邱财加、黄茂常借款 1500 万元人民币,首期借款 700 万元人民币,第二期借款 800 万元人民币,借款期限为协议签订之日起六个月。盈富公司提供其所有的位于中山市三乡镇雍陌村、塘敢村的商住用途土地及地上建筑物,为福安公司、陈秋平的借款作担保。同时协议还约定了具体的担保内容。该协议书亦办理了见证手续。

邱财加、黄茂常、盈富公司、陈秋平、福安公司签订了落款日期为 2008 年 10 月 23 日的《补充协议(一)》,协议第一条约定各方根据 2007 年 7 月 11 日签订的《合作合同书》履行相关权利义务。协议第三条约定,为了便于邱财加、黄茂常投入开发资金的抵押担保权利的实现,各方同意将邱财加、黄茂常的投入开发资金以借款名义办理抵押借款登记,即名为借款实为开发投资款。但如在合作期间经各方协商同意变更合作关系和投资款性质的,可签订补充协议,依据变更后的约定处理。协议第四条对抵押担保形式约定以盈富公司和福安公司的土地作为抵押担保资产,并约定具体内容详见抵押借款协议。

盈富公司、陈秋平与邱财加、黄茂常签订了落款日期为 2008 年 10 月 24 日的《抵押借款协议》,约定盈富公司、陈秋平向邱财加、黄茂常借款人民币 1000 万元,盈富公司以其名下的土地作为借款抵押担保。福安公司、陈秋平与邱财加、黄茂常亦签订了落款日期为 2008 年 10 月 24 日的《抵押借款协议》,约定福安公司、陈秋平向邱财加、黄茂常借款人民币 11170827.00 元,福安公司以其名下的土地作为借款抵押担保。上述两份协议均未在相关房产管理部门办理抵押登记手续。

邱财加、黄茂常、盈富公司、陈秋平、福安公司、吴秀玉签订了落款日期为 2008 年 10 月 23 日的《补充协议(二)》,该协议第一条约定经五方协商同意就 2007 年 7 月 11 日签订的《债权转股权协议书》第一条予以变更和补充。变更补充为:1. 借款金额变更为人民币 21170827.00 元,详见借款明细表;2. 借款还款期由六个月变更为 2009 年 12 月 31 日前归还。协议第三条约定增加盈富公司为《债权转股权协议书》的借款人。协议第四条约定各方于 2007 年 7 月 11 日签订的《合作合同书》中确定的合作开发关系和邱财加、黄茂常的开发投入款性质予以变更为:1. 将邱财加、黄茂常与盈富公司、陈秋平之间的合作开发关系变更为借款合同关系。2. 将邱财加、黄茂常在合作期间的开发投入款变更为借款。3. 如借款人盈富公司、陈秋平、福安公司未能在本补充协议约定的还款期 2009 年 12 月 31 日归还借款,邱财加、黄茂常有权决定是否将借款转为购买盈富公司的股权。如邱财加、黄茂常决定购买盈富公司股权,双方应将盈富公司的资产评估后再行确定邱财加、黄茂常在盈富公司所占股份比例。如邱财加、黄茂常决定不购买盈富公司股权,邱财加、黄茂常从借款支付之日起按每月3分的标准向上列借款人主张借款利息。协议第五条约定关于借款抵押事宜各方另订抵押借款协议。协议第六条约定,本协议与《债权转股权协议书》、《合作合同书》和《补充协议书(一)》的相关约定相抵触的,按本协议的约定执行。协议第七条约定,《合作合同书》中约定的关于盈富公司的法定代表人变更、福安公司名下土地变更到盈富公司名下以及借款抵押登记事宜继续履行。协议第八条约定,在本协议前所签订的《借款协议》及《抵押借款协议》无效,相关约定按本协议执行。并约定本协议经各方签名、盖章之日起生效。

该协议之后附有落款时间为2008年10月24日的借款明细表,其中显示邱财加、黄茂常分17次向盈富公司、福安公司、陈秋平出借款项合计人民币21170827元。具体内容为:2007年6月21日借款人民币700万元;2007年6月25日借款人民币5万元;2007年7月12日分两次共借款人民币200万元;2007年8月24日借款人民币10万元;2007年8月28日借款人民币100万元;2007年10月9日借款人民币20万元;2007年10月19日借款人民币200万元;2008年1月11日借款人民币100万元;2008年1月14日借款人民币150万元;2008年2月27日借款人民币15万元;2008年3月28日借款人民币105万元;2008年3月31日分三次共借款人民币495万元;2008年7月26日借款人民币160827元;2008年10月16日借款人民币1万元。盈富公司、福安公司、陈秋平在借款明细表中盖章签名确认。

2009年4月9日,盈富公司的法定代表人吴秀玉在中山市公证处办理委托公证书,委托陈秋平代表盈富公司办理盈富公司名下两块土地的使用权作为抵押物向邱财加、黄茂常借款的相关手续,签订相关的文件及借款抵押合同,办理相关抵押登记手续等。

2009年12月29日,陈秋平向邱财加、黄茂常出具通知书,内容为:为了尽早归还借款，现本人已筹集资金，为此特向邱财加、黄茂常取回四本土地证作为融资归还借款之用。陈秋平于同日签署收件收据，证明收到四本土地证书，登记的土地使用者分别为盈富公司和福安公司。同日，黄茂常向陈秋平提供银行账号材料一份，并说明“还款于我账号”，邱财加也于同日向陈秋平提供银行账号资料一份。陈秋平均签名确认收到上述账号材料。

2010 年 10 月 20 日，盈富公司用其名下的土地（国有土地使用证号为中府国用〔2000〕字第 312428 号），以登记抵押的形式向中山市中炬小额贷款股份有限公司借款，抵押金额为人民币 11720900.00 元。

原审法院认为：

1. 关于案件的管辖权及法律适用问题。[①] 涉案邱财加、黄茂常系马来西亚公民，属涉外借款合同纠纷，应适用我国有关涉外民事诉讼的特别规定。福安公司的住所地为广东省珠海市，据《中华人民共和国民事诉讼法》第 24 条、第 235 条的相关规定，原审法院依法对案件有管辖权。各方当事人在原审法庭辩论终结前一致认为应适用中国内地法律，依据《最高人民法院关于审理涉外民事或商事合同纠纷案件法律适用若干问题的规定》中第 4 条第一款的规定，应适用中华人民共和国内地实体法。

2. 关于邱财加、黄茂常的起诉请求应否得到支持的问题。案件中，各方当事人签订了多份协议。其中，邱财加、黄茂常和盈富公司、福安公司、陈秋平、吴秀玉签订了落款日期为 2007 年 7 月 11 日的《债权转股权协议书》，明确约定福安公司和陈秋平向邱财加、黄茂常借款人民币 1500 万元，因盈富公司、福安公司、陈秋平、吴秀玉四方到期不能清偿借款，各方协商将 1500 万元到期借款转为购买盈富公司的 50%股权。与此同时，邱财加、黄茂常、

① 本案判决依据的中国《民事诉讼法》相关条文是根据 2007 年 10 月 28 日第十届全国人民代表大会常务委员会第三十次会议《关于修改〈中华人民共和国民事诉讼法〉的决定》第一次修正的版本。

陈秋平、福安公司和盈富公司又于同日签订了《合作合同书》，对合作事宜进行了具体约定。《债权转股权协议书》和《合作合同书》的约定前后呼应，内容清晰，显示各方当事人的真实意思表示是将邱财加、黄茂常对盈富公司、福安公司、吴秀玉、陈秋平享有的债权转为购买盈富公司的股权。《债权转股权协议书》和《合作合同书》是各方当事人协商一致签订的，内容真实，自各方签字盖章之日起成立。由于《债权转股权协议书》约定了协议的生效条件即从借款到期之日起生效，且《债权转股权协议书》和《合作合同书》涉及外商受让内资企业股权问题，依据《合同法》第四十四条、《中外合作经营企业法》第五条、《最高人民法院关于审理外商投资企业纠纷案件若干问题的规定(一)》第1条的相关规定，上述合同应当经外商投资企业审批机关批准后才生效，因《债权转股权协议书》和《合作合同书》一直未办理相关审批手续，故两份合同为已成立未生效的合同。

其后，福安公司、陈秋平作为借款人，邱财加、黄茂常作为出借人，盈富公司作为担保人，签订了落款日期为2007年7月12日的《借款协议》，协议约定福安公司、陈秋平向邱财加、黄茂常借款人民币1500万元。该协议的落款日期晚于《债权转股权协议书》和《合作合同书》的落款日期，其内容与《债权转股权协议书》和《合作合同书》的内容不同，依据《合同法》第七十七条的规定，当事人协商一致，可以变更合同。由于《借款协议》经各方当事人签名盖章确认，合法有效，故应视为各方当事人对《债权转股权协议书》和《合作合同书》的内容进行了变更，各方的权利义务应当以《借款协议》的约定为准。

之后，邱财加、黄茂常、盈富公司、陈秋平、福安公司签订了落款日期为2008年10月23日的《补充协议(一)》，该协议明确约定各方当事人根据2007年7月11日签订的《合作合同书》履行相关权利义务。由此可见，各方当事人再次对相互之间的法律关系进行了协商变更。与此同时，邱财加、黄茂常、盈富公司、陈秋平、福安公司、吴秀玉又签订了落款日期为 2008 年 10 月 23 日的《补充协议(二)》。该协议将各方当事人之间的合作合同关系协商变更为借款合同关系。由于《补充协议(一)》和《补充协议(二)》的落款时间为同一天,但协议内容相反,应以哪份协议作为确定当事人权利义务的依据,各方当事人意见不同。邱财加、黄茂常主张《补充协议(二)》实际签订时间为 2008 年 10 月 24 日,应以《补充协议(二)》为准。盈富公司、福安公司、吴秀玉、陈秋平辩称两份协议于同一天签订,《补充协议(二)》仅为担保作用,且涉嫌股东抽逃出资,应为无效。对此,原审法院作如下分析认定:

虽然邱财加、黄茂常主张《补充协议(二)》于 2008 年 10 月 24 日签订,但未能提供证据予以证明,故应以协议落款时间判断两份协议均于 2008 年 10 月 23 日签订。但是,从《补充协议(一)》和《补充协议(二)》的标题可见,《补充协议(一)》签订在前,《补充协议(二)》签订在后。另外,《补充协议(一)》第三条虽然约定"将邱财加、黄茂常的投入开发资金以借款名义办理抵押借款登记,即名为借款实为开发投资款"。但同时又约定:"如在合作期间经各方协商同意变更合作关系和投资款性质的,可签订补充协议,依据变更后的约定处理。"而在《补充协议(二)》第六条中则明确约定:"本协议与《债权转股权协议书》、《合作合同书》和《补充协议书(一)》的相关约定相抵触的,按本协议的约定执行。"由此可见,《补充协议(二)》签订于《补充协议(一)》之后,且对《补充协议(一)》的内容进行了变更。

另外,从各方当事人事后的履约情况分析,尽管《补充协议书(二)》第四条第三款约定如果盈富公司、福安公司、吴秀玉、陈秋平未能如约归还借款,邱财加、黄茂常有权决定是否将借款转为购买盈富公司股权的对价。但在实际履行过程中,盈富公司、福安公司、陈秋平在落款时间为 2008 年 10 月 24 日的《借款明细表》上对借款金额予以确认。而盈富公司、福安公司、陈秋平与邱财加、黄茂常又分别签订了落款日期为2008年10月24日的《抵押借款协议》,约定了各自的借款金额及抵押担保条款。2009年4月9日,盈富公司的法定代表人吴秀玉办理委托公证书,委托陈秋平代表盈富公司办理盈富公司名下两块土地的使用权作为抵押物向邱财加、黄茂常借款的相关手续。而后,在2009年12月29日,陈秋平又向邱财加、黄茂常出具通知书,明确表示“为了尽早归还借款,已筹集资金,为此特向邱财加、黄茂常取回四本土地证作为融资归还借款之用”。同日,黄茂常还向陈秋平提供银行账号材料一份,并说明“还款于我账号”。在《补充协议书(二)》约定的还款期限届满后,邱财加、黄茂常并未明确表示将该借款债权转为购买股权,而是直接起诉要求盈富公司、福安公司、吴秀玉、陈秋平偿还借款。上述一系列行为显示双方已明确为借款合同关系,盈富公司、福安公司、吴秀玉、陈秋平为偿还借款实施了相关行为,邱财加、黄茂常亦坚持主张借款债权。

综合上述分析,原审法院认为《补充协议(二)》形成于《补充协议(一)》之后,且为各方当事人经多次协商变更之后的协议,该协议系各方当事人真实意思,内容合法有效,应以该协议作为确定各方当事人权利义务的依据。盈富公司、福安公司、吴秀玉、陈秋平辩称该协议涉嫌股东抽逃出资,应为无效。对此原审法院认为,双方当事人虽然曾有合作意向并签订了《债权转股权协议书》和《合作合同书》,但至今并未办理股权变更的审批手续,《债权转股权协议书》和《合作合同书》并未发生法律效力,邱财加、黄茂常也从未真正成为盈富公司的股东,故并不存在股东抽逃出资的情形,盈富公司、福安公司、吴秀玉、陈秋平的该项抗辩理由不成立,不予采纳。另外,盈富公司、福安公司、吴秀玉、陈秋平抗辩称邱财加、黄茂常以股东身份实际参与了公司经营管理。对此原审法院认为,虽然盈富公司、福安公司、吴秀玉、陈秋平提交的证据22《盈富公司2007年7月10日董事会记录》中有邱财加、黄茂常的签名，但在“参加会议董事签名”处“董事”二字被划掉。且该记录形成于 2007 年 7 月 12 日的《借款协议》之前，不能反映《借款协议》签订之后的情况。盈富公司、福安公司、吴秀玉、陈秋平辩称在《合作合同书》签订后办理了盈富公司的法定代表人变更手续，证明双方实际为合作合同关系。对此原审法院查明，2007 年 7 月 11 日签订的《合作合同书》约定：“陈秋平、福安公司应于协议签订之日起 30 日内办理盈富公司的法定代表人变更为黄志连的申请变更手续。”2008 年 10 月 23 日签订的《补充协议书（二）》第七条约定：“《合作合同书》中约定的关于盈富公司的法定代表人变更、福安公司名下土地变更到盈富公司名下以及借款抵押登记事宜继续履行。”而盈富公司的法定代表人实际于 2010 年 6 月 7 日由吴秀玉变更为黄志连。因此，盈富公司法定代表人的变更并不能证明各方当事人在履行《合作合同书》的约定，盈富公司、福安公司、吴秀玉、陈秋平的该项抗辩意见不成立，不予支持。邱财加、黄茂常主张《补充协议（二）》有效，有事实和法律依据，应予支持。

由《补充协议（二）》的约定可见，涉案借款金额为人民币 21170827 元，还款期限为 2009 年 12 月 31 日，借款人为盈富公司、陈秋平、福安公司。盈富公司、福安公司、吴秀玉、陈秋平在协议上签名盖章予以确认。在此之后作为附件的《借款明细表》对借款金额及借款人的约定与《补充协议（二）》一致。盈富公司、福安公司、陈秋平亦盖章签名进行了确认。盈富公司、福安公司、吴秀玉、陈秋平在原审庭审过程中，对《借款明细表》中所列借款金额及时间也予以认可，且邱财加、黄茂常也提供了出借款项的相关凭据。综上，原审认为邱财加、黄茂常实际向盈富公司、陈秋平、福安公司出借款项人民币 21170827 元。邱财加、黄茂常起诉主张吴秀玉也为借款人，缺乏事实和法律依据，不予支持。

盈富公司、福安公司、吴秀玉、陈秋平辩称其是在邱财加、黄茂常催逼之下,被迫签订《补充协议(二)》、《借款明细表》。根据《最高人民法院关于民事诉讼证据的若干规定》第2条的规定,盈富公司、福安公司、吴秀玉、陈秋平未能提供证据证明其主张,依法应承担举证不能的不利后果。原审法院认为盈富公司、福安公司、吴秀玉、陈秋平的该项抗辩意见理据不足,不予支持。依据《中华人民共和国合同法》第二百零六条的规定,借款人应当按照约定的期限返还借款。盈富公司、陈秋平、福安公司未能在《补充协议(二)》约定的还款期限2009年12月31日前偿还借款,亦未举证证明其已履行了还款义务,因此邱财加、黄茂常起诉要求盈富公司、陈秋平、福安公司偿还借款本金人民币21170827.00元,理据充分,应予支持。

对于利息方面。双方在《补充协议(二)》第四条第三款中约定邱财加、黄茂常从借款支付之日起按每月3分的标准向上列借款人主张借款利息。该利息高于银行同类贷款利率的四倍。邱财加、黄茂常起诉以实际借款金额从借款支付之日起按照中国人民银行公布的同期一年期贷款利率的四倍计算利息,符合法律规定,应予支持。①

盈富公司、福安公司、吴秀玉、陈秋平辩称本案案由为股权纠纷,盈富公司作为投资的对象,不应列为本案的被告。通过以上分析可见,各方当事人之间为借款合同关系,盈富公司为借款人之一,邱财加、黄茂常以借款合同为由起诉要求包括盈富公司在内的各被告承担还款责任,符合法定程序。

---

① 根据《关于人民法院审理借贷案件的若干意见》第六条规定:“民间借贷的利率可适当高于银行的利率,各地人民法院可根据本地区的实际情况具体掌握,但最高不得超过银行同类贷款利率的四倍(包含利率本数)。超出此限度的,超出部分的利息不予保护。”上述规定已被《最高人民法院关于审理民间借贷案件适用法律若干问题的规定》(2015年9月1日起施行)所取代,改为年利率不超过24%。

综上，原审法院依法①于2012年6月26日作出（2011）珠中法民四初字第13号民事判决：1. 中山市盈富房地产有限公司、陈秋平、珠海市福安钢木制品有限公司于判决发生法律效力之日起十日内共同向邱财加（外文名：KHOO CHAI KAA）、黄茂常（外文名：WONG MIOW SONG）偿还借款本金人民币21170827.00元及相应的利息［利息的计算标准为：若本金人民币基数为7000000.00元，依据中行（中国人民银行）同期公布的年贷率的四倍，即一年期贷款利率的四倍，须由2007年6月22日计算至2007年6月25日；若以本金人民币7050000.00元为基数点，也须依据中行同期公布的年贷率的四倍，须由2007年6月26日计算至2007年7月12日；若本金人民币基数为9050000.00元，依据中行同期公布的年贷率的四倍，也须由2007年7月13日计算至2007年8月24日；以此类推，若本金人民币基数为9150000.00元，则按中行同期年贷率的四倍，须由2007年8月25日计算至2007年8月28日；若本金人民币基数为10150000.00元，则按中行同期年贷率的四倍，须由2007年8月29日计算至2007年10月9日；若本金人民币基数为13350000.00元，则按中行同期公布的年贷率的四倍，须由2008年1月12日计算至2008年1月14日；若本金人民币基数为14850000.00元，则按中行同期年贷率的四倍，须由2008年1月15日计算至2008年2月27日；若本金人民币基数为15000000.00元，则按中行同期年贷率的四倍，须由2008年2月28日计算至2008年3月28日；若本金人民币基数为16050000.00元，则按中行同期年贷率的四倍，须由2008年3月29日计算至2008年3月31日；若本金人民币基数为21000000.00元，

① 根据《中华人民共和国民事诉讼法》第24条、第235条，《最高人民法院关于审理涉外民事或商事合同纠纷案件法律适用若干问题的规定》第4条第一款，我国《合同法》的第44条、第77条、第206条、第207条，《中外合作经营企业法》第5条和《最高人民法院关于审理外商投资企业纠纷案件若干问题的规定（一）》第1条的规定。

则按中行同期年贷率的四倍,须由2008年4月1日计算至2008年7月26日;若本金人民币基数为21160827.00元,则按中行同期年贷率的四倍,须由2008年7月27日计算至2008年10月16日;若本金人民币基数为21170827.00元,则按中行同期年贷率的四倍,须由2008年10月17日计算至确定的清偿之日止];2.驳回邱财加(外文名:KHOO CHAI KAA)、黄茂常(外文名:WONG MIOW SONG)对吴秀玉的诉讼请求。案件受理费人民币240732.28元、保全费人民币5000元,均由中山市盈富房地产有限公司、陈秋平、珠海市福安钢木制品有限公司负担。假若争端双方的当事人在法院指定期限内未履行给付,就应依中国《民事诉讼法》中的第229条的规定①,对其应必须承担"加倍支付迟延履行期间的债务利息"的责任进行追究。

二、二审情况

(一)上诉

宣判后,盈富公司、福安公司、陈秋平均不服原审判决,向广东省高级人民法院共同上诉称:第一,原审法院在证据采信方面存在严重错误。原审法院以"公章印鉴模糊"以及"原件上的印章位置与复印件位置不同"为由未予采纳盈富公司、福安公司、陈秋平提交的证据3、5、32、35。

第二,原审法院在认定事实方面存在严重错误。1.原审法院没有正确分析《补充协议(一)》和《补充协议(二)》的关系。两份协议都签订于2008年10月23日,包括两份抵押借款协议。从内容看,《补充协议(一)》再次确认双方的开发投资关系,《补充协议(二)》的第1条变更双方是借款关系,而第四条第三项又特别约定邱财加、黄茂常有权可以选择购买股权作为

① 本案判决依据的中国《民事诉讼法》相关条文是根据2007年10月28日第十届全国人民代表大会常务委员会第三十次会议《关于修改〈中华人民共和国民事诉讼法〉的决定》第一次修正的版本。

股东关系。但原审法院选择性把《补充协议(二)》中邱财加、黄茂常要求转成借款条款作为借款证据否认《补充协议(一)》和《补充协议(二)》的连带关系,显失公平。将投资款转为借款,又有权再转为股权,本身自相矛盾。2. 依据《补充协议(二)》第七条的约定,邱财加、黄茂常仍可以股权的身份要求我们按《合作合同书》中的约定变更盈富公司法人代表,将福安公司名下土地变更到盈富公司,双方之间并非债权债务关系。再次,从公平角度看,《补充协议(二)》也是违反法律规定的,应属无效,其实质是一种抽逃资金的行为。合作双方事实上一直以股权合作方式进行,任何投资都存在一定的风险,但本案邱财加、黄茂常为了达到双赢,强迫盈富公司、福安公司、陈秋平签订《补充协议(二)》,企图达到如土地不能抵押,则把投资款转成借款的目的,违反法律规定。

第三,原审法院认定邱财加、黄茂常未真正成为盈富公司的股东,完全错误。本案中,由于邱财加、黄茂常属于外商,办理股权变更手续复杂等原因,所以盈富公司不办理股权变更手续,但这并不影响邱财加、黄茂常事实上的股东身份。1. 盈富公司的股东原来是吴秀玉和福安公司,其中吴秀玉占 75%股权,福安公司占 25%股权。股权转让后,盈富公司的股东变更为黄志连和吴秀玉,其中黄志连占 55%股权(自持 5%,代邱财加、黄茂常持 50%),吴秀玉占 45%股权。邱财加、黄茂常成为盈富公司的隐名股东。2. 从事实来看,邱财加、黄茂常也通过控制盈富公司财务和银行印鉴等行为已经履行其股东职责。双方已根据《合作合同书》的约定,将盈富公司的法定代表人变更为黄志连,并将盈富公司股东福安公司变更为黄志连。同时,盈富公司、福安公司、陈秋平经常将项目进展情况向邱财加、黄茂常汇报。上述事实有充分的证据可以证明。

第四,原审法院在适用法律上存在严重错误,依法应当发回重审。1. 原审法院歪曲盈富公司、福安公司、陈秋平的真实意思,如本案是盈富公司、福安公司、陈秋平坚持的股东合作关系，应当适用中华人民共和国法律。原审认定本案属涉外借款合同纠纷后，没有赋予盈富公司、福安公司、陈秋平选择适用法律的权利。根据法律规定，应发回重审。2. 假设如原审法院所认定的邱财加、黄茂常与盈富公司、福安公司、吴秀玉之间实为涉外借贷关系，则应属于中国境内的企业向中国境外的个人筹措资金的行为，但双方未经有关部门批准，违反了《外汇管理条例》和《境内机构借用国际商业贷款管理办法》的有关规定，未经外汇局批准而擅自对外签订的国际商业贷款协议无效。综上，原审判决认定事实和适用法律都存在错误，且违反了法定程序，请求：1. 撤销原审判决；2. 将本案发回重审或者查清事实后依法改判。

邱财加、黄茂常口头答辩称：原审判决正确，驳回盈富公司、福安公司、陈秋平的上诉请求。

吴秀玉陈述意见称：1. 吴秀玉没有收到原审法院的材料，且发现有人冒充吴秀玉委托他人开庭应诉，剥夺吴秀玉的合法诉权。2. 吴秀玉担任盈富公司法定代表人期间，仅参与签署了 2007 年 7 月 11 日的《债权转股权协议书》、《合作合同书》，2007 年 7 月 12 日的《借款协议》，作为原审重要证据的《补充协议（二）》吴秀玉根本不知情，该协议上也没有吴秀玉的签字和盖指模，吴秀玉不予承认。

（二）二审的判决与依据

在原审查明事实属实的情况下，广东省高级人民法院将依法予以确认。此外查明：盈富公司、福安公司、陈秋平上诉所称的原审应作为证据使用但未予采纳的证据如下：证据 3 的内容为中山市公安消防支队出具的《对盈富布匹服装批发市场建筑工程消防设计的审核意见》；证据 5 的内容为中山市建设工程交易中心核发的中建交证字〔2001〕第 070 号《建设工程项目登记证明书》，建设单位为盈富公司，工程名称是盈富布匹服装批发市场商住楼；证据 32 的内容为中山市电力工程有限公司 2007 年 3 月 8 日编制的临变工程《工程预(结)算书》;证据35的内容为中山市电力工程有限公司在2007年9月10日编制的电房变配电工程《工程预(结)算书》。

原审卷宗反映:2011年12月6日吴秀玉出具《授权委托书》给曾珊、林伟涛律师,委托曾珊、林伟涛律师作为其原审诉讼代理人。该《授权委托书》上有吴秀玉的签名和其私章。原审法院于2011年9月30日向吴秀玉身份证登记住址邮寄应诉通知书等法律文书,10月3日邮局退回。2011年11月15日原审法院向盈富公司、福安公司、吴秀玉公告送达起诉状副本、应诉通知书等法律文书。

2012年4月17日原审开庭法庭辩论前,邱财加、黄茂常和盈富公司、福安公司、吴秀玉、陈秋平均一致同意适用中国内地法律。

广东省高级人民法院认为:本案原审原告邱财加、黄茂常为马来西亚公民,邱财加、黄茂常与盈富公司、福安公司、陈秋平及吴秀玉因借款关系产生纠纷,故本案属涉外借款合同纠纷。当事人各方对原审法院行使管辖权均没有提出异议,本院依法对此予以确认。因各方当事人在原审法庭辩论终结前均同意适用中华人民共和国内地法律作为处理本案争议点之准据法,故依法本案应适用中华人民共和国内地法。① 盈富公司、福安公司、陈秋平上诉认为本案如认定借款法律关系,就不应适用中华人民共和国内地法律。经审查,本案各方当事人在一审法庭辩论终结前已选择合同争议所应适用的法律,故应受此约束。盈富公司、福安公司、陈秋平上诉认为原审适用法律错误缺乏依据,本院不予支持。

根据盈富公司、福安公司、陈秋平的上诉及邱财加、黄茂常的答辩,本案双方的争议焦点为:1. 原审未予采信盈富公司提交的证据是否违反法律规定;2. 盈富公司、福安公司、陈秋平与邱财加、黄茂常之间是合作关系还是借

---

① 参见《最高人民法院关于审理涉外民事或商事合同纠纷案件法律适用若干问题的规定》第4条的规定。

款关系，盈富公司、福安公司、陈秋平是否应向邱财加、黄茂常承担还款责任。

关于原审未予采信盈富公司提交的证据是否违反法律规定的问题；经查，盈富公司提交的证据3、5、32、35均属于盈富公司投入资金开发项目的证据，与本案争议的款项的性质不具有关联性，不影响本案的实体权利。故最高人民法院认为盈富公司、福安公司及陈秋平关于“原审未予采纳上述证据违反法律规定的理由”的上诉缺乏依据，广东省高级人民法院不予支持。

关于盈富公司、福安公司、陈秋平与邱财加、黄茂常之间是合作关系还是借款关系，盈富公司、福安公司、陈秋平是否应向邱财加、黄茂常承担还款责任的问题：盈富公司、福安公司、陈秋平、吴秀玉与邱财加、黄茂常自2007年7月11日至2008年10月24日先后签订7份协议，分别为《债权转股权协议书》、《合作合同书》、《借款协议》、《补充协议(一)》、两份《抵押借款协议》、《补充协议(二)》。首先，从主体上来看，该7份协议除2007年7月11日的《债权转股权协议书》及2008年10月23日的《补充协议(二)》是盈富公司、福安公司、陈秋平、吴秀玉作为共同签约主体外，其余5份协议仅涉及盈富公司、福安公司、陈秋平，原审判定盈富公司、福安公司、陈秋平对邱财加、黄茂常承担还款责任，各方对此均不持异议，故二审判决对此不作审查。其次，从协议内容及协议书之间的关系分析，邱财加、黄茂常于2007年6月21日出借1500万元款项给盈富公司、福安公司、陈秋平、吴秀玉，双方对该款项的性质既约定为借款，同时又约定邱财加、黄茂常以此款项作为购买盈富公司50%股权的合作款。2008年10月23日双方在《补充协议(一)》中明确为名为借款实为开发投资款。因此，应认定将1500万元的借款作为购买盈富公司50%股权的合作款是双方的真实意思表示，盈富公司当时作为外商投资企业，邱财加、黄茂常以购买股权方式与盈富公司合作，依据法律规定,该合同应当经外商投资企业审批机关批准后才生效。双方一直未办理审批登记手续,该合同应认定为未生效。而从双方的实际履行情况看,盈富公司登记注册的股本金并未发生变化,股东也未发生变更。因此,应认定双方的合作合同内容并未履行。盈富公司、福安公司、陈秋平上诉所称的盈富公司法定代表人已变更、盈富公司财务和银行印鉴由邱财加、黄茂常监管,属于公司管理行为,不能表明双方已完全履行合作合同,邱财加、黄茂常成为盈富公司股东的事实。在双方并未完全、真正按合作合同履行及为解决邱财加、黄茂常已付款项 21170827.00 元的问题,邱财加、黄茂常与盈富公司、陈秋平、福安公司、吴秀玉签订《补充协议(二)》,《补充协议(二)》与《补充协议(一)》时间上虽然是在同一天签订,但效力上已赋予《补充协议(二)》绝对效力。《补充协议(二)》将各方在 2007 年 7 月 11 日确定的合作开发关系和投入款项的性质变更为借款合同关系,同时约定该协议如与《债权转股权协议书》、《合作合同书》和《补充协议书(一)》的相关约定抵触,按《补充协议(二)》的约定执行。为保证邱财加、黄茂常债权的实现,《补充协议(二)》还约定如盈富公司、福安公司、陈秋平不能在 2009 年 12 月 31 日还款,邱财加、黄茂常仍可选择购买股权。该约定内容与双方将股权合作关系变更为借款并不冲突,只是债权人保护自己利益的一种方式。双方在 2008 年 10 月 24 日签订《借款明细表》、《抵押借款协议》以及盈富公司委托陈秋平办理土地抵押登记手续、陈秋平出具还款《通知书》,进一步证明双方已按借款合同履行,邱财加、黄茂常选择以借款关系来保障债权。

盈富公司、福安公司、陈秋平与邱财加、黄茂常将双方的债权债务变更为借款合同关系,是双方当事人都明确表示同意的,其变更内容也没有违反国家相关法律法规的禁止性规定,所以按照国家相关法律法规被认定是有效的。故盈富公司、福安公司、陈秋平上诉认为原审适用法律错误,要求确认借款无效的理由缺乏法律依据，广东省高级人民法院不予支持。因双方的合作合同关系法律上未生效，也实际未全面履行，故不存在盈富公司、福安公司、陈秋平上诉所称的股东抽逃出资、违反法律规定的问题。依《补充协议（二）》的约定，盈富公司、福安公司、陈秋平应在 2009 年 12 月 31 日前偿还借款，盈富公司、福安公司、陈秋平未履行还款义务，应承担还款责任。对于盈富公司、福安公司、陈秋平还款利息，原审依法①把本案各方当事人在《补充协议（二）》约定的每月 3 分息调整为按照中国人民银行公布的同期一年期贷款利率的四倍计算利息，并无不当，本院予以维持。

综上，原审认定事实清楚，适用法律正确，处理恰当，应予维持。盈富公司、福安公司、陈秋平所提上诉理由缺乏事实与法律根据，所以对此，广东省高级人民法院不予支持。最后，依法②判决驳回上诉，维持原判。

二审本案件的受理费为 147654. 13 元，由上诉人中山市盈富房地产有限公司、珠海市福安钢木制品有限公司、陈秋平共同负担。

三、综合评析

涉案的邱财加、黄茂常是来自马来西亚的公民，因借款给中国两公司及陈秋平等公民，涉及股权转让的合作开发投资关系。其选择相信中国法制，向中国法院起诉。这也是 CAFTA 外籍公民相信中国法律制度，运用司法机制解决经济纠纷，维护作为外籍公民切身利益的成功案例。

该案是中国私企及公民涉外借款合同纠纷，即与马来西亚外籍公民的经济争端，属涉外借款合同纠纷，应适用中国有关涉外民事诉讼的特别规定。福安公司的住所地为广东省珠海市，据《中华人民共和国民事诉讼法》

---

① 参照《最高人民法院关于人民法院审理借贷案件的若干意见》第 1 条以及第 6 条的相关规定。

② 根据《中华人民共和国民事诉讼法》第 170 条第 1 款第（1）项的相关规定。

第24条、第235条的相关规定，广东省珠海市中级人民法院依法对案件有管辖权。各方当事人在原审法庭辩论终结前一致认为应适用中华人民共和国内地法，依法适用中华人民共和国内地实体法。①

本案经历了中国完整的审判程序，即民事案件审判二审终审制，圆满地解决争端并得到外籍马来西亚公民的信服，更是反映了中国法制的成熟程度，在CAFTA构建过程中凸显中国安全、有序的法制环境。

第四节　中国海外工人的被诉与反诉

一、中国外派新加坡司机劳资纠纷的案情

2012年11月26日，新加坡SMRT巴士公司雇佣的上百名中国司机因薪资问题与公司产生劳资纠纷，以至于集体没有上班。这是新加坡SMRT巴士公司对马来西亚籍司机和中国籍司机实行不同的薪资和待遇所造成的。据新加坡《新明日报》报道，有数百名中国籍司机供职的SMRT公共汽车营运分公司的薪资表显示，10月份为公司员工涨薪，其中马来西亚籍司机的月薪调整为1450元新币（约7400元人民币），并且还将获得额外一个月的年终奖金。但中国籍司机却被排除在加薪对象之外（公司内部文件显示“此次调薪条款‘中国籍司机除外’”）。类似“中国籍司机除外”条款，让中国外派的司机们不满，据了解，他们的月薪从7月份调高过75元，至2012年底薪水仍然是1075新元，另加220元住宿补贴和水电费用。不同待遇之下，新加坡狮城共102名身穿制服的中国籍员工于26日在宿舍外聚集，以消极怠工——集体以病假名义罢工的方式表达他们的

① 参见《最高人民法院关于审理涉外民事或商事合同纠纷案件法律适用若干问题的规定》第4条第1款的规定。

抗议。① 27日，新加坡人力部和交通部在随后召开的记者会上，把中国工人集体不上班的行为定性为“非法罢工”，对“公众秩序构成威胁”。冠以新加坡26年来的第一次非法罢工。商务部已要求“驻新加坡使馆加紧与新方协商，解决中国司机的合理诉求，避免歧视性待遇，维护中国司机的合法权益。11月28日经过中国大使馆以及各方协商，在SMRT公司工作的中国籍司机已经全部复工”②。

而根据新加坡法律，巴士服务涉及公众的公共利益，是新加坡刑事法中特别强调的“必要服务”的一项，员工须在罢工前的14天通知雇主，否则就是“非法罢工”，而非法罢工者将被判入狱一年并处罚金。“12月3日，1名中国司机在新加坡被判入狱6个星期，主要罪名是积极参加‘非法罢工’；12月6日，4名被捕中国司机获准保释，并将于12月12日庭审。中国司机在新加坡被捕和被判刑后，有专家、业者和民众对中国巴士司机表示同情，认为薪水和加薪应按公司业绩和员工能力确定，而不应有国籍差别。”③

二、中新双方对劳资纠纷的处理结果

商务部对外投资和经济合作司负责人就此接受记者采访时表示：“商务部一贯高度重视外派劳务人员权益保护工作。结合此次中国司机在新劳资纠纷事件，商务部将继续要求对外劳务合作企业在开展外派劳务业

① 参见中国广播网：《中国司机新加坡劳资风波蔓延5人遭指控29人遣返》，2012年12月2日，见http://china.cnr.cn/xwwgf/201212/t20121202_511464564.shtml。

② 中国驻新加坡大使馆曾于2012年11月27日和28日两次发出声明，称“中国大使馆认为应避免类似事件再次发生，相信有关中方人员的合法权益能得到保障，希望公共交通正常运作”。

③ 商务部新闻办公室：《商务部对外投资和经济合作司负责人就近日我外派新加坡司机因劳资纠纷没有上班答记者问》，2012年11月29日，见http://www.mofcom.gov.cn/article/ae/ag/201211/20121108459348.shtml。

务时，必须充分了解境外相关法律法规；在与雇主签订劳务合作合同时，要求境外雇主保证中国劳务人员与其他外籍劳务人员同工同酬，避免歧视性待遇，并保留向雇主追索相关赔偿的权利；在外派劳务适应性培训中，应向劳务人员明确告知正当投诉渠道，切实维护好外派劳务人员的合法权益。”①

处理结果是：从新加坡法律程序上来说，“首先是提控，新加坡的检察官来确定罪名，之后就意味着正式进入了司法程序，从此以后基本上不论外交干涉或者其他措施的作用都不会太大，再接下来就是庭审阶段，庭审的阶段可以有律师来辩护，最后是宣判”②。除了5名中国外派司机进入新加坡司法程序，还有29名中国籍巴士司机被吊销工作准证，于2012年12月2日开始被遣送回国。新加坡人力部和内政部的政府联合文告显示，截至12月2日，其他参与非法罢工的中国籍司机会接到警方发出的书面警告，不过他们大部分可以继续留在新加坡并且已经回到SMRT的工作岗位。新加坡不会有进一步的逮捕或遣送行动。12月3日，新加坡SMRT巴士公司表示将从罢工事件中吸取教训，正式回应加薪诉求，决定提高中国籍司机起薪25新币（1新元约合5元人民币），追溯到7月起生效，加上之前75新元加薪，月薪共增加100新元。同时承诺改善中国司机的居住环境和生活条件。

应当说，这样的结局对于劳资政三方来说，都并不理想。对于中国工人而言，加薪幅度只是象征性的，代价却是多人被遣返并有人因此服刑；对于资方而言，罢工让SMRT公司处于舆论的风口浪尖，新加坡26年无

① 商务部新闻办公室：《商务部对外投资和经济合作司负责人再次就我外派新加坡司机劳资纠纷有关问题答记者问》，2012年12月7日，见 http://www.mofcom.gov.cn/article/ae/ag/201212/20121208472871.shtml。

② 中国广播网：《中国上百司机陷新加坡劳资纠纷5人遭起诉29人被遣返》，2012年12月3日，见 http://news.xinhuanet.com/2012-12/03/c_113879703.htm。

罢工的记录也因此被打破，对于一家非常在意公共形象的公交企业来说，相信这个结局它是非常不愿看到的；对于新加坡政府来说，罢工终究是社会矛盾激化的产物，也让人再次反思新加坡的劳工法律是否合理，劳资矛盾化解机制是否健全。对于这次风波背后的劳资关系，新加坡外籍劳工中心主席杨木光对中国司机合同工性质作了解释。①《中国之声》特约观察员王健认为，在近些年中国的劳务输出领域一些风波中，这次风波再一次对赴海外务工者、中介机构、当地企业三者在磨合的精细度上提出更高的要求。②

三、舆论的作用及背后的博弈

中国籍员工一旦在国外出现劳务纠纷与冲突，应该怎样维权呢？进入司法诉讼程序的中国司机新加坡罢工案，结局又如何呢？经济严重依赖外资的新加坡形成了稳定的“劳资政协商模式”，③历史上是很少出现罢工情况的。这次事件引发了国内外舆论和媒体呼吁新加坡要对自己的人力资源政策进行思考和反省。

新加坡《今日报》2012 年 12 月 1 日发表评论称，SMRT 中国司机非法罢工的原因值得思考，“这些司机从他们的祖国来到新加坡辛勤工作，对新加坡经济做出了贡献。但是，他们的辛勤劳动和长时间工作没有换来一个公平的待遇。为了得到平等的增薪，这些外籍司机在多次尝试失败后，决定罢工以示抗议”。文章称，为了节省成本，新加坡 SMRT 巴士公司把中国籍司

---

① 参见中国广播网：《中国司机新加坡劳资风波蔓延 5 人遭指控 29 人遣返》，2012 年 12 月 2 日，见 http://china.cnr.cn/xwwgf/201212/t20121202_511464564.shtml。

② 参见中国广播网：《中国司机新加坡劳资风波蔓延 5 人遭指控 29 人遣返》，2012 年 12 月 2 日，见 http://china.cnr.cn/xwwgf/201212/t20121202_511464564.shtml。

③ 参见中国广播网：《中国司机新加坡劳资风波蔓延 5 人遭指控 29 人遣返》，2012 年 12 月 2 日，见 http://china.cnr.cn/xwwgf/201212/t20121202_511464564.shtml。

机全部安置在十人间的公共宿舍里，关键是这些司机上班排的班次和工作的时间并不相同。“在嘈杂的住宿环境中，适当的睡眠是一种奢侈。”在离事发最近的增薪通知上，SMRT 明确指出“中国籍服务车长除外”。“一个现代国家的大公司竟然根据员工的国籍而不是个人表现发薪水，这实在令人震惊。这种歧视可能会损害新加坡促进平等的国际声誉。”①

《联合早报》社论指出：“这次事件折射出许多深层次问题：首先，暴露出本地经济对外来廉价劳动力的过分依赖；其次，质疑 SMRT 公司与员工沟通不良、管理不善；再次，反映出外来劳工权益是否得到足够保障，如何管理好文化背景差异的员工等问题；第四，外来劳工缺乏‘正常途径’解决纠纷；第五，‘新加坡人优先’的口号在落实中显现出副作用。”②

英国《卫报》评论：“这场罢工源自中国籍员工与马来西亚籍员工之间30%左右的收入差异，暴露了新加坡外籍工人待遇差的问题，并折射出新加坡不同种族间的紧张态势。”③BBC 称：“中国司机罢工事件让相当一部分新加坡网民同情外籍劳工及新加坡低薪工人的处境，新加坡反对党及舆论开始反思该国的劳资关系及员工表达不满的权利。”有网民在博客文章中说，“中国司机的罢工让我们意识到新加坡工人的权利过去如何被剥夺，大家已经习惯默默忍受各种不公平的待遇”④。

美国《华尔街日报》则认为：“新加坡多年来一直采取严苛劳动力政策，这场罢工堪称‘罕见’。这反映了新加坡政府面临的双重压力，一方面是新

---

① 王慧：《新加坡反思中国司机罢工：企业应履行社会责任》，2012 年 12 月 3 日，见 http://www.chinanews.com/gj/2012/12-03/4375519.shtml。

② 肖欣：《新加坡“非法罢工”中国籍司机被判监禁》，2012 年 12 月 3 日，见 http://www.chinanews.com/gj/2012/12-03/4378537.shtml。”

③ 毛承之：《如果四年才攒 2 万，何必去新加坡打工》，2012 年 12 月 4 日，见 http://focus.cnhubei.com/original/201212/t2353742.shtml。

④ 王慧：《新加坡反思中国司机罢工：企业应履行社会责任》，2012 年 12 月 3 日，见 http://www.chinanews.com/gj/2012/12-03/4375519.shtml。

加坡人对外来人口越来越多的不满情绪，另一方面则是新加坡经济发展对外依存度越来越高。如何解决这一矛盾成为新加坡政府的难题。”①

《联合早报》12 月 2 日的报道称：“新加坡人力部代部长陈川仁 1 日在记者会上指出，中国司机罢工虽是违法的，但作为雇主的 SMRT 在管理员工怨气和不满的问题上本可以做得更好，该事件及时提醒所有新加坡公司和管理层对本身的人事管理方式进行反思，探讨劳资沟通的方法。他说，所有公司企业都应该履行良好的企业社会责任，包括妥善管理员工、照顾他们的福利及加强劳资双方的沟通，不论是对本地雇员或外国员工都应如此。”②陈川仁说道：“一名好雇主应妥善处理员工的问题，包括通过沟通，和检讨不在法律范围内的雇佣条件。这一点，我们认为 SMRT 和所有企业一样，应定期检讨”。③

中国人民大学国际关系学院副院长金灿荣教授对事件提出自己的看法：“因为涉及自己的事，我一直认为劳工有义务去了解这个情况，但是我觉得派遣公司责任要更大一些，因为它毕竟是机构嘛，它的能力比个人要强得多，现在有些派遣公司有点忽悠人，尽讲外面好的情况，那边的存在劳动强度高，待遇比当地人低这些东西却介绍不全面。而且派遣公司本身对劳工权益有责任去保护，让劳工自己出来保护是失职的。同样的活人家拿的钱比他多 50%，人之常情当然是不高兴，我们现在指责这些劳工没有什么道理。眼前诉讼已经开始了，5 个人遭到起诉，当然我们外交部门现在要积极地介入了，在不干涉人家内政的情况下，在尊重当地法律的情况下尽量为

---

① 高美：《新加坡判一罢工中国司机 6 周监禁》，2012 年 12 月 4 日，见 http://www.bjnews.com.cn/world/2012/12/04/237303.html。

② 韩旭阳：《新加坡 4 名罢工中国司机待审 29 人被遣返回国》，2012 年 12 月 4 日，见 http://www.chinanews.com/hr/2012/12-04/4378741.shtml。

③ 韩旭阳：《新加坡 4 名罢工中国司机待审 29 人被遣返回国》，2012 年 12 月 4 日，见 http://www.chinanews.com/hr/2012/12-04/4378741.shtml。

我们劳工争取最大的利益保护吧。”①

据新加坡《联合早报》报道：“当地时间 2012 年 12 月 9 日上午，新加坡副总理兼国家安全统筹部长及内政部长张志贤在巴西立出席一项社区安全意识活动后接受记者访问，首次就 SMRT 中国籍巴士司机罢工事件发表看法。”②张志贤指出：“每个国家都有一套监管‘基本服务’的相关条例，新加坡也不例外，须要严格执行，否则会对社会造成破坏，影响所有公众和乘客。巴士服务是刑事法（临时条款）中特别点名的基本服务的其中一项，员工须在罢工前的 14 天通知雇主。其他基本服务包括其他公共交通服务、民防及医疗等。”③

这次罢工事件是有着深层原因的。众所周知，新加坡是亚洲的金融中心，而且对外籍劳动力的依存度很高。总人口约 530 万，然而外籍员工的人数却高达 130 万人。这些员工大多来自亚洲各国，但由于种种原因，劳工的薪酬与其来源国有特定的联系。以这次中国籍司机罢工为例，直接起因就是不满资方给马来西亚籍工人加薪，却把中国工人撇除在外。

资方的理由是，给中国工人的薪酬及其他待遇是严格按照当初的合同执行的，中国工人也是非常清楚其来新加坡后的薪酬及待遇的。这个说法确实也符合事实。如果仅仅从法律的层面来理解，资方确实没有硬性的过错。但从企业文化的角度来说，任何规定都应遵守基本的公平原则，明摆着有失公平的条款，哪怕是签订了合同的，也容易让人产生抵触情绪。其后果是，工人即便不罢工，也会产生消极怠工情绪。如此以来，社会与企业也都

---

① 中国广播网：《中国上百司机陷新加坡劳资纠纷 5 人遭起诉 29 人被遣返》，2012 年 12 月 3 日，见 http://news.xinhuanet.com/2012-12/03/c_113879703.htm。

② 中国新闻网：《新加坡就中国籍司机罢工事件表态或高薪聘当地人》，2012 年 12 月 10 日，见 http://msn.huanqiu.com。

③ 中国新闻网：《新加坡就中国籍司机罢工事件表态或高薪聘当地人》，2012 年 12 月 10 日，见 http://msn.huanqiu.com。

将是受害者。

当然,考虑到当时新加坡的法律环境,一下子就从根本上消除上述矛盾,似乎也不太现实。所以作为资方来说,适当地对当事劳工以经济补偿,并加强与劳工的沟通与交流,减轻他们的抵触情绪,这还是能做到的。

作为中国工人来讲,在外维权一定要在所在国法律的框架内,切不可逾越法律底线。根据新加坡法律的规定,是有利于保护资方利益,也能保障公共服务的无间断供给,但工人的罢工权利却很难合法地使用,其后果是,劳方缺乏与资方博弈的手段,当双方出现难以化解的矛盾时,劳方的选择只有两个:“接受或走人”。

尽管这个制度对劳方来说有失公平,但作为外籍工人,除了遵守之外,别无选择。外籍工人不是所在国公民,他们甚至没有办法通过投票的方式影响政府修改法律。当然,这并不意味着外籍工人只能一味忍受,他们也可以通过诸如媒体之类的公共机构,向社会反映他们的不公平待遇,表达其正当诉求。这样的做法,可能不会有立竿见影的效果,但至少能够推动问题朝着积极的方向发展。①

四、CAFTA 争端解决机制的运用

中新劳资争端解决的途径如上所述,中国政府通过外交手段已出面予以协商、劝慰司机并发布声明,外派司机也遵守新加坡当地法律并通过媒体等反映遭遇的不公,但作为事态的发展,对 CAFTA 相互派遣的外籍工人来说,是否有更圆满的解决途径来维护权益?因为 2013 年还爆出:“两名在新加坡 2012 年底涉嫌参与罢工的中国籍司机,称在被扣留期间被警方殴打,

① 参见余永胜:《新加坡罢工事件　劳资双方都需反思》,2012 年 12 月 6 日,见 http://news.takungpao.com/opinion/highlights/2012-12/1306419.html。

新加坡内政部表示已展开内部调查。”①

鉴于2012年底发生的中国外派新加坡司机劳资纠纷，笔者认为，中国应该启动CAFTA争端解决机制进行反诉。反诉是由罗马法中的“抵消抗辩”演化而来的诉讼制度，在英美国家称为反诉求。② 从反诉的界定来说，主要是运用于国内司法审判活动，笔者将其大胆借用、引用到区域争端解决机制中，主要是强调其意义和对被告的一种特殊保护的作用，旨在保护争端当事人的合法权益。

早在2004年11月29日中国和东盟双方就签署了CAFTA《争端解决机制协议》，2005年1月1日生效。中国与东盟十大成员国并于2006年12月9日在菲律宾宿务的第十次中国与东盟领导人会议上，又签订了CAFTA《服务贸易协议》，且该协议也已于2007年7月1日正式生效。而CAFTA是于2010年1月1日正式建成的。证据也是确凿的、充分的：新加坡《联合早报》在相关事件发生后，曾经为此专门刊登了相关事件的经过以及附上了一张超大的SMRT公司内部加薪文件，该文件多处清晰无比地印刷着“中国司机除外”这几个字。据《联合早报》报道：“此前SMRT公司多次涨薪，中国籍司机也都受到不公平待遇。7月公司所有司机加薪一百多新元，而中国籍司机只有75新元。”③中新双方政府也作了调查。

首先，CAFTA争端解决机制已将政府间层面的协商谈判以“磋商”的形式涵盖其中。本案中，驻新加坡的中国大使馆在2012年11月27日和28日曾两次同新加坡进行协商，并发出声明：“中国大使馆认为应避免类似事

---

① 虽然与本论文主题无关，但作为后续海外劳工的权益应该得到更好的处理或避免。相关报道参见胡星：《中国司机称在押期间遭殴打 新加坡警察纪检部门调查》，2013年2月7日，见http://money.163.com/13/0207/08/8N3LNQ2B00253B0H.html。

② 参见潘星容、潘超、丁扬：《反诉制度若干问题探析》，《商场现代化》2007年第11期。

③ 高美：《新加坡判一罢工中国司机6周监禁》，2012年12月4日，见http://www.bjnews.com.cn/world/2012/12/04/237303.html。

件再次发生,相信有关中方人员的合法权益能得到保障,希望公共交通正常运作。”①而且经过中国大使馆的协商,在 SMRT 公司工作的中国籍司机 11 月 28 日已经全部复工。所以启动 CAFTA 争端解决机制本案例完全可以在上述第二章中的“博弈树”的第二阶段(即磋商阶段)就将问题解决。

更重要是启动 CAFTA 争端解决机制是落实和检验 CAFTA《框架协议》、CAFTA《服务贸易协议》等相关法律制度在如新加坡等成员国的实际执行情况。理由如下:

第一,中国与东盟十国签订的 CAFTA《服务贸易协议》是“落实《框架协议》的配套规定”②。本案中新加坡 SMRT 公司加薪规定“中国司机除外”,明显有悖于“禁止针对服务贸易采取新的或增加歧视性措施”的 CAFTA 构建的目的。

第二,在 CAFTA《服务贸易协议》第三部分具体承诺的第 19 条就专门明确了“国民待遇”。③ 本案中,新加坡 SMRT 公司对马来西亚籍司机是按新加坡本国公民的待遇对待,对中国籍司机却加以区别,更是违反了 CAFTA《服务贸易协议》第 19 条④的规定。

所以,如果能按照 CAFTA 出台的法律文件,加强 CAFTA《服务贸易协议》、CAFTA《争端解决机制协议》等的实际落地和运用,相信能妥善和更圆满地处理好相关事件,甚至避免此类事件的发生。

---

① 中国新闻网:《中国商务部回应新加坡中国司机罢工事件》,2012 年 12 月 18 日,见 http://news.163.com/12/1218/17/8J1BDC6F00014JB6.html。

② 参照《中国—东盟全面经济合作框架协议服务贸易协议》的引言部分。

③ 参照《中国—东盟全面经济合作框架协议服务贸易协议》第 19 条。

④ 参照《中国—东盟全面经济合作框架协议服务贸易协议》第 19 条第 3 款。

第四章 CAFTA 争端解决机制的完善和对策研究

第一节 CAFTA 争端解决机制的实施情况

自中国—东盟自贸区成立之初各方就立即着手制定 CAFTA《争端解决协议》这份规范性的文件，表明了自贸区各成员国对此的高度重视，同时也体现了解决各方合作过程中产生的争议的紧迫性和重要性。目前，CAFTA《争端解决协议》生效已有十年多，我们可以通过以下几个渠道来验证该协议设置的各种程序是否已被各成员国广泛接受，且其能否发挥其特有功能。

一、CAFTA 争端解决机制实践的情况

争端的产生一般是随着贸易额的变化成正比趋势发展的。相关资料的大量数据显示：中国与东盟双边贸易额的迅猛增长体现了相互之间经贸关系的发展速度。① 中方决定设立的"中国—东盟投资合作基金"的总规模达100 亿美元；另外，又于 2011 年 11 月宣布追加 100 亿美元信贷支撑。

① 参见谢建伟：《中国—东盟自贸区深入发展互利互惠》，2012 年 9 月，见 http://finance.china。

CAFTA 已走过了十几年的历程,其进程令世人瞩目。

然而,中国与东盟各国在巨大的经贸、服务、投资过程中产生争端后,CAFTA 成员国争端当事方仍习惯采取国内贸易救济的措施,①而且公开报道的相当少,这给研究带来了许多困难。在对中国商务部官网、中国—东盟自由贸易区官网、东盟秘书处官网及各大信息门户检索后,笔者发现中国与东盟之间的经贸争端解决的情况少之又少。通过上述调查分析后,得出如下结论:在实际应用中,CAFTA 内部争端解决机制并没有求助于对抗性较强的仲裁程序。即便这样,也不能断定 CAFTA《争端解决机制协议》的拟定和构建者,竭力推动的制度化框架没有一些实践支持者。但一定要清楚,由于 CAFTA 内部争端解决机制的实践性不强将影响区域经济一体化的发展。CAFTA 争端解决机制刚签署不久就被一些专家认为存在制度上的缺漏,而要从根源上解决问题,要修正 CAFTA 争端解决机制中的仲裁程序必须按照国际商事仲裁法律制度的完整形态来操作。笔者认为此种看法值得商榷,并认为:CAFTA 争端的解决方案就在于是整体构建 CAFTA 争端的解决机制,而不仅仅为 CAFTA 内部争端解决机制。因为 CAFTA 内部争端解决机制本身覆盖面就有限。

二、影响 CAFTA 争端解决机制实施的因素

制度普适性与实践本土性间产生的冲突是 CAFTA 争端解决机制面临的挑战。如果是逻辑在制度中演变的话,那么将不利于完善制度本身,乃至无法对实践提供实际的指导作用。所以,从制度内及制度外两个维度针对制度为什么疏离实践的问题进行探讨非常必要。

(一) 制度内因素

CAFTA 争端解决机制本身在立法上的不足和缺陷,应该是影响 CAFTA

① 参见中国贸易救济信息网,http:www.cacs.gov.cn。

争端解决机制有效实施的最直接最重要的原因，比如当事人、管辖权竞合、仲裁庭人员甄选、救济措施等问题都存在规定不明的情况，笔者将在本章第二节进行专门的研讨。这些不足增加了实际运用的难度，进而影响实践。虽然已有众多学者在 CAFTA《争端解决机制协议》生效后，提出了许多建议。从制度本身发展的角度来说，这些建议有一定积极因素。

另外，由于没有经过实践的验证 CAFTA 争端解决机制内这些理论上的缺损和不足乃至漏洞等是否在实践中真实存在也成为一个疑问。原因很明显，众所周知，实践才是引导人类不断前进的动力而非制度设计，所以，仅是制度内的考量并不足以作为有力的解释。

（二）实践者因素

实践者“路径依赖”①心理的累积性会随着实践阅历的增多而越来越强。所以，人们在面对新制度时，以前累积形成的路径依赖心理就会发生阻碍力量，实践者不会轻易使用仲裁这种相对较新的方式。新制度的实施一定程度上受统治者或集团利益的影响。一方面，作为有效的争端解决机制，CAFTA《争端解决协议》的规范性解决方式定会削弱和限制相当一部分统治者之前享有的权力，这无疑是一个强有力手段；另一方面，新制度的实施也会因各成员国内部各利益集团之间的对较而受阻。毕竟，旧制度的获益者也会想方设法地阻碍新制度的推进。所以，只有建立在行政单位、人员训练及技术装备上有足够实力支撑的基础上，争端解决机制中的仲裁程序才能有良好的运转态势，而新制度的实施无疑将受到由于制度安排的欠缺带来的影响。比如在第三章第四节的外派新加坡劳资的纠纷案例，就因为宣传的人员训练不到位，导致很多向往国外生活或工作的工人没有事先了解

① 依美国经济学家道格拉斯 · C.诺思（Douglass C.North）的看法，路径依赖是指一些微小事件的结果以及机会环境会对制度变迁产生决定性的影响，这种影响一旦形成，便会产生一条特定的路径，继而指导类似制度的形成与变迁。

那边的劳动强度、待遇等情况。另外,派遣公司也没有尽到本身对劳工权益的有效保护。这些人为的因素也是 CAFTA 争端解决机制推进的阻力。

(三) 渗透的东盟方式

其实,“东盟方式”本身也存在较多争议,“东盟方式”实际上是一种具有“东盟”特征的意识形态表述。①

从东盟多年来推动区域一体化的实践看,虽然东盟各国拒绝向一个超国家组织发展,使得东盟每前进一步都依赖各成员国的协调一致,增加了一体化发展进程中的不确定性,但东盟成员国通过领导人的非正式会议的定期召开,同时监督、自愿承诺的“东盟方式”保证了合作意愿的达成,基本上走出了协调博弈困境。② 尽管在一些具体的合作政策、标准规范上还可能存在分歧,但 2007 年底《东盟宪章》的出台和《东盟经济共同体蓝图》的顺利发表说明东盟各国在加强合作上已经具有程度很高的共识,并至少从政府宏观层面上对落实共同体计划作出了承诺。

为了保证共同体的落实,《东盟经济共同体蓝图》第三部分对落实机制作了规定。首先,东盟经济部长会议(AEM)是东盟经济共同体委员会下负责经济一体化建设的机构,对经济共同体蓝图的落实负全面责任。对于影响蓝图落实的问题,高级工作要向经济部长会议提供战略性方案。东盟秘书处要向相关部门会议和领导人会议报告东盟经济共同体的进展。其次,蓝图强调决策过程仍坚持协调一致,而当不能取得协调一致时,东盟将考虑采取其他措施加速决策过程。③

---

① See Peter Boyce, “The Machinary of Southeast Asia Regional Diplomacy”, in LauTeik Soon ed., *New Directions in the International Relations of SoutheastAsia: Global Powers and Southeast Asia*, Singapore University Press, 1973, p.9.

② 参见郑先武:《“东亚共同体”愿望的虚幻性息论》,《现代国际关系》2007 年第 4 期。

③ 参见王玉主:《东盟 40 年区域经济合作的动力机制(1967—2007)》,社会科学文献出版社 2011 年版,第 233—234 页。

“东盟方式”的协商性争端解决机制在本文第一章第三节已进行了详细的介绍。作为东盟意识形态的重要表达,“东盟方式”自然也将影响CAFTA 争端解决机制法律文本的形成及实践活动。ASEAN 争端解决机制的遭遇再次在 CAFTA 争端解决机制身上看到。东盟前秘书长王景荣(OngKengYong)曾对未予启用运作过的《ASEAN1996 年争端解决议定书》如是说:“1996 议定书一直未予启用。”①因此,CAFTA 争端解决机制的实践直接受到了“东盟方式”对争端解决途径的影响。

弗里德曼道出了如何将制度与实践融合这样一个宏大的问题。② 实践证明,CAFTA 争端解决机制的实践情况验证了这一命题存在的真实性,怎样解决这一问题理论探讨可能远远不够,甚至可以说起到无关痛痒的作用,希望同时在实际的操作中能够摸索出更切实可行的方案。

(四) 民众知情度

中国—东盟双方对自贸区政策的宣传不够,在法律、会计、海关等方面的人才培养培训大量不足,这导致双方企业对自贸区的优惠政策利用率较低。③

据广西民族大学法学院吴远富副教授所了解到,不少企业家缺乏对CAFTA《争端解决机制协议》的了解,在东盟国家投资的企业受到损害时,不能通过有效的法律依据更好地维权。④ 这一点明显地体现在本书第三章第四节的中国外派新加坡司机劳资纠纷的处理上。

---

① H.E. OngKengYong, *ASEAN and the 3 Ls': Leaders, Laymen, and Lawyers*, http: www.aseansec.org17356.htm,2018 年 2 月 23 日访问。

② 参见[美]劳伦斯·M.弗里德曼:《法律制度——从社会科学角度观察》,李琼英等译,中国政法大学出版社 2004 年版,第 48 页。

③ 参见中国国际问题研究所:《国际形势与中国外交蓝皮书(2013)》,世界知识出版社 2013 年版,第 369 页。

④ 参见广西日报:《中国—东盟全面经济合作框架协议 10 周年回眸展望》,2012 年 3 月 1 日,见 www.cafta.org.cn。

中国企业投资东盟存在十大难题中，排在第一位的就是对 CAFTA 的规则了解不清楚。[①] 学者王士录指出，连 CAFTA 各成员国的“政府官员、企业家、商会负责人都存在不了解其诸如原产地关税优惠等至关重要的政策”[②]。甚至一部分企业目前还不知道自贸区的定义，更别说其与自己的利益存在的关系，以至于在触手可及的商机面前表现得麻木或手足无措。

第二节　CAFTA 争端解决机制的不足与完善

我们知道，正如世界贸易组织有自己的一系列制度，而 CAFTA 也建立了一整套规则，这都有力地表明无论是规则还是协议的执行都需要一个较为有效的法律机制来保障。也就是说，每一套实体法的有效实施都需要依靠与之相对应的程序法来保障。因此，CAFTA《争端解决协议》和《框架协议》的关系，即为实质上的程序法与实体法的关系。而《框架协议》在实施中遇到的问题如果没有相对完善和行之有效的争端解决机制，就无法及时得到妥善解决，以致自贸区的发展未来也会因为各争端方之间权利和义务的关系没法得到有效的法律界定和保护而蒙上阴影。以中国—东盟自由贸易区中《框架协议》的赖以实施和发展为例，可以说《争端解决协议》的制定并生效是功不可没的，它为《框架协议》的实施提供了有力的法律保障。既然 CAFTA 选择法律的手段加以保障，以下笔者将从法的理性探讨如何完善 CAFTA 争端解决机制。

---

① 参见广西日报：《中国—东盟全面经济合作框架协议 10 周年回眸展望》，2012 年 3 月 1 日，见 www.cafta.org.cn。

② 王士录：《东南亚报告（2010—2011）》，云南大学出版社 2011 年版，第 226 页。

一、争端解决机制的“根本理性”

争端解决机制的“根本理性”指的是它将会形成对所有的国际经贸争端解决机制的评判准则，即国际贸易争端解决机制的“理想法”①。至少应该具备规则取向、公正性、效率性、约束力等四种品格。

其一，规则取向。(1)明晰的规则。(2)相对平等的权利机会，各成员方对该规则有平等的利用机会。(3)相对公平的处置结果。

其二，公正性。具体来说，它分为两个方面：实体规则的公正与程序规则的公正。而这里研究的是其中一个方面——程序规则的公正。

其三，效率性。即耗费尽可能少的时间来使纠纷得到真正圆满的解决。西方法谚认为：“迟来的正义不是正义”。毕竟过高的诉讼成本往往与时间的延长直接相关。比如专家小组的报告，按照 1947 年的 GATT 就必须达到全体意见统一才能通过，否则争议处理长时间搁置，争端解决机制就失去了原有的作用，如同摆设。基于此情况，目前实行的 WTO 争端解决机制采用的就是一种“反向协商一致”的通过方式，另辟蹊径反向而行，提高了争议处置的效率。

其四，约束力。裁判结果能否得到有效的执行决定了该机制是否具有约束力。比如设立了“跟随执行监督制度”的 WTO 争端解决机制，就能够贯彻落实执行情况，使该机制具有更大的权威。相反，如果机制不具备一定的约束力，在现实中则会明显无力。如《ASEAN1996 年争端解决议定书》在现实中就表现得很无力。

二、CAFTA 争端解决机制的存在问题

CAFTA《争端解决机制协议》在内容上很明显地体现出，CAFTA 的成员国中国和东盟各国等都寄希望于这一区域经济组织能给本国的政治经济发

---

① 刘冰：《论完善中国—东盟自由贸易区争端解决机制——以比较研究为视角》，《重庆工商大学学报（社会科学版）》2008 年第 4 期。

展带来更大的契机的这一需要。在短时间内建立起来的机制,自然存在需要更好完善的地方。根据对照法的理性,也很容易发现其存在的不足之处。至今已经生效了十多年的 CAFTA《争端解决机制协议》自身的局限性也在一定程度上限制了其更好地发挥作用,因此,完善相关规定十分必要,从而形成覆盖面较广的一套争端解决的体系。

第一,当事人的问题。

鉴于《框架协议》及其附件,包括以后根据《框架协议》签订的任一法律文件,均为或均将为由中国政府与东盟十国政府签署,因此当事人,只能是上述各协议或法律文件项下的各缔约成员国,而不能是任何自然人或法人,即便依据《框架协议》及各有关附件协议,比如依据 CAFTA《服务贸易协议》,提供服务者可能是任何一缔约国领土内的法人或自然人。

第二,管辖制度中的缺陷。

《争端解决机制协议》中的管辖机制发挥其管辖作用是建立在当事方选择了 CAFTA 争端解决机制的前提下。简而言之,这种争端解决机制就是一种排他性选择管辖。当然,这种选择管辖的规定也有其两面性。一方面当事方的自主性得到了尊重,另一方面也有可能使一些争端被排除在争端解决机制管辖的范围之外。

第三,仲裁庭中人员的设置。

以《华盛顿公约》为例,其为了顺利解决问题,规定了两种方式方法——当事人自由进行选择调解或仲裁。依《争端解决机制协议》规定①,都没有明确如何甄选仲裁庭相关仲裁员的要求,这仲裁庭组成人员方面存在明显的不足。在仲裁过程中仲裁员和主席一样发挥着各自不可替代的作用,同样举足轻重。

---

① 参见 2004 年 11 月签署的《中国—东盟全面经济合作框架协议争端解决机制协议》第 7 条第 6 款的规定。

在实际操作中，CAFTA 没有采用以固定专家名单形成半固定的争端解决机制，所以也大大扩大了仲裁庭的成员的选择范围。但这样也导致了一个问题，即由于人选范围太广乃至增加时间成本。

第四，仲裁庭作出一致裁决的难度性大。

仲裁裁决分独任仲裁庭和合议仲裁庭。独任仲裁庭由独任仲裁员作出仲裁裁决，合议仲裁庭一般由 3 名仲裁员集体作出仲裁裁决。

仲裁原则分少数服从多数的原则和按首席仲裁员意见原则。少数服从多数的原则，也就是按照多数仲裁员的意见，从而作出仲裁裁决。根据首席仲裁员的意见这一原则，就是仲裁庭在无法形成多数意见的情况下根据首席仲裁员的意见作出仲裁裁决。《争端解决机制协议》是采用少数服从多数的仲裁原则。但该条规定过于简单，无法解决仲裁中存在的问题。首先，少数服从多数是在仲裁员成为单数的情况下才能适用，在偶数的情况下则有可能形不成多数意见。根据《争端解决机制》第 7 条第 1 款的规定，在没有约定的情况下，仲裁庭的仲裁员数量应当是 3 名，但由于又规定了争端当事方可以自行约定仲裁庭的仲裁员数量，这就难免出现仲裁庭的仲裁员为偶数的情况。在仲裁庭的仲裁员数量为偶数的情况下，就可能形不成多数意见。即使仲裁庭的仲裁员数量为奇数（独任仲裁不在此列）的情况下，同样会形不成多数意见，即极可能三个仲裁员形成三种意见。根据《争端解决机制协议》第 10 条的规定①，所以，当某一争端中有三个以上的当事方，根据 CAFTA《争端解决机制协议》第 10 条对第三方利益受损或丧失而援用争端解决机制求偿作了相应的规定，②若出现上述的情况，即有可能形成代

① 参见 2004 年 11 月签署的《中国—东盟全面经济合作框架协议争端解决机制协议》第 10 条的规定。

② 参见 2004 年 11 月签署的《中国—东盟全面经济合作框架协议争端解决机制协议》第 10 条的规定。

表不同利益方的仲裁员有不同的意见,而三名仲裁员分别代表三方利益的情况下,就难以形成作出裁决的多数意见,可能会出现无法作出裁决的情形。基于此局面,若碰到仲裁庭不能形成多数意见的情况,可按照国际惯例中仲裁原则即是以首席仲裁员的意见作为最终的裁决。

另外,中国—东盟的争端解决机制对 WTO 存在一定的依赖性,但 CAFTA 争端解决机制规定了如果在选择仲裁主席出现特殊情况下,应提请 WTO 或国际法院来指定。WTO 总干事为东盟指定争端仲裁组主席是否会“对其国际官员身份产生不利影响”也是一个疑问,在种种不清楚的情况下,WTO 总干事应该尽量减少避免参与这类活动。

第五,缺乏仲裁裁定的复核。

CAFTA《争端解决机制协议》在复核程序方面没有任何规定。举个例子,如何保证当争端一方指定的仲裁员作为独任仲裁员时做到公正地处理争端;当仲裁极大偏离了基本程序要求;如有明显渎职、偏见与歧视以及有利益冲突等在仲裁员身上发现,或是存在裁决所依据的法律有偏差与核实模糊等情况时,针对仲裁庭作出的裁决是否该继续保障其权威性成为一个疑问。

更多时候,出现不公正的结果多是由于缺少相应的纠正或复核程序,甚至会引发更大的冲突。所以,各国在尚待成熟、法制建设都有待发展和提高的当前法治环境下,添加一个仲裁裁决的复核程序到以仲裁为主的争端解决机制中并加以审限规定,有利于弥补个别错误的裁决以及减少部分不必要的冲突。

第六,救济措施不明。

在 CAFTA 救济措施方面,《争端解决机制协议》第 13 条虽然按照一般所说的“贸易报复”①规定了“补偿和中止减让利益”②,但这实际上并不能

① 于玲玲:《贸易报复与反报复的经济学分析》,辽宁大学硕士学位论文,2006 年。

② 朱继胜、高剑平:《自然法思想与 CAFTA 争端解决机制》,《经济与社会发展》2007 年第 7 期。

真正做到公平、公正,其主要取决于双方实力的强弱对比。

第七,执行缺少监督。

根据《争端解决机制协议》第12条第2款的规定,"仲裁裁决报告散发给争端各方后在30天内,如争端各方未能就合理执行期间达成一致,争端任何一方可以将此事项提交原仲裁庭审查"①。由原仲裁庭执行监督,以致裁决与监督不分,难以起到有效的监督。

如前所述,《争端解决机制协议》虽然对执行程序有所规定,但对裁决采用的是自愿执行方式,缺乏有效监督,执行无保障,这也是影响裁决权威性及该机制解决争端有效性的原因之一。

第八,裁决的"准据法"规定模糊不清。

从CAFTA《争端解决机制协议》第8条第3款的规定②可以看出,其使用的范围太广,包括了许多国际法分支部门的法律规则以及习惯法,因此可能会产生一些规则冲突。《争端解决机制协议》必须清楚地认识到其自身的法律文件所带有的优先适用效力,为此,作出相应的冲突规范及其他法律规则也同样重要。

第九,CAFTA报复制度的缺陷。

(1)容易造成交叉报复措施的滥用。因为CAFTA《争端解决机制协议》第13条第5款是这样规定的,"只要申诉方认为在同一部门报复不可行或者无效果,它就可以实施交叉报复措施"③。

(2)CAFTA《争端解决机制协议》对于报复措施的实施方面欠缺相应的

① 参见2004年11月签署的《中国—东盟全面经济合作框架协议争端解决机制协议》第12条第2款的规定。

② 参见2004年11月签署的《中国—东盟全面经济合作框架协议争端解决机制协议》第8条第3款的规定。

③ 参见2004年11月签署的《中国—东盟全面经济合作框架协议争端解决机制协议》第13条第5款b项的规定。

监督程序的相关规定。

(3)CAFTA《争端解决机制协议》只规定由仲裁庭作出“适当”的报复水平,却没有明确的一个标准。对于“适当”标准的问题,CAFTA《争端解决机制协议》至少应在这两者之间给出一个明确的答案。

(4)惩罚幅度规定模糊。虽然赔偿、减让或利益的中止等在《争端解决机制协议》第13条作了规定,但是惩罚的幅度尚不明确。这样的结果致使在实际操作中难以把握和执行。

三、完善CAFTA争端解决机制的建议

针对上文分析出的存在问题,笔者提出以下建议。

(一) 争端主体范围应该惠及私人和企业

针对当事人问题,建议争端主体范围应该惠及私人和企业。CAFTA争端解决机制中争端当事方仅仅指东盟成员国和中国,明显企业和个人都被排除在争端主体之外,只有该自由贸易区的成员国政府才能作为争端主体提起申诉。私人性质的投资者的投资积极性在这样的主体范围的限制下一定程度上也受到了约束。所以,在借鉴NAFTA中的相关规定上,CAFTA争端解决机制中争端主体范围不应该只限制在国家①,应从长远考虑拓展到私人和企业等。这样CAFTA争端解决机制将打破西方世界在商事纠纷解决领域内尤其是商事仲裁领域内“垄断和世袭”的局面,同时该机制还将加强中国与东盟国家商人、企业间的进一步理解和合作,进一步减少解决商事纠纷的成本,提高中国与东盟商贸往来的效率。

(二) 管辖制度增加专属管辖

针对管辖制度中的缺陷,建议CAFTA争端解决机制增加专属管辖。

---

① 参见周彧:《试析中国—东盟自由贸易区争端解决机制》,《云南大学学报》2007年第4期。

CAFTA《框架协议》中的第 5 条关于投资体制的规定、第 6 条对早期收获计划的规定、第 7 条针对环境合作的规定，以及 CAFTA《货物贸易协议》第 9 条的保障措施及其附件 3《原产地规则协议》、《投资协议》等都是 WTO 没有涉及的领域。这对 WTO 争端解决机制起到很好的补充作用，两个机制实现了互补功能。

但 CAFTA《争端解决机制协议》第 2 条第 6 款规定，如果该协议或其他条约项下的争端解决程序已经启动，起诉方所选择的争端解决场所应排除其他争端解决机制的适用。① 这相当于在选择管辖的基础上增设了排他性条款，可以说，CAFTA 中一定数量案件的流失是由其排他性的选择管辖造成的。为此，鉴于与环境保护有关的贸易措施是一个既敏感又复杂的问题，应该在 CAFTA《争端解决机制协议》中增设如对环境保护争议等案件的专属管辖制度，以避免此类案件的流失。

（三）完善选聘仲裁庭组成人员的条件

针对仲裁庭中人员的设置问题，建议完善选聘仲裁庭组成人员的条件。中国和东盟各国都有一批具备丰富的仲裁经验和受过良好教育的法律人才，CAFTA 可设立专门机构统一编列符合条件的仲裁员名册。即有学者提出的“合格仲裁员名单”。② 笔者倾向于编立仲裁员名册。如果没有仲裁员名册，当事人指定仲裁员就无所适从，在 11 个国家中谁的仲裁员具有专业性、独立性和公正性？这样则会增加争端方在时间方面的成本。目前，各成员国各自编列仲裁员名册，其数量并不十分庞大。但编列的仲裁员名册不应具有强制性，而只是作为供当事人从中做出选择的建议性的名册，当事人可以在名册中指定，也可以在名册之外指定。

---

① 参见 2004 年 11 月签署的《中国—东盟全面经济合作框架协议争端解决机制协议》第 2 条第 6 款的规定。

② 参见丁丽柏:《论 CAFTA 争端解决机制的完善》,《现代法学》2009 年第 3 期。

关于WTO或国际法院指定的问题。“在选定仲裁员时如未能在仲裁庭主席人选方面有一致的看法，则应请求WTO总干事或国际法院院长指定仲裁庭主席。”①这种规定决定了CAFTA争端解决机制一定程度上依赖性于WTO总干事或国际法院院长。笔者认为这样规定似乎有些一厢情愿。一方面，WTO总干事、国际法院院长没有法定义务为CAFTA争端解决机制指定仲裁庭主席，当WTO总干事、国际法院院长不愿为CAFTA争端解决机制指定仲裁庭主席，怎么办？即使WTO总干事或国际法院院长同意来指定仲裁庭的主席，还是存在是否有该权限的问题。依《马拉喀什建立世界贸易组织协定》第6条第(4)项的规定，是不允许总干事和秘书处职员在履行其职责时接受WTO之外任何政府或任何其他权力机关的指示的。当然WTO总干事、国际法院院长是否愿接受或是否有权接受，有待今后观察。

仲裁员的回避是指仲裁员在具有可能影响对案件的公正审理和裁决的情况下，自行申请退出仲裁，或者根据当事人的申请退出仲裁。仲裁员实际上就是居中的裁判员，如果仲裁员与争端一方有利害关系而可能影响案件的公正审理(即使公正审理，也无法排除无利害争端方的合理怀疑)，仲裁员应回避。CAFTA《争端解决机制协议》并无明显的回避规定。这毫无疑问是《争端解决机制协议》的一个明显缺陷。根据回避规则，仲裁庭主席有回避情形时，应主动请求回避并向当事人予以披露回避的理由；在仲裁庭主席不主动回避时，当事人也可要求仲裁员予以回避，但当仲裁庭主席拒不回避时怎么办？当仲裁庭主席是由WTO总干事或国际法院院长指定的，或许可以将回避问题提交WTO总干事或国际法院院长决定。当在仲裁庭主席由当事人双方选定，不是由WTO总干事或国际法院院长指定的情况下，又由谁来决定仲裁庭主席是否应当回避的问题？这在《争端解决机制协

---

① 参见2004年11月签署的《中国—东盟全面经济合作框架协议争端解决机制协议》的规定。

议》中无法找到答案。

（四）在时机成熟时增设常设争端解决机构和专门的工作小组

由于没有固定的争端解决机构，中国和东盟的经济合作没有专家组，也没有真正运行。建议在时机成熟时增设争端解决常设机构以及专门工作小组。① 各成员国共同关心的问题是专门工作小组考虑的重点。

除了 CAFTA 中磋商和调解、调停这些阶段由中国—东盟自由贸易区贸易委员会主持以外，CAFTA 中的争端双方也可先自行进行争端解决机制中的磋商和调解、调停这些阶段。同时也可明显发现在 CAFTA 争端解决机制中，可能缺乏了一个中立机构来主持，并因此导致双方磋商的结果停滞不前。为此，设立专门的中立机构在中国—东盟自由贸易区争端解决机制中来主持磋商和调解、调停过程不失为一个好建议。②

由此可知，在借助专门小组的工作下，使争端解决机制的运行和制度化建设得到不断完善，并进一步加速成员国贸易和投资的便利化，从而创造出更好的环境。

常设仲裁机构是具有固定组织和地点、固定的仲裁程序规则的永久性仲裁机构。何谓临时仲裁庭？临时仲裁庭是相对常设仲裁机构而言的，无固定的人员，它在作出裁决后，即行解散。

根据 CAFTA《争端解决机制协议》条款的规定，“只要起诉方作出书面通知要求设立仲裁庭，仲裁庭就会被视为设立”③。综上所述，可知《争端解

---

① 参见杨青青、徐力立：《浅议中国—东盟投资争端解决机制》，《东方企业文化》2012 年第 4 期。

② 参见李冰：《中国—东盟自由贸易区解决争端机制问题研究》，《重庆三峡学院学报》2008 年第 4 期。

③ 参见 2004 年 11 月签署的《中国—东盟全面经济合作框架协议争端解决机制协议》第 6 条第 1 款的规定。

决机制协议》并未设立一个常设的管理机构,而是采用临时仲裁制,临时仲裁庭在争端解决完毕之后自行解散。

有人提出应考虑设立常设仲裁庭,从而使经常性的投资、服务、贸易纠纷问题能够得以有效的、及时的解决。与此同时,能够使其经验应用更加丰富,问题处理更加高效。笔者也十分赞同设立常设仲裁庭,其优势和合理性是明显的,而且很多问题也可以迎刃而解。

(五) 明确举证责任

鉴于 CAFTA 争端解决机制中的举证责任不明,笔者认为举证责任的分配在 CAFTA 争端解决机制中与在 WTO 争端解决机制中所起的作用是一样的,都是以实现和完成争端的和平解决为目的和任务而设置的,故而举证责任的分配的指导思想是以达成此目的和原则为前提和基础的。① 主要考虑以下三个方面:1. 举证责任的分配要以公正为价值取向。2. 举证责任的分配要以定性与弹性相结合。3. 举证责任的分配要达到效益观念。

基于上述指导思想,笔者认为在举证责任问题上,应围绕“谁主张,谁举证”的基本分配原则,借鉴我国国内民事诉讼中举证责任风险负担的理论。即当争端一方不能或拒绝提供有关证据资料,又不能证明其举证不能是由于起关键作用的证据资料为另一方当事人所独占和控制的,另一方当事人有权请求 CAFTA 仲裁庭做出对其不利的推定裁决。②

(六) 复核程序的完善

CAFTA 争端解决机制缺乏仲裁裁定的复核,笔者建议在借鉴《华盛顿公约》中的相关规定的基础上,针对 CAFTA 争端解决机制中与仲裁裁决复

---

① 参见潘星容、纪宗宜:《WTO 争端解决机制中的举证责任研究》,《特区经济》2007 年第 11 期。

② 参见潘星容、纪宗宜:《WTO 争端解决机制中的举证责任研究》,《特区经济》2007 年第 11 期。

核程序方面有关的缺陷这一问题作出进一步的、相对应的完善。具体来说，包括以下规定:当事任何一方可依据对裁决产生决定性影响的事实和新发现作为支持，有权利提出要求对裁决作出修正。另外，如有以下一种或几种情况，包括:第一，仲裁庭的构成不恰当;第二，仲裁庭明显超越其权力的运用;第三，仲裁庭其中的成员存在受贿行为。当事一方还可以根据以上任一种或多种为理由要求撤销裁决。

(七) 对于 CAFTA 协议的适用问题

根据 CAFTA《争端解决机制协议》第 18 条的规定，经缔约方代表签署后，于 2005 年 1 月 1 日生效，并要求缔约方在此之前完成相关的国内生效程序，①“即缔约国内部权力机构按照其宪法或组织文件的程序对其签署的条约予以确认，表示同意接受条约约束的国内程序。内容包括在国内规定本协议的效力，解决与国内法的效力冲突;建立必要的机构配合本协议的实施等”②。但同时也在第三款规定了未能按时完成国内认可程序的例外情况，于是 CAFTA 协议的适用问题便产生了。

笔者认为:根据中国—东盟自由贸易区的情况，可以借鉴欧盟的做法，即采用直接效力原则。

(八) 对 CAFTA 报复制度的完善

针对 CAFTA 报复制度缺陷的完善方面，笔者认为可以首先建立报复异议程序，以平衡双方的利益。其次，在 CAFTA 设立一个常设争端解决机构，用于跟随监督报复措施的实施。根据 DSU 的规定建立报复措施的监督程序，在达到目的之前，所以整个报复实施过程都将置于 DSB 的监督之下。

---

① 参见 2004 年 11 月签署，2005 年 1 月 1 日正式生效的《中国—东盟全面经济合作框架协议争端解决机制协议》第 18 条的规定。

② 齐虹丽:《中国—东盟自贸区法律协议条文释义》，经济管理出版社 2011 年版，第 133 页。

也就是说,在报复实施期间,在败诉方未履行裁决并让某项措施符合相关协议的情况下,为了保证裁决被顺利履行就应更好地利用监督程序进行监督。迫使被报复方履行裁决是该监督程序的主要目的。最后,引入货币补偿方式的同时,确立货币补偿的选择性。

第三节　中国的策略选择

一、中国选择争端解决机制的必要性

国际法正式被介绍到中国是在 19 世纪中叶西方列强用武力打开中国门户之后。国际法也曾在有限的范围内被清政府加以使用,但世界法律秩序并未给中国掀开新的篇章,反之却是一系列强加给中国的不平等条约。

进入 21 世纪,中国综合国力与国际地位得到大大提高。与此同时,影响经济发展的各种不稳定因素也随之增加。中国为了适应这种国际国内背景,提出了和平发展的战略。其中,在国际法的指导下,实施的关键在于如何正确有效地利用国际争端解决机制。理由有如下几个方面:

第一,和平解决国际争端是一项国际法基本原则。《国际法原则宣言》强调:"每一国应以和平方法解决其与其他国家之国际争端,避免危及国际和平、安全及正义。"①1982 年《关于和平解决国际争端的马尼拉宣言》也作了进一步宣告。②

第二,中国实现和平发展的客观需要必须坚持和平解决国际争端。中国的发展历程,从贫困孱弱的半殖民地半封建社会到独立自主并逐步富起

① 《国际法原则宣言》(《关于各国联合国宪章建立友好及合作之国际法原则之宣言》的简称)第一编,第三章中安全及正义之原则。

② 《关于和平解决国际争端的马尼拉宣言》(简称《马尼拉宣言》)1982 年通过。

来、强起来，中国作为一个社会主义国家和最大的发展中国家其发展方向及力量强弱会引起国际关系、国际格局的变动。因此，中国发展的同时，就自然会引起周边国家的警惕；而中国周边国家达 26 个，中国周边可以说是世界各主要大国利益交汇地，地缘政治意义重大，容易引发着各种错综复杂的矛盾。

第三，有效应对国际挑衅必须选择国际争端解决机制。国际法没有强制执行机制，即当事国不可能借助国内法的强制执行机制。所以中国在应对不法行为的挑衅时要尽量避免暴力冲突，这时国际争端解决方法发挥其作用，借此来抑制国际争端的不法行为。

第四，全球法治和中国法治进程的推进有赖于国际争端解决机制的实施。“权力取向”向“规则取向”演变是总体的趋势，武力解决始终比不上政治解决，而法律解决优于政治解决，将进一步推进国际社会向法治社会迈进。此外，一个国家的国内和平与法治和国际和平及法治是紧密联系在一起的，借助法治原在国际交往中被广泛运用之势，国内法治的发展也将进一步得到推进。实践证明，法治—秩序—和平三者是相辅相成的，由此看来，国际争端解决机制为中国的和平发展奠定了在世界的道义性和合法基础发挥了不可忽视的作用。

二、构建系统的 CAFTA 争端解决的机制

国际争端解决机制无疑是人类向往和平，追求安定生活的选择。自古以来中国都强调以和为贵，借助并利用好国际法和国际争端解决机制处理国家争端，符合中国文化传统的“和为贵”的思想。同时这也为中国的经济发展乃至和平发展创造了新的契机。此外，居安思危也非常必要，在各种错综复杂的争端与冲突面前也要提高警惕，做好预防工作：

第一，综合运用各种争端解决方式与程序，以双边或多边努力为基础，

以双边或者多边条约来体现。目前,各种解决国际争端机制的组织。目前,各种解决国际争端机制的组织化、系统化与制度化进程在国际组织与多边条约中已经得到开启,国际争端解决程序与方法也出现了一定程度上的整合,包括有机结合法律方法与政治方法,交替使用和平方法与强制方法。举个例子,WTO 争端解决机制就是采用外交方法与法律方法相结合,让行之有效的各种方法在一定时期内连续使用直到争端得到最终的解决。“各国不仅负有排他地以不危及国际和平安全与正义的和平方法解决国际争端的法律义务,而且享有在相互同意基础上自由选择和平方法与机制解决国际争端的法律权利。”①在不断加强完善 CAFTA 内部争端解决机制,增强可操性的同时,还需与时俱进,利用“互联网+”开启网络审判、仲裁模式,对《中华人民共和国仲裁法》第 16 条的“其他书面形式”进行解释,可以参考联合国国际贸易法委员会《电子商务示范法》②释义,明确能够作为书面形式的电子数据的条件,即要符合以后能够被取证的要求而保存备用,使立法上的修缮与国际接轨,从而保障落地执行。所以,在根据特定国际争端的具体情况下,中国应当随机应变地选择适当的解决程序与方式加以灵活运用,果断地结合外交方式与法律方式,双边程序与多边程序双管齐下,积极寻求与东盟国家以双边程序或多边程序为基础,以双边或多边条约来体现,做到有条不紊。比如:中国可以与东盟国家签订《中国—东盟司法协助协议》,用于保障裁判的落实。如前文所说的中国外派新加坡司机劳资纠纷案,在案件审理过程中,由于中新两国的法律规定差异问题,导致该案件不能很好地处理。这不仅直接影响到此案中国籍司机的切身利益,而且影响到中国与东盟成员国的经贸合作能否顺利推进与深入。

---

① 邵沙平、余敏友:《国际法问题专论》,武汉大学出版社 2002 年版,第 344 页。

② See Remus Daniel Berlingher,Daniela Gistina Cret,“Procedural Aspects Regarding International Arbitration”,*Studia universitatis“Vasile Goldis”Arad-Economics Series*,2015,25(2)。

需要指出的是，争端的解决结果不是最终的目的，缓和矛盾和促成共识是国际争端解决机制更加强调的重点。国际法院法官 John Merrills 指出：“这些方式的非约束力特征意味着不应将它们视为争端的最终解决而是推动争端将来的解决，但在国际实践中可看到它们的价值与灵活性。”①因此，在绝不首先使用武力的情况下应尽量避免采取激化矛盾或扩大事态的行动，为了等待更好的时间而宣誓适时适度搁置争端也不失为一个好的处理方法。当然这并不意味着无原则的退让，而是在中国经济发展重要战略机遇期争取和平环境的手段。

第二，根据有关国际条约与国际惯例，提高执法与司法工作水平与效率，将相应的中国法规和规章制度进行全面清理、修改与填补，进一步加强国际法在中国的实施。与国际商事法庭②有效衔接起来，解决跨国纠纷中私人主体的企业和自然人的起诉应诉适格问题。另外，在人才相对匮乏的情况下，国际商事法庭的国际商事专家委员会与 CAFTA 争端解决机制的专家工作组可以资源共享。我们知道，国际争端通常是由国际不法行为引起的，所以加强国际法在中国的实施力度，一定程度上能约束自身的不法行为。中国和平发展也意味着对 21 世纪国际法律秩序的维护与发展将发挥日益重要的作用。另一方面，由于各种复杂的原因，包括国际法适用上的技术复杂性等等，许多问题尚有争议，尤其是当中国法律如何与国际法发生冲突时问题就变得更加尖锐：法院以及有关机构应如何应对的问题；国际法是否直接在中国适用的疑问等等。即使中国一贯遵守国际法准则与相关规定，这些问题还是依然有待解决。

根据有关国际条约与国际惯例和提高执法与司法工作水平与效率的需

---

① Malcolm D.Evans, *International Law*, Oxford University Press, 2003, p.553.

② 参见《最高人民法院关于设立国际商事法庭若干问题的规定》，已于 2018 年 6 月 25 日由最高人民法院审判委员会第 1743 次会议通过，自 2018 年 7 月 1 日起施行。

要，相应的中国法规和规章制度将进行全面清理、修改与填补，从而尽量减少在对外交流工作中因“国际法盲”引起不必要的冲突。

第三，更主动积极地参与国际组织与国际司法（仲裁）机构，以争取更多发言权，进一步提高国际影响力和国际地位。如北京德恒律师事务所牵头联合中国民营经济国际合作商会、中国五矿化工进出口商会、中国产业海外发展协会、中国开发性金融促进会、哈萨克斯坦国际商会、巴基斯坦工商会、意大利 CBA 律师事务所、奥地利 Wolf Theiss 律师事务所等在北京发起创立的“一带一路”服务机制（BNRSC），①就起到防范和及时解决企业在“一带一路”发展中的风险与纠纷的作用；并带动多个国家的商业协会和法律、会计、金融机构参与签署协议。值得一提的是，BNRSC 用“互联网+”模式进行在线运行调解系统。成千上万的国际组织之所以能在解决国际争端中发挥着重要作用，都归功于其在实践中能不断地创造各种程序与方法以及充分发展国际法的结果。不论成员国之间的争端是政治性的还是经济性的，不管是寻求外交解决还是法律解决，国际组织都可以及时进入解决程序并最终和平解决争端。因此，不可否认的是国际组织很大程度上为和平发展创造了必要的条件。

近年来，国际组织、国际司法（仲裁）机构的普遍性与公正性与日俱增，它们已不再是作为西方的附属品；而且，在全球化大势所趋下，闭关锁国只能导致落后。实践证明，人类共同利益和价值只有顺应世界发展潮流，才能获得长久发展。这就需要取长补短，借鉴世界各国的有关规定与经验为己所用，做好与国际通行接轨工作，并好好利用国际投资争议解决中心以及多边投资担保机构等国际仲裁机构吸纳资金，开创中国投资的新局面。因此，中国只有与世界接轨，积极主动地参与各种国际组织及其司法（仲裁）机

① 参见《一带一路国际商事调解中心调解规则》全文，新浪网，2019 年 3 月 13 日，见 new：sina.com.cn/of/news/flfg/2017-03-09/oloc-ifychhus0239374.s/html。

构,才能与世界各国进行创造性的、建设性的对话,在国际法领域中争取更多的发言权从而解决争议,促进合作,获得双赢乃至多赢。

三、和中国国际经济贸易仲裁委员会的合作

虽然 CAFTA 争端解决机制目前规定调整的是国家与国家之间的国际贸易争端,而中国国际经济贸易仲裁委员会解决的是自然人、法人以及其他经济组织之间发生的国际国内商事争议;虽然这两种机制下受理案件的争端当事人不同,但这两种机制解决的对象却都一样,都可以解决国际经济贸易争端。据此,在 CAFTA 争端解决机制尚未完善的情况下,至少在以下的两个层面上,可以互相支持和合作。

第一,中国国际经济贸易仲裁委员会(CIETAC)可以作为或者协助作为《争端解决机制协议》项下负责所有联系事务的办公室。

鉴于《争端解决机制协议》第 3 条规定,为本协议之目的,缔约方应指定一个负责本协议所规定的所有联系事务的办公室。

虽然 CIETAC 只是一个非政府机构,而不是政府部门,但考虑到 CIETAC 设在中国国际经济贸易促进委员会/中国国际商会内,而中国国际贸易促进委员会/中国国际商会历来具有受政府委托承担与世界各国开展外交外贸关系的传统,而 CIETAC 又具有丰富的国际商事仲裁经验,因此,将《争端解决机制协议》项下的有关联系事务由政府委托中国国际经济贸易仲裁委员会去办,在 CIETAC 内成立这样一个办公室,也未尝不是一件好事。

第二,中国与东盟十国国民、自然人、法人及其他经济组织之间以及东盟十国国民、自然人、法人和其他经济组织之间产生的国际经济贸易争议可以提交 CIETAC 仲裁。

如前所述,在还没有明确、修缮 CAFTA 争端解决机制可以解决、扩大到私人主体范围或建立中国与东盟商事纠纷解决机制之前,可以提交到像中

国国际经济贸易仲裁委员会(CIETAC)这样专门解决法人、自然人以及其他经济组织之间因国际商贸活动而产生之纠纷。据此,希望东盟十国的法人、自然人或其他经济组织在与中国进行经济贸易往来中所产生之纠纷提交CIETAC仲裁就将是一件具有积极意义的大事。中国国际经济贸易仲裁委员会也一定会独立公正平等地解决东盟十国的国民、自然人、法人及其他经济组织在CIETAC提起的国际商事仲裁。

四、制度与实践的融合

法律和制度一样都是用来实践的。实践和制度两者之间,前者作为始点和终点,而通常以后者的完善作为先驱。"制度的完善至关重要,更重要的是追求从实践中发现真实的有意义的问题……要从实际中生产理论,产生出具有普遍意义的具有解释、预测和控制人的社会活动的理论。"①因此,制度只有贴近生活,实践才能切实可行。法制化在争端解决的进化过程中变得无法阻挡,它展示的力量足够强大让人甚至措手不及。因此,CAFTA争端解决机制中的"地方性知识"是制度与实践两者的日渐趋近和结合,同时,也是调整本土性的实践迎合普适性的制度的必然要求。

首先,上述非对抗性程序仍然是解决CAFTA各成员国之间的争端的方法,因此"加强对上述程序的指导,有助于争端的顺利解决,而且随着调解已被广泛接受,调解程序中存着一种对其各方面进行规制的趋势。调解员和专家在提起问题、发现和阐述标准时已采取主动姿态"②。换句话说,调解的发展趋势将表现为规则化和程序化,即已有足够的理论与技术支撑对

---

① 苏力:《无需法律的秩序》,《环球法律评论》2004年春季号。

② Kimberlee K.Kovach, "The Evolution of Mediation in the United States: Issues Ripe for Regulation May Shape the Future of Practice", in Nadja Alexander ed., *Globe Trends in Mediation* (Second Edition), Kluwer Law Internationa BV, 2006, p.420.

现有磋商、调解程序进行完善。另外，“以前这种意味着临时且灵活的东盟方式将要被改变，ASEAN 经济共同体和 ASEAN 安全共同体倾向于一种更正式、更常规的行程”①。

基于目前经济成本分析要积极推动仲裁程序在争端解决机制中的试用。所以，中国要带头参与。实际上，该区域已经随着 CAFTA 的签署与实施逐渐呈现多元化。“每一个法律文化除了一些共同的特征外，性质上都是独特的、其功能植根于每一社会法律实体的文化传统，从而潜在地或明显地影响了法律的模式和功能，毋庸置疑，东盟方式已经影响了新制度的实施。”②这就需要中国在中国—东盟自贸区争端解决的机制的构建过程中，采取更为主动出击的姿态和行动。

五、中国企业应有的作为

鉴于前文的分析，影响 CAFTA 争端解决机制实施的主要因素之一——民众知情度不高，不少企业家缺乏对 CAFTA《争端解决机制协议》的了解，不能及时、有效地维权。所以，中国企业首先要了解并利用好 CAFTA《争端解决机制协议》。在中国—东盟现有的法律合作高层论坛的基础上，政府和企业都要有所作为，让企业在扩大宣传的行动中受惠。具体可通过举办论坛、建设网站等多种方式进行不断的宣传。随着中国—东盟自贸区建设进程日益加快，中国企业要是能利用好 CAFTA 的法律制度，必当受益匪浅。

首先，企业要密切了解、关注 CAFTA 的信息，这是充分利用优惠条件的

---

① AmitavAcharya, *Constructing a Security Community in SoutheastAsia* (second edition), Routledge Publishers, 2009, p.295.

② ［日］千叶正士:《法律多元:从日本法律文化迈向一般理论》，强世功等译，中国政法大学出版社 1997 年版，第 220 页。

前提。

其次,原产地证书应主动申请。原产地证书是商品进入国际贸易领域的"经济国籍",①是出口企业享受关税优惠的前提。

就厦门检验检疫局的一个案例来说,它曾将一批价值9.4万美元的柑橘签往印度尼西亚,因持原产地证书(Certificate of Origin),企业一下子就节省了关税多达5640美元。② 然而,凭"证书"提高出口竞争力,目前仍有相当多的企业还不能好好加以利用。按时任商务部国际合作司副司长张少刚的说法,2004年仅有17.9%主要集中于广西、云南、山东、浙江等蔬菜水果主产区的企业,在我国出口东盟的货物总金额中申请并领取了CAFTA原产地证书。反之,我国在东盟的总进口额中60%就享受了优惠关税,仅泰国就免税款4亿元。因此,主动申请原产地证书是一个明智的选择。③

广西农垦集团有限责任公司总经理杨海空曾说:"我们要充分利用CAFTA自贸区建立的契机,在东南亚地区再造一个新农垦!"④事实也是如此,该集团在海外市场的投资几乎都在东盟国家。杨总经理自信设想的原因就在于,依照他的意思,就是众多企业能够到东盟成功投资置业得益于中国与东盟国家的法律合作及依此建立起来的法律机制的保障。这起到了一个相对稳定的"定心丸"作用。他还强调:"如果对东盟国家法律及经贸合作制度缺乏足够了解,企业开拓东盟市场必将遭遇困境。"⑤上述中缅密松

① 厉力:《原产地规则及其区域贸易安排中适用问题研究》,中国海关出版社2009年版,第28页。

② 参见《中国—东盟自由贸易区大范围降税》,中国—东盟科技合作与成果转化网,2009年5月27日,见http://www.cn-asean.cn/zc/zcjd/153921.shtml。

③ 参见《中国—东盟自由贸易区大范围降税》,中国—东盟科技合作与成果转化网,2009年5月27日,见http://www.cn-asean.cn/zc/zcjd/153921.shtml。

④ 唐绪萍:《中国—东盟法律合作为自贸区建设"保驾护航"》,2010年1月22日,见http://www.cn-asean.cn/asean/zx/gnzx/158860.shtml。

⑤ 唐绪萍:《中国—东盟法律合作为自贸区建设"保驾护航"》,2010年1月22日,见http://www.cn-asean.cn/asean/zx/gnzx/158860.shtml。

水电站案例中，接触过中国电力投资集团的人士认为，“中资公司自身亦有需反思之处，尤其是在公共关系管理方面教训深刻，在中国培养的管理经验并不能简单移植到境外，一些沟通问题还不到位，今后这方面需要探究，必须加强”①。

六、中国—东盟法律事务应用型人才的培养

由于我国中国—东盟法律事务应用型人才的缺乏，无论在 CAFTA 争端解决机构推荐担任仲裁庭人选方面，还是应诉、普及 CAFTA 相关法律知识上，中国做得远远不够，也显得力不从心。这在本书第三章中国外派新加坡工人劳资纠纷的案例分析上，中国人民大学国际关系学院副院长金灿荣教授也指出了这一点。因此，笔者建议从以下几个方面加强这方面法律人才的培养与储备。

第一，更新法律人才培养观念。多年来，我国绝大多数高校大都追求同一个教育模式，即以继承、传播专业知识为主的教育理念，这种高等教育培养模式单一缺乏创新性。CAFTA 建立后，我们要在法律人才的培养模式上转变观念，形成独特的人才培养模式。在法律专业教学过程中，一方面，要把对学生创新动力和创新能力的培养作为教育工作的重点，要培养学生的创新能力，尽可能地保持发挥学生的个性化创造型，培养创新型人才。另一方面，要注重培养学生的国际意识。

第二，调整法律人才培养结构。由于经济的发展，社会对人才的需求也在不断发生变化，现有大部分高校院系出现不尽合理和规范的设置及组织结构，如此导致学科交叉重复，资源力量分散的状况日渐突出，正是这些专业结构设置上的不合理，培养出的“人才”已越来越不适用社会发展的迫切

① 《中缅水电风波：被叫停的密松水电站》，2011 年 11 月 9 日，见 http://www.hydropower.org.cn/showNewsDetail.asp? nsId=5980。

需要。

需要强调的是,法律院校应构建中国—东盟法律事务专业应用型人才的培养模式,首先,重视培养双才的课程设置。其次,重视创新人才培养的基地建设。适当增加培养学生创新能力课程的课时和学分。另外还可以采用双语教学,在开设国内法律基础课程的同时,可在一定范围内设置国内法律和东盟法律并重的教学课程,同东盟国家的教师、学生形成国际化教学团队进行交流学习,培养具有东盟法律视野的新时代人才。

第三,建立法律人才培养质量考核机制。CAFTA 建立后,如何进一步增强国际竞争力是对我国法学教育机制提出的新挑战,高等教育培养出的人才能否很快融入国际社会,能否被国际社会所认可是竞争力强弱的重要标志。建立健全人才培养质量考核机制,真正培养出高质量高水平,符合东盟法律事务需要的人才。

第四,建立现代化的法律人才培养方式。培养 CAFTA 法律事务应用型专业人才,我们人才培养方式的现代化的加速建设将得益于网络平台给不同领域、学科的知识交融提供的有效平台。另外,课堂授课教师在平时培训中必须改变传统的人才培养方法,坚决不能把学生当瓶子单调地将知识往里灌,必须采用启发式、探索式、研讨式的教学,旨在激发学生的学习自觉性、主动性乃至发挥其学习的潜力,调动他们的学习兴趣。此外,法学专业院校应该适当地加大教育改革的力度,作出适时的调整,为 CAFTA 法律人才的培养提供必要的条件。

结　　语

本书结合 CAFTA 建立背景过程,对其建立与东盟经贸合作的意义尝试运用国际关系学与法学进行解释,并在此基础上建立数模进行博弈分析,辅以案例阐明了中国积极参与 CAFTA 进程的必要性和重要性。基于以上研究,本书得出以下主要结论:当前 CAFTA 争端的多样性需要多元化的解决方式来与之相适应。CAFTA 内部争端解决机制是最主要也是最重要的,但鉴于目前其本身无论是立法、制度设计上的不足,还是实践中外在因素的影响,单单靠内部机制是不够的,合理地利用外部机制和条件,将这些多样性的争端解决机制结合起来,综合运用才能够满足实际要求,圆满地解决问题。

经济全球化和区域经济一体化已经成为当代世界发展的两大潮流,他们反映的不仅仅是经济问题而且也是法律问题。较之世界贸易领域中多哈回合尚不明朗的阴霾区域贸易则进行得如日中天。一方面,身为一个市场遍及全球的贸易大国,中国深刻地认识到目前积极推进发展区域贸易才能更有效率地实现市场多元化,应当进一步推动多边贸易体制进程才能获得更大的发展空间。另一方面,中国—东盟自贸区的建成较大地促进了双边贸易和投资的增长,使双方更多的企业享受到了优惠,也有力推动了东盟内部一体化建设进程,同时对东亚区域经济一体化起到了支持作用。由此看来,中国—东盟自由贸易区的建成与发展,不论是对中国,还是对东盟各成员国,都是一个双赢的发展机遇。CAFTA 自贸区建设同其他区域经济组织的搭建一样,都是一项系统工程。均需要从政治、经济、文化、社会、法律等不同角度、不同方位进行考察。区域经济合作法律模式具有动态性。在区域经济合作过程中,组织架构、法律制度和运行机制均处于动态变化之中。从经济与法律的结合上研究这类社会现象,探索其规律性,提出实际应对之策,以趋利避害,寻求共赢。

利用制度化、法律化的手段解决彼此间出现的各类经贸争端,对于维护双方关系的稳定和有序具有越来越重要的意义。

一、中国—东盟争端解决的法制基础

从争端解决的法制基础来看,以制度、体制、机制寻求在建设中国—东盟自由贸易区的进程中碰到的障碍和问题的解决途径、方式方法等,这些问题理论上都需要进一步探讨、研究。本书主要通过分析 CAFTA 各种争端解决途径,如政府间层面的外交解决机制、民间解决机制、仲裁、区域机构的区域办法和司法解决机制的法律基础,详细地阐述了 CAFTA 争端解决相关法律文件的出台过程及背后博弈,并将 CAFTA 争端解决机制与 WTO 及其他区域争端解决机制进行比较分析,得出 CAFTA 争端解决机制自身特有的价值,探讨了 CAFTA 争端解决机制设计时考量的因素,进而着力揭示解决争端实际问题的理论基础,并提出解决现实问题的可行对策。

二、中国—东盟争端解决博弈的理论分析

本书中这个理论框架还需博弈实践进行完善。因为东盟成员虽然都是发展中国家,但其特殊的殖民背景和地缘政治使得它们都不同程度地同西方大国有着某种利益联系。此外,利益交换分析揭示了东盟在推动区域合

作上的实用主义特点，这对下一步中国与东盟双边经济合作乃至双边关系将会受到国际环境的变化的较大影响。本书绘出 CAFTA 争端解决的博弈树，运用数模尝试对 CAFTA 争端解决的博弈模型变量加以定义并求解，更能阐明 CAFTA 争端解决的博弈过程。

三、关于中国—东盟争端解决的专题案例分析

不可否认，CAFTA 经济自由贸易区带给了区域内部成员国极大的利益，然而其间不容忽视的争端问题将会成为利益获取的一大隐患。本书第三章第一节中的案例中缅太平江水电站项目争端主要是通过政府间层面的外交解决机制和民间争端解决机制处理的，耗时较长。同样是中缅水电站的争端——密松水电站争端，笔者尝试运用第二章的数据博弈模型结论进行分析，建议启动 CAFTA 争端解决机制加以处理，避免长期悬而未决。通过借鉴中国西南旱灾所引发的湄公河四国（泰国、老挝、越南和柬埔寨）与中国用水争端，援引 CAFTA《争端解决机制协议》成功解决的案例，利用法律维护中国企业的合法权益。第二节的案例是中国承认及执行外国仲裁裁决的法院认定，是中国私营企业运用司法解决机制，有效地处理了与外国公司的争议。第三节的案例是 CAFTA 成员国公民运用中国司法机制解决经济纠纷，维护作为外籍公民切身利益的成功案例。经历了中国二审完整的民事审判程序，反映了中国法制的健全，在 CAFTA 构建过程中凸显安全、有序的法制环境。第四节的中国外派新加坡司机劳资纠纷案是一个需要构建和完善 CAFTA 争端解决机制的有力例证。因新加坡 SMRT 集团雇主给新加坡和马来西亚籍工人加薪，却把中国工人撇除在外，进而导致中国外派司机罢工抗议。虽说最后此争端的解决结果是增加了中国籍司机的薪资，但是有多人被遣返并有人因此服刑。从公平的角度来讲，薪酬高低应按公司业绩和员工能力来确定，而不应有国籍差别。这无疑是对中国籍司机的歧

视性待遇，侵犯了中国籍司机的利益。再者，由于新加坡法律原因而造成中国司机因罢工程序不当服刑，这不禁让人反思：CAFTA 是否应该建立一个适用于所有成员国的法制体系，以防止此类因各成员国国家法律规定不同而导致的实质不公后果？这场劳资关系风波，让我们意识到 CAFTA 经济自由贸易区在带给区域内部成员国利益的同时，也急需一个有效的能及时处理争端的解决机制。争端解决机制的构建，在很大程度上看来是区域经济内部成员获得公平与利益的一大保障，有效的争端解决机制才能促进经济贸易区的进一步发展，否则争端难以控制处理，严重情况下会使得经济自由贸易区土崩瓦解。一旦 CAFTA 经济自由贸易区瓦解，首先中国和东盟各成员国的经济会受到影响，其次会影响东盟内部一体化建设，最后会延缓东亚区域经济一体化进程。这不论是对自由贸易区成员国经济、政治，还是对世界局势，都不是一件好事。

CAFTA 争端问题除了区域内部成员国之间经济、政治乃至宗教等多方面外，还有自由贸易区外的经济强势如美国、欧盟等，所以其周遭的争端源比欧盟等其他经济自由贸易区更加复杂繁琐。也正是因为这样，复杂而又难以避免的争端所相对应的解决机制更须将以往区域经济自贸区的争端解决机制的成功经验与惨痛教训作为借鉴与参考，结合自身特点，更加综合地运用各种资源与解决方式，从而解决争端问题。因此，在不断加强和完善 CAFTA 内部争端解决机制建设的同时，合理地利用外部机制和条件，整合其他争端的解决途径，形成有效的争端解决体系，从而里应外合地运用，才能更圆满地解决问题。

四、CAFTA 争端解决机制的不足

CAFTA 争端解决机制的不足归纳一下，主要存在以下几个方面：当事人的问题、管辖权竞合问题、仲裁庭人员甄选、裁决一致性问题、复核程序的

缺乏、救济措施不明、执行缺少监督、裁决的“准据法”规定模糊不清、举证责任不明、CAFTA 报复制度本身存在交叉报复易被滥用等。这些不足导致实操性难度的陡增，影响实践运用。因此，CAFTA 争端解决机制的完善应有针对性地进行。

五、CAFTA 争端解决机制的完善和对策研究

当前 CAFTA 争端的多样性需要多元化的解决方式来与之相适应。根据 CAFTA 的自身特征，笔者大胆地在 CAFTA 区域贸易争端解决中尝试应用多元争端解决机制。在经贸争端发生前，可以运用预防争端的机制，政府间层面的政治解决机制就是不错的选择。依据 CAFTA 成员国之间政治经济等易发生摩擦点事先彼此达成协议，通过协商将彼此双方利益受损最低化，最终使得争端规避或者至少弱化。如 CAFTA《框架协议》、《货物贸易协议》、《服务贸易协议》、《投资协议》等法律规范化的协议正是通过政治途径加以解决的。笔者建议：中国还需与东盟国家签订《中国—东盟司法协助协议》，用于保障裁判的落实。在目前还未形成统一的法律体系的情况下，只有先加强民商事领域的司法协助与合作，构建完善的中国—东盟民商事司法协助制度，才能消除法律制度差异给经贸合作带来的障碍，推动解决自由贸易区全面启动后产生的跨国经贸争议，为自由贸易区的运行提供切实的法律保障。① 进而推动 CAFTA 完整法律体系的构建。

建立多元性的经贸争端解决机制，不仅能够体现现代法治社会更加注重道德文化建设的趋向，而且把法律解决作为最后手段也有利于彰显经济活动的人性化本质。同时，亚太经济合作及全球区域合作进程也随着东亚地区经济一体化进程加快有了明显的提高。法制在此过程中对中国和东盟

---

① 参见高兰英、隆雨蕊：《论构建中国—东盟民商事司法协助制度的必要性和可行性》，2012 年 5 月 4 日，见 http://www.rmlt.com.cn/2012/0504/35226.shtml。

间经贸发展起到巨大的推动作用，是中国—东盟长久合作的基石。

六、关于CAFTA争端解决机制建设的进一步思考

随着中国—东盟自贸区的建成以及由此带动的经贸往来的巨大发展，利用制度化、法律化的手段解决彼此间出现的各类争端，对于维护双方关系的稳定和有序具有极其重要的意义。对CAFTA争端解决机制的研究，既具有现实的意义，又具有理论的价值。过去的研究只是从国际机制、博弈论、国际法等方面分别探究，研究方法也绝大多数是采取比较研究，缺乏案例的统计分析与实证分析。对中国利用CAFTA争端解决的机制的应对策略多从法律角度提出的，没有从博弈角度的应对策略的研究成果。本书将之综合起来进行研究，借助国际机制理论、博弈理论，以及相关法律和司法规定，即尝试从博弈角度结合国际法对CAFTA争端案例进行综合分析，进行全面研究。

本书将CAFTA争端解决的机制区分为内部和外部两类，进而又将其划分为政府性的、民间性的、司法性的等多个种类，明确指出只有将这些多样性的机制结合起来，综合运用，才能够满足实际要求。研究CAFTA争端解决机制时结合WTO进行研究，可以更有效地使该区域性组织内外所产生的争端得到圆满、快捷、高效的解决；综合各种解决争端的法律途径，可以更大范围地为解决中国—东盟自由贸易区中发生的争端提供一个良好的环境，从而进一步推动中国与东盟各国之间相互经贸的往来，同时也将推动中国—东盟区域组织进一步向机制化发展，实质性地提高作为抽象系统的国际争端解决机制的有效性，从而也达到维护地区稳定和促进经济发展的目的。

CAFTA争端解决机制的建设问题是一个系统工程，笔者借本书抛砖引玉，希望学界的前辈、学者们提出更多有效的举措和建议，碰撞出璀璨的火花。

附录　重要参考文件

附录1.《中国—东盟全面经济合作框架协议》(中文译文)(2002年11月4日)

序　言

我们,中华人民共和国(以下简称“中国”)与文莱达鲁萨兰国,柬埔寨王国,印度尼西亚共和国,老挝人民民主共和国,马来西亚,缅甸联邦,菲律宾共和国,新加坡共和国,泰王国和越南社会主义共和国等东南亚国家联盟成员国(以下将其整体简称为“东盟”或“东盟各成员国”,单独一国简称“东盟成员国”)政府首脑或国家元首:

忆及我们2001年11月6日在文莱达鲁萨兰国斯里巴加湾东盟—中国领导人会上关于经济合作框架和在10年内建立中国—东盟自由贸易区(以下简称“中国—东盟自贸区”)的决定,自由贸易区将对柬埔寨、老挝、缅甸和越南等东盟新成员国(以下简称“东盟新成员国”)给予特殊和差别待遇及灵活性,并对早期收获做出规定,其涉及的产品及服务清单将通过相互磋商决定;

期望通过具有前瞻性的《中国与东盟(以下将其整体简称为“各缔约方”,单独提及东盟一成员国或中国时简称为“一缔约方”)全面经济合作框架协议》(以下简称“本协议”),以构筑双方在21世纪更紧密的经济联系;

期望最大限度地降低壁垒，加深各缔约方之间的经济联系；降低成本；增加区域内贸易与投资；提高经济效率；为各缔约方的工商业创造更大规模的市场，该市场将为商业活动提供更多机会和更大规模的经济容量；以及增强各缔约方对资本和人才的吸引力；

确信中国—东盟自贸区的建立将在各缔约方之间创造一种伙伴关系，并为东亚加强合作和维护经济稳定提供一个重要机制；

认识到工商部门在加强各缔约方之间的贸易和投资方面的重要作用和贡献，以及进一步推动和便利它们之间的合作并使它们充分利用中国—东盟自贸区带来的更多商业机会的必要性；

认识到东盟各成员国之间经济发展阶段的差异和对灵活性的要求，特别是为东盟新成员国更多地参与中国—东盟经济合作提供便利并扩大它们出口增长的需要，这要着重通过加强其国内能力、效率和竞争力来实现；

重申各缔约方在世界贸易组织（以下简称为 WTO）和其他多边、区域及双边协议与安排中的权利、义务和承诺；

认识到区域贸易安排在加快区域和全球贸易自由化方面能够起到的促进作用，以及在多边贸易体制框架中起到的建设性作用。

现达成如下协议：

第一条　目标

本协议的目标是：

（a）加强和增进各缔约方之间的经济、贸易和投资合作；

（b）促进货物和服务贸易，逐步实现货物和服务贸易自由化，并创造透明、自由和便利的投资机制；

（c）为各缔约方之间更紧密的经济合作开辟新领域，制定适当的措施；以及

（d）为东盟新成员国更有效地参与经济一体化提供便利，缩小各缔约

方发展水平的差距。

第二条　全面经济合作措施

各缔约方同意迅速地进行谈判，以在 10 年内建立中国—东盟自贸区，并通过下列措施加强和增进合作：

(i)在实质上所有货物贸易中逐步取消关税与非关税壁垒；

(ii)逐步实现涵盖众多部门的服务贸易自由化；

(iii)建立开放和竞争的投资机制，便利和促进中国—东盟自贸区内的投资；

(iv)对东盟新成员国提供特殊和差别待遇及灵活性；

(v)在中国—东盟自贸区谈判中，给各缔约方提供灵活性，以解决它们各自在货物、服务和投资方面的敏感领域问题，此种灵活性应基于对等和互利的原则，经谈判和相互同意后提供；

(vi)建立有效的贸易与投资便利化措施，包括但不限于简化海关程序和制定相互认证安排；

(vii)在各缔约方相互同意的、对深化各缔约方贸易和投资联系有补充作用的领域扩大经济合作，编制行动计划和项目以实施在商定部门/领域的合作；以及

(viii)建立适当的机制以有效地执行本协议。

第一部分

第三条　货物贸易

1. 除本协议第六条所列的“早期收获”计划以外，为了加速货物贸易的扩展，各缔约方同意进行谈判，对各缔约方之间实质上所有货物贸易取消关税和其他限制性贸易法规（如必要，按照 WTO 关税与贸易总协定（以下简称为 GATT）第 24 条（8）（b）允许的关税和限制性贸易法规除外）。

2. 就本条而言，应适用如下定义，除非文中另有解释：

(a)“东盟六国”指的是文莱、印度尼西亚、马来西亚、菲律宾、新加坡和泰国;

(b)“实施的最惠国关税税率”应包括配额内税率,并应:

(i)对于2003年7月1日时为WTO成员的东盟成员国及中国,指其2003年7月1日各自的实施的最惠国关税税率;以及

(ii)对于2003年7月1日时非WTO成员的东盟成员国,指其2003年7月1日对中国的实施税率;

(c)“非关税措施”应包括非关税壁垒。

3.各缔约方的关税削减或取消计划应要求各缔约方逐步削减列入清单的产品关税并在适当时依照本条予以取消。

4.依照本条纳入关税削减或取消计划的产品应包括所有未被本协议第六条所列的“早期收获”计划涵盖的产品,这些产品应分为如下两类:

(a)正常类:一缔约方根据自身安排纳入正常类的产品应:

(i)使其各自的实施的最惠国关税税率依照特定的减让表和税率(经各缔约方相互同意)逐步削减或取消,对于中国和东盟六国,实施期应从2005年1月1日到2010年,对于东盟新成员国,实施期应从2005年1月1日到2015年,并采用更高的起始税率和不同实施阶段;以及

(ii)按照上文第4款(a)(i)已经削减但未取消的关税,应在经各缔约方相互同意的时间框架内逐步取消。

(b)敏感类:一缔约方根据自身安排纳入敏感类的产品应:

(i)使其各自的实施的最惠国关税税率依照相互同意的最终税率和最终时间削减;以及

(ii)在适当时,使其各自的实施的最惠国关税税率在各缔约方相互同意的时间框架内逐步取消。

5. 敏感类产品的数量应在各缔约方相互同意的基础上设定一个上限。

6. 各缔约方依照本条及第六条所做的承诺应符合 WTO 对各缔约方之间实质上所有贸易取消关税的要求。

7. 各缔约方之间依照本条相互同意的特定的关税税率应仅列出各缔约方削减后适用关税税率的上限或在特定实施年份的削减幅度,不应阻止任一缔约方自愿加速进行关税削减或取消。

8. 各缔约方之间关于建立涵盖货物贸易的中国—东盟自贸区的谈判还应包括但不限于下列内容:

(a)管理正常类和敏感类产品的关税削减或取消计划以及本条前述各款未涉及的任何其他有关问题的其他具体规则,包括管理对等承诺的各项原则;

(b)原产地规则;

(c)配额外税率的处理;

(d)基于 GATT 第 28 条,对一缔约方在货物贸易协议中的承诺所做的修改;

(e)对本条或第六条涵盖的任何产品采用的非关税措施,包括但不限于对任何产品的进口或者对任何产品的出口或出口销售采取的数量限制或禁止,缺乏科学依据的动植物卫生检疫措施以及技术性贸易壁垒;

(f)基于 GATT 的保障措施,包括但不限于下列内容:透明度,涵盖范围,行动的客观标准——包括严重损害或严重损害威胁的概念,以及临时性;

(g)基于 GATT 现行规则的关于补贴、反补贴措施及反倾销措施的各项规则;以及

(h)基于 WTO 及世界知识产权组织(简称 WIPO)现行规则和其他相关规则,便利和促进对与贸易有关的知识产权进行有效和充分的保护。

第四条　服务贸易

为了加速服务贸易的发展，各缔约方同意进行谈判，逐步实现涵盖众多部门的服务贸易自由化。此种谈判应致力于：

(a)在各缔约方之间的服务贸易领域，逐步取消彼此或各缔约方间存在的实质所有歧视，和/或禁止采取新的或增加歧视性措施，但WTO《服务贸易总协定》(以下简称为GATS)第五条第1款(b)所允许的措施除外；

(b)在中国与东盟各成员国根据GATS所做承诺的基础上，继续扩展服务贸易自由化的深度与广度；以及

(c)增进各缔约方在服务领域的合作以提高效率和竞争力，实现各缔约方各自服务供应商的服务供给与分配的多样化。

第五条　投资

为了促进投资并建立一个自由、便利、透明并具有竞争力的投资体制，各缔约方同意：

(a)谈判以逐步实现投资机制的自由化；

(b)加强投资领域的合作，便利投资并提高投资规章和法规的透明度；以及

(c)提供投资保护。

第六条　早期收获

1. 为了加速实施本协议，各缔约方同意对下文第3款(a)所涵盖的产品实施“早期收获”计划(该计划为中国—东盟自贸区的组成部分)，“早期收获”计划将按照本协议中规定的时间框架开始和结束。

2. 就本条而言，应适用如下定义，除非文中另有解释：

(a)“东盟六国”指的是文莱、印度尼西亚、马来西亚、菲律宾、新加坡和泰国；

(b)“实施的最惠国关税税率”应包括配额内税率，并应：

(i)对于 2003 年 7 月 1 日时为 WTO 成员的东盟成员国及中国，指其 2003 年 7 月 1 日各自的实施的最惠国关税税率；以及

(ii)对于 2003 年 7 月 1 日时非 WTO 成员的东盟成员国，指其 2003 年 7 月 1 日对中国的实施税率；

3. “早期收获”计划中适用的产品范围、关税削减和取消、实施的时间框架、原产地规则、贸易补偿及紧急措施等问题应遵循下列规定：

(a)产品范围

(i)下面各章中 HS8 或 9 位税号的所有产品都应包括在“早期收获”计划中，除非一缔约方在本协议附件 1 的例外清单中将其排除，此种情况下该缔约方的这些产品可以得到豁免：

01 活动物

02 肉及食用杂碎

03 鱼

04 乳品

05 其他动物产品

06 活树

07 食用蔬菜

08 食用水果及坚果

(ii)已将某些产品纳入例外清单的任何一缔约方可以在任何时候修改例外清单，将例外清单的一项或多项产品纳入“早期收获”计划。

(iii)本协议附件 2 中所列的特定产品应涵盖在“早期收获”计划中，这些产品的关税减让应仅对附件 2 中列明的缔约方适用。这些缔约方必须就该部分产品相互提供关税减让。

(iv)对于附件 1 或附件 2 所列的未能完成适当的产品清单的缔约方，

经相互同意可在不迟于2003年3月1日前完成。

(b)关税削减和取消

(i)“早期收获”计划中涵盖的所有产品都应按照规定划分为三类进行关税削减和取消,并按照本协议附件3中所列的时间框架执行。本款不应阻止任何缔约方自愿加速其关税削减或取消。

(ii)所有实施的最惠国关税税率为零的产品,应继续保持零税率。

(iii)实施税率降低到零的产品,税率应继续保持为零。

(iv)一缔约方应享受所有其他缔约方就上文第3款(a)(i)所列的某一产品所作的关税减让,只要该缔约方的同一产品保持在第3款(a)(i)所列的“早期收获”计划中。

(c)临时原产地规则

适用于“早期收获”计划所涵盖产品的临时原产地规则应在2003年7月以前谈判并完成制定。临时原产地规则应由各缔约方根据本协议第三条(8)(b)谈判制定并实施的原产地规则替换和取代。

(d)WTO条款的适用

WTO中有关承诺的修订、保障措施、紧急措施和其他贸易补偿措施——包括反倾销措施、补贴及反补贴措施等方面的条款,应临时性地适用于“早期收获”计划涵盖的产品。一旦各缔约方根据本协议第三条第8款谈判达成的相关规定得以执行,上述WTO的条款应被这些相关规定替换和取代。

4. 除了本条上面各款中规定的货物贸易方面的“早期收获”计划以外,各缔约方应在2003年初探讨在服务贸易方面推行“早期收获”计划的可行性。

5. 为了推动各缔约方之间的经济合作,本协议附件4中规定的各项活动应予执行或视情况要求加快实施。

第二部分

第七条　其他经济合作领域

1. 各缔约方同意在下列五个优先领域加强合作:

(a)农业;

(b)信息及通信技术;

(c)人力资源开发;

(d)投资;以及

(e)湄公河盆地的开发。

2. 合作应扩展到其他领域,包括但不限于银行、金融、旅游、工业合作、交通、电信、知识产权、中小企业、环境、生物技术、渔业、林业及林业产品、矿业、能源及次区域开发等。

3. 加强合作的措施应包括但不应仅限于:

(a)推动和便利货物贸易、服务贸易及投资,如

(i)标准及一致化评定;

(ii)技术性贸易壁垒和非关税措施;以及

(iii)海关合作。

(b)提高中小企业竞争力;

(c)促进电子商务;

(d)能力建设;以及

(e)技术转让。

4. 各缔约方同意实施能力建设计划以及实行技术援助,特别是针对东盟新成员国,以调整它们的经济结构,扩大它们与中国的贸易与投资。

第三部分

第八条　时间框架

1. 在货物贸易方面,关于本协议第三条中所列的关税削减或取消和其

他问题的协议的谈判应于2003年初开始，2004年6月30日之前结束，以建立涵盖货物贸易的中国—东盟自贸区，对于文莱、中国、印度尼西亚、马来西亚、菲律宾、新加坡和泰国，建成自贸区的时间是2010年，东盟新成员国建成自贸区的时间是2015年。

2. 本协议第三条所列的关于货物贸易原产地规则的谈判应不迟于2003年12月结束。

3. 服务贸易和投资方面，各项协议的谈判应于2003年开始，并应尽快结束，以依照相互同意的时间框架付诸实施，实施时需要：(a)考虑各缔约方的敏感领域；(b)为东盟新成员国提供特殊和差别待遇及灵活性。

4. 对于本协议第二部分中所列的经济合作的其他领域，各缔约方应继续巩固实施本协议第七条中所列的现有的或经同意的各项计划，制定新的经济合作计划，并在经济合作的各个领域达成协议。各缔约方应迅速采取行动，以便以所有相关缔约方都能接受的方式和速度尽早实施。这些协议应包含实施其中各项承诺的时间框架。

第九条　最惠国待遇

中国自本协议签字之日起应给予所有非WTO成员的东盟成员国符合WTO规则和规定的最惠国待遇。

第十条　一般例外

在遵守关于此类措施的实施不在情形相同的各缔约方彼此或各缔约方之间构成任意或不合理歧视的手段或构成对中国—东盟自贸区内贸易的变相限制的要求前提下，本协定的任何规定不得阻止任何缔约方采取或实施保护其国家安全、保护具有艺术、历史或考古价值的文物所采取的措施，或保护公共道德所必需的措施，或保护人类、动物或植物的生命和健康所必需的措施。

第十一条　争端解决机制

1. 各缔约方应在本协议生效1年内，为实施本协议建立适当的正式的争端解决程序与机制。

2. 在上文第 1 款所称的争端解决程序与机制建立前，任何关于本协议的解释、实施和适用的争端，应通过磋商和/或仲裁以友好的方式加以解决。

第十二条　谈判的机构安排

1. 已建立的中国—东盟贸易谈判委员会（以下简称"中国—东盟 TNC"）应继续负责执行本协议中所列的谈判计划。

2. 各缔约方在必要时可以建立其他机构来协调和实施依照本协议开展的任何经济合作活动。

3. 中国—东盟 TNC 和上述所有机构应通过中国对外贸易经济合作部（以下简称"中国外经贸部"）与东盟经济高官会（简称 SEOM），定期向中国外经贸部部长和东盟经济部长会议（简称 AEM）汇报其谈判进度及成果。

4. 无论中国—东盟 TNC 于何时何地进行谈判，东盟秘书处和外经贸部应联合给以必要的行政支持。

第十三条　杂项条款

1. 本协议应包含所附附件及其内容，以及将来所有依照本协议通过的法律文件。

2. 除非本协议另有规定，本协议或依照本协议采取的任何行动不得影响或废止一缔约方依照其现为缔约方的协议所享受的权利和承担的义务。

3. 各缔约方应当努力避免增加影响实施本协议的约束或限制。

第十四条　修正

本协议的条款可经各缔约方以书面形式相互同意达成的修正案加以修订。

第十五条　交存方

对于东盟成员国，本协议应交存于东盟秘书长，东盟秘书长应及时向每一个东盟成员国提供一份经核证的副本。

第十六条　生效

1. 本协议于 2003 年 7 月 1 日生效。

2. 各缔约方应于 2003 年 7 月 1 日前完成使本协议生效的国内程序。

3. 如一缔约方未能在 2003 年 7 月 1 日之前完成使本协议生效的国内程序,该缔约方依照本协议的权利与义务应自其完成此类国内程序之日开始。

4. 一缔约方一俟完成使本协议生效的国内程序,即应以书面形式通报所有其他缔约方。

鉴此,我们签署《中华人民共和国与东南亚国家联盟全面经济合作框架协议》。

本协议以英文书就,一式两份,2002 年 11 月 4 日签署于柬埔寨金边。

附录 2.《中国—东盟全面经济合作框架协议争端解决机制协议》①(2004 年 11 月 29 日)

中华人民共和国政府(以下简称"中国")与文莱达鲁萨兰国,柬埔寨王国,印度尼西亚共和国,老挝人民民主共和国,马来西亚,缅甸联邦,菲律宾共和国,新加坡共和国,泰王国和越南社会主义共和国等东南亚国家联盟成员国政府(以下将其整体简称为"东盟"或"东盟各成员国",单独提及一国时简称"东盟成员国");

忆及中国和东盟各成员国家/政府首脑于 2002 年 11 月 4 日在金边签署的《中国—东盟全面经济合作框架协议》(下称《框架协议》;)

忆及《框架协议》第十一条第一款关于在《框架协议》生效一年内为《框

① 中国商务部国际经贸关系司:《中国—东盟全面经济合作框架协议争端解决机制协议》,中国自由贸易区服务网,2018 年 8 月 1 日,见 http://fta.mofcom.gov.cn/dongmeng_phase2/dongmeng_phase2_special.shtml。

架协议》之目的建立适当正式争端解决程序和机制的规定；

达成协议如下：

第一条　定义

为本协议之目的，除非另有规定，应当适用以下定义：

（一）《框架协议》中的所有定义应当适用于本协议；

（二）“日”为日历日，包括周末和节假日；

（三）“争端各方”、“争端当事方”或“有关当事方”，是指起诉方和被诉方；

（四）“起诉方”指依据第 4 条提出磋商请求的当事方；

（五）“被诉方”指第 4 条下磋商请求所指向的当事方。

第二条　适用范围

一、本协议适用于《框架协议》项下发生的争端，《框架协议》包含附件及其内容在内。除非另有规定，下文中提及的《框架协议》应包括将来依据《框架协议》达成的所有法律文件。

二、经缔约方全体同意，对《框架协议》中有关争端解决的特殊和附加规则，东盟秘书处可将其列为本协议附件。

三、除非本协议或者《框架协议》另有规定，或者缔约方另有约定，本协议的规定应适用于各缔约方间就其《框架协议》项下权利和义务争端的避免和解决。

四、对缔约方境内的中央、地区、地方政府或者权力机构采取的影响《框架协议》得到遵守的措施，可援引本协议的规定。

五、在遵守第六款的前提下，本协定不妨碍缔约方依据其均是缔约方的其他条约，诉诸该条约项下争端解决程序的权利。

六、涉及本协议项下或者争端当事方均是缔约方的其他条约项下具体权利或义务的争端，若本协定项下或其他条约项下的争端解决程序已经启动,起诉方所选择的争端解决场所应排除其他争端解决场所对该争端的适用。

七、对一具体争端,争端当事方明示同意选择一个以上的争端解决场所的,第五款和第六款将不适用。

八、为第五款至第七款的目的,一俟起诉方依据本协议或争端当事方均是缔约方的其他条约,要求设立或将争端提交一争端解决专家组或者仲裁庭,将视为起诉方已经选择了争端解决场所。

第三条　联系点

一、为本协议之目的,缔约方应:

(一)指定一个负责本协议所规定的所有联系事务的办公室;

(二)负责指定的办公室的运作和费用;及

(三)在完成本协议生效的国内程序30天内,通知其他缔约方其指定的办公室的地点和地址。

二、除非本协议另有规定,将本协议项下的任何请求或文件提交一缔约方指定的办公室,应被视为向该缔约方提交了此请求或文件。

第四条　磋商

一、如由于被诉方未能履行其在《框架协议》项下的义务,导致以下情形,对起诉方就影响《框架协议》的执行或适用的任何事项提出的磋商请求,被诉方应当给予应有的考虑和充分的磋商机会:

(一)起诉方在《框架协议》项下直接或者间接获得的利益正在丧失或减损;或

(二)《框架协议》任何目标的实现正受到阻碍。

二、任何磋商请求应以书面形式提交,应包括争议的措施以及指控的事实和法律依据(包含被声称违反的《框架协议》的规定及任何其他有关规定)。起诉方应将磋商请求送达被诉方以及其他缔约方。一俟收讫,被诉方即应通知起诉方及其他缔约方收到此请求。

三、如一磋商请求被提出，则被诉方应在收到该请求之日起7天内作出答复，并应在收到该请求之日起不超过30天的期限内真诚地进行磋商，以达成双方满意的解决办法。如被诉方未在前述的7天内作出答复，或未在前述的30天内进行磋商，则起诉方可以直接依据第六条请求设立仲裁庭。

四、争端当事方应尽最大努力通过磋商对有关事项达成双方满意的解决办法。为此目的，有关当事方应当：

（一）提供充分的信息，以便对有关措施如何影响《框架协议》的执行进行全面审查；

（二）对另一当事方在磋商中提交并指定为保密的信息进行保密。本协定项下不允许提起非违反之诉。

五、磋商应保密，且不得损害任何一方在进一步或者其他诉讼程序中的权利。

六、只要一缔约方（非案件的当事方）认为按照本条进行的磋商涉及其实质利益，则该成员即可在被诉方收到磋商请求之日起10天内，将其参加磋商的愿望通知争端当事方。该缔约方应被允许参加入磋商，只要被诉方同意实质利益的主张是有理由的。被诉方应当在磋商开始前将其决定通知起诉方和其他缔约方。如加入磋商请求未予接受，则提出申请的缔约方有权根据本条提出单独的磋商请求。

七、在紧急案件中，包括涉及易腐货物的案件，有关当事方应在收到请求之日起不超过10天的期限内进行磋商。如在被诉方收到请求之日起20天的期限内，磋商未能解决争端，则起诉方可依据第6条直接请求设立仲裁庭。

八、在紧急案件中，包括涉及易腐货物的案件，争端当事方及仲裁庭应尽一切努力尽最大可能加快诉讼程序。

第五条　调解或调停

一、争端当事方可随时同意进行调解或调停。此程序可由争端当事方随时开始，随时终止。

二、如争端当事方同意，在第六条项下仲裁庭解决争议的同时，调解或调停程序可在争端方同意的任何人士或者组织主持下继续进行。

三、有关调解或调停的程序以及争端当事方在这些程序中的立场，应当保密，并且不得损害任何一方在任何进一步或其他诉讼中的权利。

第六条　仲裁庭的设立

一、如在收到磋商请求之日起60天内，或在包括涉及易腐货物案件在内的紧急情况下在收到磋商请求之日起20天内，第4条所指的磋商未能解决争端，起诉方可书面通知被诉方请求依据本条设立仲裁庭。其他缔约方应收到此请求的副本。

二、设立仲裁庭的请求应当说明请求的理由，包括确认：

（一）争论中的具体措施；及

（二）足以明确陈述问题的起诉的事实和法律根据（包含被声称违反的《框架协议》的规定及任何其他有关规定）。

三、如一个以上起诉方就同一事项请求设立仲裁庭，有关当事方，在考虑各自的权利情况下，只要可行，可设立单一仲裁庭来审理该事项。

四、在依据第三款设立单一仲裁庭的情况下，该仲裁庭应组织审查并将其调查结果提交所有争端当事方，以保证争端当事方在若干仲裁庭分开审查起诉时本可享受的权利决不受到减损。如争端任何一方提出请求，在撰写报告时间允许情况下，仲裁庭可就争端向有关争端当事方提交单独的报告。每一争端当事方的书面陈述应可使其他争端当事方获得，且每一争端当事方有权在本争端的其他当事方向仲裁庭陈述意见时在场。

五、如根据第三款设立一个以上的仲裁庭来审查同一事项，在最大可能的限度内，争端当事方应指定相同的人员在每一单独仲裁庭中任职，且每一单独仲裁庭程序的时间表应进行协调。

第七条　仲裁庭的组成

一、除非本协议另有规定或者争端当事方另有约定，仲裁庭应包括 3 名成员。

二、在被诉方收到第六条项下设立仲裁庭请求的 20 日内，起诉方应当为仲裁庭指定一名仲裁员。被诉方应当在其收到第六条项下设立仲裁庭请求的 30 日内为仲裁庭指定一名仲裁员。如争端任何一方未能在此期限内指定仲裁员，则另一方所指定的仲裁员应作为仲裁庭的独任仲裁员。

三、若起诉方和被诉方已经根据第 2 款分别指定了仲裁员，有关当事方应尽力就将作为仲裁庭主席的另外一名仲裁员达成一致。如第二款项下的最后一名仲裁员被指定 30 日后，有关当事方未能就仲裁庭主席人选达成一致，则应请求世界贸易组织（WT0）总干事来指定仲裁庭主席，且争端当事方应接受此种指定。若总干事为一争端当事方的国民，则副总干事或其他非任何争端当事方国民的次级别官员应被请求进行此种指定。若一争端当事方并非 WTO 成员，则争端当事方应请求国际法院院长指定仲裁庭主席，争端当事方应接受此种指定。若院长是一争端当事方的国民，则副总院长或其他非任何争端当事方国民的次级别官员应被请求进行此种指定。

四、仲裁庭组成的日期，为依照第三款指定主席的日期，或在独任仲裁员的情况下为第六条中规定的收到请求后的第 30 日。

五、若依照本条所指定的仲裁员辞职或者不能履行职责，继任仲裁员的选任应与最初仲裁员的指定方式相同，且继任仲裁员应享有最初仲裁员的权力和义务。在选任继任仲裁员期间，仲裁庭的工作应当中止。

六、被指定作为仲裁庭成员或者主席的人选，应在法律、国际贸易、《框架协议》涵盖的其他事项、或者国际贸易协议争端的解决方面具有专门知识或经验，并且仅在客观、可靠、公正和独立的基础上严格选任。此外，主席不应为任何争端当事方的国民，且不得在任何争端当事方的境内具有经常居住地或者为其所雇佣。

七、若根据本协议的规定，设立仲裁庭审查某事项，但由于某种原因该原仲裁庭不能进行审查，则应根据本条设立一新的仲裁庭。

第八条　仲裁庭的职能

一、仲裁庭的职能是对审议的争端作出客观评价，包括对案件事实及《框架协议》的适用性和与《框架协议》的一致性的审查。如仲裁庭认定一措施与《框架协议》的规定不一致，则应建议被诉方使该措施符合该规定。除其建议外，仲裁庭还可就被诉方如何执行建议提出办法。在其调查结果和建议中，仲裁庭不能增加或减少《框架协议》所规定的权利和义务。

二、仲裁庭应具有下列职权范围，除非争端当事方在仲裁庭组成之后20天内另有议定：

"按照《框架协议》有关规定，审查(争端方名称)提交仲裁庭的事项，并提出调查结果和《框架协议》规定的决定和建议。"

仲裁庭应就争端当事方引用的《框架协议》有关规定进行专门说明。

三、依照上述第6条设立的仲裁庭：

(一)应定期与争端当事各方进行磋商，并为达成双方满意的解决方法提供充分机会；

(二)应根据《框架协议》和对争端当事各方适用的国际法规则作出裁决；及

(三)应在其裁定中说明事实和法律方面的调查结果及其理由。

四、仲裁庭裁决为终局，对争端各当事方有约束力。

五、仲裁庭应基于一致作出裁决；如果仲裁庭不能取得一致，则应依照多数意见作出裁决。

六、除第六条第二款、第三款和第四款以及第九条规定的事项外，仲裁庭经与争端各当事方磋商，应规范仲裁庭有关当事方权利和其审议的程序。

第九条　仲裁庭程序

一、仲裁庭的会议不公开。争端各当事方只有在仲裁庭邀请时方可出席会议。

二、实质性会议的地点应由争端各方协商一致来确定，如果不能达成一致，则第一次实质性会议在被诉方首都举行，第二次实质性会议在起诉方首都举行。

三、在与争端各当事方磋商后，仲裁庭应尽快且只要可能，在仲裁庭组成后的 15 日内，确定仲裁程序的时间表。在确定仲裁程序的时间表时，仲裁庭应为争端当事方提供充分的时间准备各自的书面陈述。仲裁庭应设定争端各方提交书面陈述的明确期限，各方应遵守此最后期限。

四、仲裁庭的审议和提交仲裁庭的文件应保密。本条的任何规定不妨碍一争端方向公众披露其自身立场或其书面陈述；一争端方应将另一争端方提交仲裁庭并由该提交方指定为机密的信息按机密信息对待。如一争端方向仲裁庭提交其书面陈述的保密版本，则应任一争端方的请求，该争端方应提供一份其书面陈述所含信息的可对外公布的非机密摘要。

五、仲裁庭应遵守本协议附件 1 中的有关仲裁的规则和程序，除非仲裁庭在与争端各方磋商后另有决定。

六、仲裁庭报告应在争端各方不在场的情况下，按照提供的信息和所作的陈述起草。仲裁庭的审议应当保密。仲裁庭报告中仲裁员个人发表的意见应匿名。

七、在考虑书面陈述、口头辩论及其他提交的信息后，仲裁庭应向争端方提交一份报告草案，包括有关争端事实和争端各方争议的描述部分以及仲裁庭的调查结果和结论。在报告最终完成前，仲裁庭应给予争端方充分机会来审查整个报告草案，并在最终报告中包括对争端方评论的讨论情况。

八、仲裁庭应在其组成的120天内向争端方散发最终报告。在紧急案件中，包括涉及易腐货物的案件，仲裁庭应力求在其组成的60天内将其报告散发各争端方。如仲裁庭认为不能在120内散发最终报告，或在紧急案件中不能在60天内散发报告，则应书面通知争端方延迟的原因和散发报告的估计期限。自仲裁庭组成至报告散发争端方的期限无论如何不应超过180天。

九、仲裁庭的最终报告在散发争端方的10天后，成为公开文件。

第十条　第三方

一、任何对仲裁庭审议的争端有实质利益并且已将其利益书面通知争端当事方和其他缔约方的缔约方，应享有向仲裁庭提交书面陈述的机会。这些书面陈述也应提交争端各当事方，并应反映在仲裁庭报告中。

二、第三方应收到争端各方提交仲裁庭首次会议的书面陈述。

三、如第三方认为仲裁庭程序所涉及的措施造成其根据《框架协议》项下的利益丧失或减损，则该缔约方可援引本协议项下的正常争端解决程序。

第十一条　程序的中止和终止

一、如争端各方同意，仲裁庭可在任何时间中止其工作，期限不超过12个月。在中止后，根据争端任何一方的请求，仲裁程序即应恢复。如仲裁庭的工作已经中止12个月以上，则设立仲裁庭的授权即告终止，除非争端各方另有约定。

二、在最终报告散发前，如形成双方满意的解决方法，则争端当事方经一致同意可终止仲裁庭程序。

三、在仲裁庭作出裁决前，在程序的任何阶段，仲裁庭可建议争端当事方友好解决争端。

第十二条　执行

一、被诉方应通知起诉方关于其执行仲裁庭建议和裁决的意向。

二、如立即遵守仲裁庭建议和裁决不可行，被诉方应有一合理的执行期限。被诉方应在合理期间内执行仲裁庭的建议。合理期间应由争端当事方一致确定，如争端各方未能在仲裁庭报告散发后的 30 天内就合理期间达成一致，只要可能，争端任何一方可以将此事项提交原仲裁庭审查。经与争端各方磋商，仲裁庭应在该事项提交其审查的 30 日内确定合理期间。如仲裁庭认为其不能在该期间内提交报告，仲裁庭应书面通知争端当事方迟延的原因，并不得晚于该事项提交其审查的 45 日内提交报告。

三、若在第二款所指的合理期间内是否存在为遵守仲裁庭建议所采取的措施或此类措施是否与《框架协议》相一致的问题上存在分歧，只要可能，此争端应提交原仲裁庭加以决定。仲裁庭应在该事项提交其审查的 60 日内向争端当事方提交报告。如仲裁庭认为其不能在该期间内提交报告，仲裁庭应书面通知争端当事方迟延的原因，并不得晚于该事项提交其审查的 75 日内提交报告。

第十三条　补偿和中止减让或利益

一、补偿和中止减让或利益属于在建议和裁决未在合理期限内执行时可获得的临时措施。但是，无论补偿还是中止减让或利益均不如完全执行建议以使一项措施符合框架协定。补偿是自愿的，且如果给予，应与《框架协议》相一致。

二、如在第十二条第二款的合理期限内，被诉方未能使被认定与《框架协议》不一致的措施符合仲裁庭建议，则该争端方如收到请求应与起诉方进行谈判，以期达成双方均可接受的必要的补偿调整协议。

三、如在起诉方请求就补偿调整进行谈判的 20 天内未就补偿达成双方满意的协议，起诉方可请求原仲裁庭来确定对未能使被认定与《框架协议》

不一致的措施符合仲裁庭建议的争端方实施的中止减让或利益的适当水平。仲裁庭应在该事项提交其审查的30日内向争端当事方提交报告。如仲裁庭认为其不能在该期间内提交报告,仲裁庭应书面通知争端当事方迟延的原因,并不得晚于该事项提交其审查的45日内提交报告。减让或利益不得在仲裁过程中予以中止。

四、中止减让或利益应限于在《框架协议》项下、未能使被认定与《框架协议》不一致的措施符合仲裁庭建议的争端方所享有的减让或利益。该争端方以及其他缔约方应当被通知任何此类中止的开始和详细信息。

五、在考虑中止哪些减让或利益时:

(一)起诉方应首先寻求对与仲裁庭认定有违反《框架协议》或者造成丧失或损害情形的部门相同的部门中止减让或利益;

(二)如起诉方认为对相同部门中止减让或利益不可行或无效,则可寻求中止其他部门项下的减让或利益。

六、减让或利益的中止应是临时性的,且只维持至被认定与《框架协议》不一致的措施已取消,或必须执行仲裁庭建议的缔约方已经做到,或已达成双方满意的解决办法。

第十四条　语言

一、本协议项下的任何程序应以英语进行。

二、提交的用于本协议规定程序的任何文件,应为英文。如一文件的原文并非英文,则提交该文件用于本协议规定程序的一方应提供其英文翻译。

第十五条　费用

一、争端任何一方应负担其指定的仲裁员的费用,以及其自己的花费和法律费用。

二、仲裁庭主席的费用以及其他与程序进行有关的费用,应由争端当事方平均承担。

第十六条　修订

经缔约方书面一致同意达成修正，可对本协议的规定进行修订。

第十七条　交存

对东盟而言，本协议应交存于东盟总干事，且其应迅速地向每一东盟成员国提供经核准的副本。

第十八条　生效

一、本协议经缔约方代表签署后，于二〇〇五年一月一日生效。

二、缔约方应于二〇〇五年一月一日前完成本协议生效的国内程序。

三、如一缔约方未能于二〇〇五年一月一日前完成本协议生效的国内程序，则该缔约方在本协议项下的权利和义务，自其国内程序完成之日起开始。

四、一俟本协议生效的国内程序完成，一缔约方应通过外交渠道通知其他缔约方。

本协议于二〇〇四年十一月二十九日于万象签订，一式两份，每份均用中文和英文写成，两种文本同等作准。

中华人民共和国政府	东南亚国家联盟成员国政府
代　表	代　表
________________	________________

附录 3.《中国—东盟全面经济合作框架协议服务贸易协议》[①]（2007 年 1 月 14 日）

中华人民共和国（以下简称“中国”）政府，文莱达鲁萨兰国，柬埔寨王

① 中国商务部国际经贸关系司：《中国—东盟全面经济合作框架协议服务贸易协议》，中国自由贸易区服务网，2019 年 5 月 8 日，见 http://fta.mofcom.gov.cn/dongmeng_phase2/dongmeng_phase2_special.shtml。

国，印度尼西亚共和国，老挝人民民主共和国，马来西亚，缅甸联邦，菲律宾共和国，新加坡共和国，泰王国和越南社会主义共和国等东南亚国家联盟成员国（以下将其整体简称为“东盟”或“东盟各成员国”，单独提及一国时简称“东盟成员国”）政府；

忆及2002年11月4日在柬埔寨金边由中国和东盟领导人签署的《中华人民共和国政府与东南亚国家联盟成员国政府（以下将其整体简称为“各缔约方”，单独提及东盟一成员国或中国时简称为“一缔约方”）全面经济合作框架协议》（以下简称《框架协议》）；

忆及《框架协议》第四条及第八条第三款关于尽快完成服务贸易协议谈判，以逐步实现自由化，并取消各缔约方间存在的实质上所有歧视，和（或）禁止针对服务贸易采取新的或增加歧视性措施，在中国与东盟各成员国根据《WTO服务贸易总协定》所做承诺的基础上，继续扩展服务贸易自由化的深度与广度；

致力于加强各缔约方间的服务合作，以提高效率和竞争力，使各缔约方服务提供者的服务供给和销售多元化；按照《框架协议》各缔约方相互达成的时间表进行实施，并照顾到各成员的敏感部门；和对柬埔寨、老挝、缅甸和越南实行特殊和差别待遇及展现灵活性；

认识到各缔约方为实现国家政策目标，有权对其领土内的服务提供进行管理和采用新的法规，同时认识到由于各缔约方服务法规发展程度方面存在的不平衡，发展中国家特别需要行使此权利；

达成协议如下：

第一部分：定义和范围

第一条　定义

就本协议而言：

（一）“行使政府职权时提供的服务”指既不依据商业组织提供，也不与一个或多个服务提供者竞争的任何服务；

（二）"商业存在"指任何类型的商业或专业机构，包括为提供服务而在一缔约方领土内：

1. 组建、收购或维持一法人；

2. 创建或维持一分支机构或代表处；

（三）"直接税"指对总收入、总资本或对收入或资本的构成项目征收的所有税款，包括对财产转让收益、不动产、遗产和赠与、企业支付的工资或薪金总额以及资本增值所征收的税款；

（四）GATS 指《服务贸易总协定》；

（五）"法人"指根据适用法律适当组建或组织的任何法人实体，无论是否以营利为目的，无论属私营所有还是政府所有，包括任何公司、基金、合伙企业、合资企业、独资企业或协会；

（六）"另一缔约方的法人"指：

1. 根据该另一缔约方的法律组建或组织的并在该另一缔约方或任何其他缔约方领土内从事实质性业务活动的法人；或

2. 对于通过商业存在提供服务的情况：

（1）由该方的自然人拥有或控制的法人；或

（2）由（1）项确认的该另一缔约方的法人拥有或控制的法人；

（七）"法人"：

1. 由一缔约方的个人所"拥有"，如该方的人实际拥有的股本超过 50%，

2. 由一缔约方的个人所"控制"，如此类人拥有任命其大多数董事或以其他方式合法指导其活动的权力；

3. 与另一缔约方具有"附属"关系，如该法人控制该另一人，或为该另一人所控制；或该法人和该另一人为同一人所控制；

（八）"措施"指一缔约方的任何措施，无论是以法律、法规、规则、程序、

决定、行政行为的形式还是以任何其他形式；

（九）“各缔约方的措施”指：

1. 中央、地区或地方政府和主管机关所采取的措施；及

2. 由中央、地区或地方政府或主管机关授权行使权力的非政府机构所采取的措施；

（十）“各缔约方影响服务贸易的措施”包括关于下列内容的措施：

1. 服务的购买、支付或使用；

2. 与服务的提供有关的、各缔约方要求向公众普遍提供的服务的获得和使用；

3. 一缔约方的个人为在另一缔约方领土内提供服务的存在，包括商业存在；

（十一）“服务的垄断提供者”指一缔约方领土内有关市场中被该方在形式上或事实上授权或确定为该服务的独家提供者的任何公私性质的人；

（十二）“另一缔约方的自然人”指居住在该另一缔约方或任何其他方领土内的自然人，且根据该另一缔约方的法律：

1. 属该另一缔约方的国民；或

2. 在该另一缔约方中有永久居留权，如该另一缔约方：

按本协议生效后所做通知，在影响服务贸易的措施方面，给予其永久居民的待遇与给予其国民的待遇实质相同，只要各缔约方无义务使其给予此类永久居民的待遇优于该另一缔约方给予此类永久居民的待遇。此类通知应包括该另一缔约方依照其法律和法规对永久居民承担与其他缔约方对其国民承担相同责任的保证；

（十三）“人”指自然人或法人；

（十四）服务“部门”：

1. 对于一具体承诺，指一缔约方减让表中列明的该项服务的一个、多个

或所有分部门；

2. 在其他情况下，则指该服务部门的全部，包括其所有的分部门；

（十五）“服务”包括除在政府机关为行使职权提供的服务以外的任何服务；

（十六）“服务消费者”指得到或使用服务的任何人；

（十七）“另一缔约方的服务”：

1. 指自或在该另一缔约方领土内提供的服务，对于海运服务，则指由一艘根据该另一缔约方的法律进行注册的船只提供的服务，或由经营和/或使用全部或部分船只提供服务的该另一缔约方的人提供的服务；或

2. 对于通过商业存在或自然人存在所提供的服务，指由该另一缔约方服务提供者所提供的服务；

（十八）“服务提供者”指提供一服务的任何人；

（十九）“服务的提供”包括服务的生产、分销、营销、销售和交付；

（二十）“服务贸易”定义为：

1. 自一缔约方领土向任何其他方领土提供服务；

2. 在一缔约方领土内向任何其他方的服务消费者提供服务；

3. 一缔约方的服务提供者通过在任何其他方领土内的商业存在提供服务；

4. 一缔约方的服务提供者通过在任何其他方领土内的自然人存在提供服务；

（二十一）“资格程序”指与资格要求管理相关的行政程序；

（二十二）“资格要求”指服务提供者为了获得认证或许可而需达到的实质要求。

第二条　范围

一、本协议适用于各缔约方影响服务贸易的措施。

二、本协议不适用于：

（一）在每一个缔约方领土范围内行使政府职权时提供的服务；

（二）管理政府机构为政府目的而购买服务的法规或要求，此种购买不得用于进行商业转售或用于为商业销售而提供的服务。

第二部分：义务和纪律

第三条　透明度

《服务贸易总协定》第三条，经做必要调整，纳入本协议并成为本协议的组成部分。

第四条　机密信息的披露

《服务贸易总协定》第三条之二款，经做必要调整，纳入本协议并成为本协议的组成部分。

第五条　国内规制

一、在第三部分下，在已作出具体承诺的部门中，每一缔约方应保证所有影响服务贸易的普遍适用的措施以合理、客观和公正的方式实施。

二、（一）每一缔约方应维持或尽快设立司法、仲裁或行政庭或程序，在受影响的服务提供者请求下，对影响服务贸易的行政决定迅速进行审议，并在请求被证明合理的情况下提供适当的补救。如此类程序并不独立于作出有关行政决定的机构，则该方应保证此类程序在实际中提供客观和公正的审查。

（二）（一）项的规定不得解释为要求一缔约方设立与其宪法结构或其法律制度的性质不一致的法庭或程序。

三、对在本协议下已作出具体承诺的服务，如提供此种服务需要得到批准，则各缔约方的主管机关：

（一）在申请不完整的情况下，应申请方请求，指明所有为完成该项申请所需补充的信息，并在合理的时间内为其修正不足提供机会；

（二）应申请方请求，提供有关申请情况的信息，不得有不当延误；

（三）如在申请被终止或否决，尽最大可能以书面形式毫不延误地通知申请方采取该项行动的原因。申请方应有自行决定重新提交的新的申请的可能。

四、为保证有关资格要求和程序、技术标准和许可要求的各项措施不致构成不必要的服务贸易壁垒，各缔约方应按照《服务贸易总协定》第六条第四款的规定，共同审议有关这些纪律措施的谈判结果，以将这些措施纳入本协议。各缔约方注意到此类纪律应旨在特别保证上述要求：

（一）依据客观的和透明的标准，例如提供服务的能力和资格；

（二）不得超越为保证服务质量所必需限度的负担；

（三）如为许可程序，则这些程序本身不成为对服务提供的限制。

五、（一）在一缔约方已在第三部分下作出具体承诺的部门中，在本条第四款规定的纪律被纳入之前，该缔约方不得以以下方式实施使本协议下的义务失效或减损的许可要求、资格要求和技术标准：

1. 不符合本条第四款第一项、第二项或第三项中所概述的标准的；且

2. 在该缔约方就这些部门作出具体承诺，不能合理预见的。

（二）在确定一缔约方是否符合第五款第一项下的义务时，应考虑该缔约方所实施的有关国际组织的国际标准。

六、在已就专业服务作出具体承诺的部门，每一缔约方应规定适当程序，以核验任何其他方专业人员的能力。

第六条　承认

一、为使服务提供者获得授权、许可或证明的标准或准则得以实施，一缔约方可承认在另一缔约方已获得的教育或经历、已满足的要求或已给予的许可或证明。此类承认可通过协调或其他方式实现，或可依据与各缔约方之间或相关主管机构之间的协议或安排，或可自动给予。

二、两个或更多缔约方，为使服务提供者获得授权、许可或证明的标准或准则得以实施，可以开展或者鼓励与它们相关主管机构开展关于承认资格要求、资格程序、许可和(或)注册程序的谈判。

三、属第一款所指类型的协定或安排参加方，无论此类协定或安排是现有的还是在将来订立，均应向其他利害关系方提供充分的机会，以谈判加入此类协定或安排，或与其谈判类似的协定或安排。如一缔约方自动给予承认，则应向任何其他方提供充分的机会，以证明在该其他方获得的教育、经历、许可或证明以及满足的要求应得到承认。

四、一缔约方给予承认的方式不得构成在适用服务提供者获得授权、许可或证明的标准或准则时在各国之间进行歧视的手段，或构成对服务贸易的变相限制。

第七条　垄断和专营服务提供者

一、每一缔约方应保证在其领土内的任何垄断服务提供者在有关市场提供垄断服务时，不以与其在减让表下的义务不一致的方式行事。

二、如一缔约方的垄断提供者直接或通过附属公司参与其垄断权范围之外且受该方具体承诺约束的服务提供的竞争，则该方应保证该提供者不滥用其垄断地位在其领土内以与此类承诺不一致的方式行事。

三、如一缔约方有理由认为任何其他缔约方的垄断服务提供者以与第一款和第二款不一致的方式行事，则在该缔约方请求下，可要求设立、维持或授权该服务提供者的方提供有关经营的具体信息。

四、如一缔约方在形式上或事实上(1)授权或设立少数几个服务提供者，且(2)实质性阻止这些服务提供者在其领土内相互竞争，则本条的规定应适用于此类专营服务提供者。

第八条　商业惯例

一、各缔约方认识到，除属第七条(垄断和专营服务提供者)范围内的商业惯例外，服务提供者的某些商业惯例会抑制竞争，从而限制服务贸易。

二、在任何其他缔约方（“请求方”）请求下，每一缔约方应进行磋商，以期取消第一款所指的商业惯例。被请求方对此类请求应给予充分和积极的考虑，并应通过提供与所涉事项有关的、可公开获得的非机密信息进行合作。在遵守其国内法律并在就请求方保障其机密性达成令人满意的协议的前提下，被请求方还应向请求方提供其他可获得的信息。

第九条　保障措施

一、各缔约方注意到，根据《服务贸易总协定》第十条，就紧急保障措施问题而进行的多边谈判是基于非歧视原则开展的。一旦完成这些多边谈判，各缔约方应进行审议，讨论适当地修改本协议，以将此类多边谈判的成果纳入本协议。

二、在第一款中提及的多边谈判完成之前，若实施本协议对一缔约方的某一服务部门造成了实质性的负面影响，受影响的缔约方可要求与另一缔约方磋商，以讨论与受影响的服务部门相关的任何措施。按照本款规定采取的任何措施应获得相关各缔约方的相互同意。相关各缔约方应视具体事件的情况，对寻求采取措施的缔约方给予同情的考虑。

第十条　支付和转移

一、除在第十一条（保障国际收支的限制）中设想的情况下，一缔约方不得对与其具体承诺有关的经常项目交易的国际转移和支付实施限制。

二、本协议的任何规定不得影响国际货币基金组织成员在《基金组织协定》项下的权利和义务，包括采取符合《基金组织协定》的汇兑行动，但是一缔约方不得对任何资本交易设置与其有关此类交易的具体承诺不一致的限制，根据第十一条或在基金请求下除外。

第十一条　保障国际收支的限制

如发生严重国际收支和对外财政困难或其威胁，一缔约方可按照《服务贸易总协定》第十二条的规定对服务贸易采取或维持限制。

第十二条　一般例外

在此类措施的实施不对情形类似的国家构成任意或不合理的歧视手段或构成对服务贸易的变相限制的前提下,本协议的任何规定不得解释为阻止任何方采取或实施以下措施:

（一）为保护公共道德或维护公共秩序所必需的措施;

（二）为保护人类、动物或植物的生命或健康所必需的措施;

（三）为使与本协议的规定不相抵触的法律或法规得到遵守所必需的措施,包括与下列内容有关的法律或法规:

1. 防止欺骗和欺诈行为或处理服务合同违约而产生的影响;

2. 保护与个人信息处理和传播有关的个人隐私及保护个人记录和账户的机密性;

3. 安全;

（四）与第十九条（国民待遇）不一致的措施,只要差别待遇是为了保证对其他方的服务或服务提供者公平或有效地课征或收取直接税;

（五）只要差别待遇是基于避免双重征税的协定或任何其他国际协定或安排中关于避免双重征税的规定的结果的措施。

第十三条　安全例外

本协议的任何规定不得解释为:

（一）要求任何方提供其认为如披露则会违背其根本安全利益的任何信息;或

（二）阻止任何方采取其认为对保护其根本安全利益所必需的任何行动:

1. 与裂变和聚变物质或衍生此类物质的物质有关的行动;

2. 与武器、军火和战争工具相关的交易以及与直接或间接为军事机关提供其他货物和原料的交易有关的行动；

3. 为保护关键的交通基础设施免受故意破坏，防止这些设施丧失或降低功能；

4. 在战时或国际关系中的其他紧急情况下采取的行动；或

（三）阻止任何方为履行其在《联合国宪章》项下的维护国际和平与安全的义务而采取的任何行动。

第十四条　补贴

一、除非本条另有规定，本协议不应适用于一缔约方提供的补贴，或者附加于接受或持续接受这类补贴的任何条件，不论这类补贴仅给予国内服务、服务消费者或服务提供者。如果这类补贴显著影响了在本协议下承诺的服务贸易，任何缔约方均可请求磋商，以友好地解决该问题。

二、按照本协议的规定，各缔约方应：

（一）应请求，向任何请求方提供本协议下承诺的服务贸易的补贴信息；且

（二）在 WTO 制定出相关纪律时，审议补贴待遇。

第十五条　WTO 规则

各缔约方在此同意并重申它们承诺遵守有关并适用于服务贸易的 WTO 协议的规定，除非各缔约方根据第二十七条（审议条款）通过对本协议进行审议而在将来达成任何协议。

第十六条　合作

各缔约方应努力加强包括未包含在现有合作安排内的部门的合作。各缔约方应讨论并相互同意拟开展合作的部门，并制定这些部门的合作计划，以促进它们的能力、效率及竞争力。

第十七条　加强柬埔寨、老挝、缅甸和越南的参与

加强柬埔寨、老挝、缅甸和越南对本协议的参与应通过经谈判达成的具

体承诺推动,这些承诺与以下措施相关:

(一)通过商业基础上的技术引进,加强它们国内服务的能力、效率和竞争力;

(二)促进它们进入销售渠道及信息网络;

(三)对它们有出口利益的服务部门的市场准入和服务提供方便,实现自由化;且

(四)对柬埔寨、老挝、缅甸和越南展现适当的灵活性,允许它们开放较少的部门和较少的交易种类,并按照他们各自的发展情况逐步扩大市场准入。

第三部分:具体承诺

第十八条　市场准入

一、对于通过第一条第二十项第一至第四目确认的服务提供方式实现的市场准入,每一缔约方对任何其他方的服务和服务提供者给予的待遇,在条款、限制和条件方面,不得低于其在具体承诺减让表中所同意和列明的内容。

二、在作出市场准入承诺的部门,除非在其减让表中另有列明,否则一缔约方不得在其一地区或在其全部领土内维持或采取按如下定义的措施:

(一)无论以数量配额、垄断、专营服务提供者的形式,还是以经济需求测试要求的形式,限制服务提供者的数量;

(二)以数量配额或经济需求测试要求的形式限制服务交易或资产总值;

(三)以配额或经济需求测试要求的形式,限制服务业务总数或以指定数量单位表示的服务产出总量;

(四)以数量配额或经济需求测试要求的形式,限制特定服务部门或服务提供者可雇用的、提供具体服务所必需且直接有关的自然人总数;

（五）限制或要求服务提供者通过特定类型法律实体或合营企业提供服务的措施；以及

（六）以限制外国股权最高百分比或限制单个或总体外国投资总额的方式限制外国资本的参与。

第十九条　国民待遇

一、对于列入减让表的部门，在遵守其中所列任何条件和资格的前提下，每一缔约方在影响服务提供的所有措施方面给予任何其他方的服务和服务提供者的待遇，不得低于其给予本国同类服务和服务提供者的待遇。

二、一缔约方可通过对任何其他方的服务或服务提供者给予与其本国同类服务或服务提供者的待遇形式上相同或不同的待遇，满足第一款的要求。

三、如形式上相同或不同的待遇改变竞争条件，与任何其他缔约方的同类服务或服务提供者相比，有利于该缔约方的服务或服务提供者，则此类待遇应被视为较为不利的待遇。

第二十条　附加承诺

各缔约方可就影响服务贸易、但根据第十八条（市场准入）或第十九条（国民待遇）不需列入减让表的措施，包括有关资格、标准或许可事项的措施，谈判承诺。此类承诺应列入一缔约方减让表。

第二十一条　具体承诺减让表

一、各缔约方应进行谈判以达成本协议下的一揽子具体承诺。各缔约方应努力做出超越《服务贸易总协定》业已作出的承诺。

二、每一缔约方应在减让表中列出其根据本协议第十八条（市场准入）和第十九条（国民待遇）作出的具体承诺。对于作出此类承诺的部门，每一减让表应列明：

（一）作出此类承诺的部门；

(二)市场准入的条款、限制和条件;

(三)国民待遇的条件和资格;

(四)与附加承诺有关的承诺;以及

(五)在适当时,实施此类承诺的时限。

三、与第十八条(市场准入)和第十九条(国民待遇)不一致的措施应列入与第十八条和第十九条有关的栏目。

四、一缔约方具体承诺减让表只适用于那些通过谈判已经完成各自具体承诺减让表的缔约方。

五、结束谈判后,具体承诺减让表应成为本协议组成部分,并附在本协议之后。

第二十二条　承诺的适用与扩大

一、中国应在本协议第二十一条(具体承诺减让表)下做出一份具体承诺减让表,并应将该减让表适用于所有的东盟成员国。

三、每一个东盟成员国应在本协议的具体承诺减让表条款项下做出各自的具体承诺减让表,并应将该减让表适用于中国和东盟其他成员国。

第二十三条　逐步自由化

一、涵盖每一缔约方具体承诺减让表的第一批具体承诺附在本协议之后。

二、各缔约方应在本协议生效之日起一年内完成第二批具体承诺的谈判,以实质性改善第一批具体承诺。

三、各缔约方应按照第二十七条(审议),在随后的审议中,通过连续的谈判回合,就该部分项下的进一步具体承诺展开谈判,以实现各缔约方间的服务贸易逐步自由化。

第二十四条　具体承诺减让表的修改

一、一缔约方可以在减让表中任何承诺自生效之日起 3 年后的任何时

间修改或撤销该承诺，只要

（一）该缔约方将其修改或撤销某一承诺的意向，在不迟于实施修改或撤销的预定日期前3个月通知各缔约方及东盟秘书处；且

（二）该缔约方与任何受影响的缔约方进行谈判，以商定必要的补偿性调整。

二、为实现补偿性调整，各缔约方应确保互利承诺的总体水平不低于在此类谈判之前具体承诺减让表中规定的对贸易的有利水平。

三、依照本条规定制定的任何补偿性调整应在非歧视的基础上适用于所有缔约方。

四、如果有关缔约方无法就补偿性调整达成协议，应按照《框架协议》下的《争端解决机制协议》通过仲裁解决。修改方应在根据仲裁结果进行补偿性调整后，修改或撤销其承诺。

五、如果修改方实施了拟议的修改或撤销，并且没有执行仲裁结果，参与仲裁的任何缔约方可按照仲裁结果修改或撤销实质性对等的利益。尽管有第二十二条（承诺的适用与扩大）的规定，此类修改或撤销应仅适用于修改方。

第四部分：其他条款

第二十五条　国家、地区与地方政府

在履行本协议项下的义务和承诺时，每一缔约方应保证其领土内的地区、地方政府和主管机构，以及非政府机构（行使中央、省、地区或其他地方政府或主管机关的授权）遵守这些义务和承诺。

第二十六条　联络点

一、各缔约方应指定一个联络点，以便利缔约方之间就本协议下的任何事务进行沟通，包括对本协议的执行和实施交换信息。

二、应任何一缔约方请求，被请求方的联络点应指定负责该事务的部门

或官员，并为便利与请求方的沟通提供帮助。

第二十七条　审议

东盟经济部长和中国商务部部长或其指定的代表应在本协议生效之日起一年之内召开会议，此后每两年或任何适当的时间召开会议，审议本协议，以考虑进一步采取措施实现服务贸易自由化，并就本协议关于 WTO 纪律的第十五条或各缔约方同意的任何其他问题制定纪律和谈判协定。

第二十八条　杂项条款

一、GATS 附件，即《关于提供服务的自然人流动的附件》、《关于空运服务的附件》、《关于金融服务的附件》和《关于电信服务的附件》，经必要调整后，适用于本协议。

二、本协议包括(1)附件和其涵盖的内容，它们应成为本协议的组成部分，以及(2)按照本协议达成的所有未来的法律文件。

三、除非本协议另有规定，本协议或依据本协议采取的任何行动不应影响或废止一缔约方依据其现为缔约方的协议所享受的权利和承担的义务。

第二十九条　修正

各缔约方达成书面协议即可对本协议进行修正，此类修正应在各缔约方达成一致的日期生效。

第三十条　争端解决

《全面经济合作框架协议争端解决机制协议》适用于本协议。

第三十一条　利益的拒绝给予

一缔约方可对下列情况拒绝给予本协定项下的利益：

(一)对于一项服务的提供，如确定该服务是从或在一非缔约方的领土内提供的；

(二)在提供海运服务的情况下，如确定该服务是：

1. 由一艘根据一非缔约方的法律进行注册的船只提供的；

2. 由一经营和/或使用全部或部分船只的非缔约方的人提供的；

（三）对于一个具有法人资格的服务提供者，如确定其不是另一缔约方的服务提供者。

第三十二条　生效

一、本协议经各缔约方代表签署后，应于 2007 年 7 月 1 日生效。

二、各缔约方应在 2007 年 7 月 1 日之前完成使本协议生效的国内程序。

三、如一缔约方未能在 2007 年 7 月 1 日之前完成使本协议生效的国内程序，该缔约方依照本协议的权利与义务应自其完成此类国内程序之日开始。

四、一缔约方一俟完成使本协议生效的国内程序，应书面通知所有其他缔约方。

第三十三条　交存

对于东盟成员国，本协议应交存于东盟秘书长，东盟秘书长应及时向每一个东盟成员国提供一份经核证的副本。

具名于下的经各自政府正式授权的代表，特签署《中华人民共和国政府与东南亚国家联盟成员国政府全面经济合作框架协议服务贸易协议》，以昭信守。

本协议于 2007 年 1 月 14 日在菲律宾宿务签署，一式两份，以英文书就。

中华人民共和国政府 代　表 ________________	东南亚国家联盟成员国政府 代　表 ________________

附录4.《中国—东盟全面经济合作框架协议投资协议》[①]（2009年8月15日）

中华人民共和国(以下简称“中国”)政府，文莱达鲁萨兰国，柬埔寨王国，印度尼西亚共和国，老挝人民民主共和国，马来西亚，缅甸联邦，菲律宾共和国，新加坡共和国，泰王国和越南社会主义共和国等东南亚国家联盟成员国(以下将其整体简称为“东盟”或“东盟各成员国”，单独提及一国时简称“东盟成员国”)政府，(以下将其整体简称为“各缔约方”，单独提及东盟一成员国或中国时简称为“一缔约方”)：

忆及2002年11月4日在柬埔寨金边由中国和东盟领导人签订的《中华人民共和国政府与东南亚国家联盟成员国政府全面经济合作框架协议》(以下简称《框架协议》)；

进一步忆及《框架协议》第五条及第八条，为建立中国—东盟自由贸易区和促进投资，建立一个自由、便利、透明及竞争的投资体制，各缔约方同意尽快谈判并达成投资协议，以逐步实现投资体制自由化，加强投资领域的合作，促进投资便利化和提高投资相关法律法规的透明度，并为投资提供保护；

注意到《框架协议》所认识到的缔约方之间不同的发展阶段和速度，和对柬埔寨、老挝、缅甸和越南等东盟新成员实行特殊和差别待遇及灵活性的必要性；

重申各缔约方按既定的时间表建成中国—东盟自由贸易区的承诺，并允许各缔约方在处理《框架协议》所包含的各自敏感领域中具有灵活性，在平等互利的基础上实现经济的可持续增长与发展，实现双赢的结果；

① 中国商务部国际经贸关系司：《中国—东盟全面经济合作框架协议投资协议》，中国自由贸易区服务网，2019年5月8日，见http://fta.mofcom.gov.cn/dongmeng_phase2/dongmeng_phase2_special.shtml。

重申各缔约方在世界贸易组织（WTO）和其他多边、区域及双边协定和安排中的权利、义务和责任。

达成协议如下：

第一条　定义

一、就本协议而言：

（一）“AEM”是指东盟经济部长会议；

（二）“可自由兑换货币”是指国际货币基金组织在其协议相关条款及任何修正案中指定为可自由兑换货币的任何货币；

（三）“GATS”是指世界贸易组织协定附件1B《服务贸易总协定》；

（四）“投资”是指一方投资者根据另一缔约方相关法律、法规和政策①在后者境内投入的各种资产，包括但不限于：

1. 动产、不动产及抵押、留置、质押等其他财产权利；

2. 股份、股票、法人债券及此类法人财产的利息；

3. 知识产权，包括关于版权、专利权和实用模型、工业设计、商标和服务商标、地理标识、集成电路设计、商名、贸易秘密、工艺流程、专有技术及商誉等权利；

4. 法律或依合同授予的商业特许经营权②，包括自然资源的勘探、培育、开采或开发的特许权；和

5. 金钱请求权或任何具有财务价值行为的给付请求权。

就本目中的投资定义而言，投资收益应被认作投资，投入或再投入资产发生任何形式上的变化，不影响其作为投资的性质；

---

①　为进一步明确，政策指经一缔约方政府批准和宣布并以书面形式向公众公布的影响投资的政策。

②　商业特许经营权包括合同权利，诸如承包权、建筑和管理合同、生产或收入分配合同、特许经营或其他类似合同，也可包括例如建设—运营—转交（BOT）和建设—运营—拥有（BOO）方式的项目投资资金。

（五）“一缔约方的投资者”是指正在①或已在其他缔约方境内进行投资的一缔约方自然人或一缔约方法人；

（六）“一缔约方的法人”是指根据一缔约方适用法律适当组建或组织的任何法人实体，无论是否以营利为目的，无论属私营还是政府所有，并在该缔约方境内具有实质经营，包括任何公司、信托、合伙企业、合资企业、个人独资企业或协会；

（七）“措施”是指一缔约方所采取的，影响投资者和/或投资的，任何普遍适用的法律、法规、规则、程序、行政决定或行政行为，包括：

1. 中央、地区或地方政府和主管机关所采取的措施；和

2. 由中央、地区或地方政府和主管机关授权行使权力的非政府机构所采取的措施；

（八）“MOFCOM”指中华人民共和国商务部；

（九）“一缔约方的自然人”是指根据一缔约方法律法规拥有缔约方国籍、公民身份或永久居民权的任何自然人②；

（十）“收益”是指获利于或源自一项投资的总金额，特别是指但不限于利润、利息、资本所得、红利、版税或酬金；

（十一）“SEOM”是指东盟经济高官会议；

---

① 为进一步明确，“正在其他缔约方境内进行投资”仅与最惠国待遇条款和转移和利润汇回条款相关。

② 对于印度尼西亚、老挝人民共和国、缅甸、泰国和越南，由于其不授予外国人永久居民权或不给予永久居民与其国民或公民同等利益，上述缔约方没有法律义务将本协议的利益给予任何其他缔约方的永久居民，或不要求任何其他缔约方要求将上述利益给予该缔约方的永久居民，如果可适用上述利益。

对于中国，在中国颁布关于外国永久居民的待遇国内法律之前，在其他缔约方给予对等待遇的前提下，中国给予其他缔约方永久居民的待遇在同等条件下应不低于给予第三国的待遇，如果该永久居民放弃其源自中国与任何第三国达成的任何其他投资协定或安排中关于争端解决的规定的权利。

(十二)“WTO 协定”是指 1994 年 4 月 15 日于摩洛哥马拉什订立的《马拉喀什建立世界贸易组织协定》。

二、上述每一术语的定义应适用于本协议,除非文中另有规定或者一缔约方对任何上述术语对其承诺或保留的适用另有特殊定义。

三、除非文中另有规定,本协议中单数形式的定义措辞应包括复数形式,及所有复数形式的定义措辞应包括单数形式。

第二条 目标

本协议的目标是旨在通过下列途径,促进东盟与中国之间投资流动,建立自由、便利、透明和竞争的投资体制:

(一)逐步实现东盟与中国的投资体制自由化;

(二)为一缔约方的投资者在另一缔约方境内投资创造有利条件;

(三)促进一缔约方和在其境内投资的投资者之间的互利合作;

(四)鼓励和促进缔约方之间的投资流动和缔约方之间投资相关事务的合作;

(五)提高投资规则的透明度以促进缔约方之间投资流动;以及

(六)为中国和东盟之间的投资提供保护。

第三条 适用范围

一、本协议应适用于一缔约方对下列相关情形采取或保留的措施:

(一)另一缔约方的投资者;和

(二)另一缔约方投资者在其领土内的投资:

1. 对于中国,根据 2001 年 12 月 11 日中国加入世界贸易组织时,世界贸易组织定义的全部关税领土。就此而言,本协议中对中国“领土”的表述是指中国的关税领土;和

2. 对于东盟成员国,其各自的领土。

二、除非本协议另有规定,本协议应适用于一缔约方投资者在另一缔约

方境内的所有投资,无论其设立于本协议生效前或生效后。为进一步明确,本协议的规定不对任何缔约方,涉及在本协议生效之前发生的任何行动或事实或已终止的任何状态,具有约束力。

三、就泰国而言,本协议仅适用于在泰国境内被确认并依据泰国适用的国内法律、法规和政策,获得其主管机构①明确书面批准保护的另一方投资者的投资。

四、本协议不适用于:

(一)任何税收措施。本项不应损害缔约方关于下列税收措施的权利和义务:

1. 依据 WTO 的权利和义务准予或征收的;

2. 第八条(征收)和第十条(转移和利润汇回)的规定;

3. 第十四条(投资者与国家之间的争端解决)的规定,若争端源自第八条(征收);以及

4. 关于避免双重征税的任何税收协定的规定。

(二)规范政府机构为政府目的(政府采购)进行货物或服务采购的法律、法规、政策或普遍适用的程序,只要该采购不以商业转售或为商业销售生产货物或提供服务为目的;

(三)一缔约方提供的补贴或补助,及接受或持续接受此类补贴或补助所附带的任何条件,无论此类补贴或补助是否仅提供给国内投资者和投资;

(四)一缔约方相关机构或主管机关行使政府职权时提供的服务,就本协议而言,行使政府职权时提供的服务指既不以商业为基础,也不与一个或多个服务提供者竞争的任何服务;以及

(五)一缔约方采取或维持的影响服务贸易的措施。

---

① 负责授予此类批准的主管机构的名称和联系方式应通过东盟秘书处通知其他缔约方。

五、尽管有第四款第（五）项的规定，第七条（投资待遇）、第八条（征收）、第十条（转移和利润汇回）、第九条（损失的补偿）、第十二条（代位）和第十四条（缔约方与投资者间争端解决），经必要修改后，应适用于影响一缔约方服务提供者在另一缔约方境内通过商业存在的方式提供服务的任何措施，但仅限于此类措施与本协议相关的投资和义务，无论此服务部门是否列于2007年1月14日于菲律宾宿务签订的《中华人民共和国与东南亚国家联盟全面经济合作框架协议服务贸易协议》的缔约方的具体承诺减让表中。

第四条　国民待遇

各方在其境内，应当给予另一方投资者及其投资，在管理、经营、运营、维护、使用、销售、清算或此类投资其他形式的处置方面，不低于其在同等条件下给予其本国投资者及其投资的待遇。

第五条　最惠国待遇

一、各缔约方在准入、设立、获得、扩大、管理、经营、运营、维护、使用、清算、出售或对投资其他形式的处置方面，应当给予另一缔约方投资者及其相关投资，不低于其在同等条件下给予任何其他缔约方或第三国投资者及/或其投资的待遇。

二、尽管有第一款的规定，如果一缔约方依据任何其为成员的将来的协定或安排，给予另一缔约方或第三国投资者及其投资更优惠的待遇，其没有义务将此待遇给予另一缔约方的投资者及其投资。但是，经另一缔约方要求，该缔约方应给予另一缔约方充分的机会，商谈其间的优惠待遇。

三、尽管有第一款和第二款的规定，此待遇不包括：

（一）在任何现存与非缔约方的双边、地区及国际协定或任何形式的经济或区域合作中，给予投资者及其投资的任何优惠待遇；和

（二）在东盟成员国之间及一缔约方同其单独关税区之间的任何协定

或安排中,给予投资者及其投资的任何现有或未来优惠待遇。

四、为进一步明确,本条规定的义务不包含要求给予另一方投资者除本章规定内容以外的争端解决程序。

第六条　不符措施

一、第四条(国民待遇)和第五条(最惠国待遇)不适用于:

(一)任何在其境内现存的或新增的不符措施;

(二)任何第(一)项所指不符措施的延续或修改。

二、各方应当尽力逐步消除不符措施。

三、各方应根据第二十四条(审议)展开讨论,以推进第二条第(一)项和第二条第(五)项中的目标。在根据第二十二条(机构安排)设立的机构监督下,各方应尽力实现上述目标。

第七条　投资待遇

一、各缔约方应给予另一方投资者的投资公平和公正待遇,提供全面保护和安全。

二、为进一步明确:

(一)公平和公正待遇是指各方在任何法定或行政程序中有义务不拒绝给予公正待遇;和

(二)全面保护与安全要求各方采取合理的必要措施确保另一缔约方投资者投资的保护与安全。

三、违反本协议其他规定或单独的国际协定的决定,并不构成对本条的违反。

第八条　征收

一、任何一缔约方不得对另一缔约方投资者的投资实施征收、国有化或采取其他等同措施(“征收”),除符合下列条件:

(一)为公共目的;

（二）符合可适用的国内法包括法律程序；

（三）以非歧视的方式实施；以及

（四）按照第二款规定给予补偿。

二、此补偿应以征收公布时或征收发生时被征收投资的公平市场价值计算，孰为先者作准。补偿应允许以可自由兑换货币从东道国自由转移。补偿的偿清和支付不应有不合理的拖延。公平市场价值不应因征收事先被公众所知而发生任何价值上的变化。

三、一旦发生拖延，补偿应包括按主要商业利率计算的从征收发生日起到支付日之间的利息①。包括应付利息在内的补偿，应当以原投资货币或应投资者请求以可自由兑换货币支付。

四、尽管有第一段、第二段和第三段的规定，任何相关土地征收的措施，应由各缔约方各自现有的国内法律、法规及任何修正案进行解释，对于补偿金额也应依据上述法律、法规解释。

五、对于一缔约方所征收的法人财产，若该法人为根据其法律、法规以股份形式组成或建立，且另一缔约方的投资者拥有其中股份，本条前述几款的规定应适用，以保证支付给此投资者的补偿符合其所征收财产的利益。

六、本条不适用于根据 WTO 协定附件 1C《与贸易有关的知识产权协定》给予的与知识产权相关的强制许可。

第九条　损失补偿

一缔约方投资者在另一缔约方境内的投资，如果因另一方境内战争或其他武装冲突、革命、国家紧急状态、叛乱、起义或骚乱而遭受损失，则另一缔约方在恢复原状、赔偿、补偿和其他解决措施方面，在同等条件下，给予该

---

① 对马来西亚、缅甸、菲律宾、泰国和越南而言，一旦发生拖延，对另一缔约方投资者的投资征收补偿的利息应根据其法律、法规和政策确定，前提是此法律、法规和政策在非歧视基础上适用于另一缔约方或非缔约方投资者的投资。

投资者的待遇不应低于其给予任何第三国投资者或本国国民的待遇，并从优适用。

第十条　转移和利润汇回

一、任一缔约方应允许任何其他方投资者在该缔约方境内的投资的所有转移，能以转移当日外汇市场现行汇率兑换为可自由兑换货币，允许此类转移不延误地自由汇入或汇出该方领土。此类转移包括：

（一）初始投资，及任何用于保持或扩大投资的追加资本①；

（二）任何其他缔约方投资者的任何投资所产生的净利润、资本所得、分红、专利使用费、许可费、技术支持、技术及管理费、利息及其他现金收入；

（三）任何其他缔约方投资者的任何投资的全部或部分销售或清算所得款项，或减少投资资本所得款项；

（四）一缔约方投资者偿付任何其他方投资者的借款或贷款，只要各缔约方已认定其为投资；

（五）任何其他缔约方自然人的净收入和其他补偿，该自然人受雇佣并允许从事与在该方境内投资相关的工作；

（六）依据任何其他缔约方投资者或其投资所订立合同进行的支付，包括依据贷款业务进行的支付；以及

（七）依据第八条（征收）和第九条（损失补偿）进行的支付。

二、各方给予第一款所述转移的待遇，在同等条件下，应等同于任何其他缔约方或第三国投资所产生的转移。

三、尽管有第一款和第二款的规定，一缔约方在公平、非歧视和善意实施其与下列内容相关的法律法规基础上，可以阻止或延迟某一项转移，包括：

---

①　各缔约方同意“初始投资及任何用于保持或扩大投资的追加资本”所指仅适用于成功完成审批程序的资本流入。

（一）破产，丧失偿付能力或保护债权人权利；

（二）未履行东道方的关于证券、期货、期权或衍生产品交易的转移要求；

（三）未履行税收义务；

（四）刑事犯罪和犯罪所得的追缴；

（五）社会安全、公共退休或强制储蓄计划；

（六）依据司法判决或行政决定；

（七）与外商投资项目停业的劳动补偿相关的工人遣散费；

（八）必要时用于协助执法或金融管理机构的财务报告或转移备案记录。

四、为进一步明确，本条前述各款所指的转移应遵守各自外汇管理国内法律和法规所规定的相关程序，只要此类法律和法规不被用作规避缔约方本协议义务的手段。

五、本协议的任何规定不得影响各方作为国际货币基金组织成员在《国际货币基金协定》项下的权利和义务，包括采取符合《国际货币基金协定》的汇兑行动，但是一方不得对任何资本交易设置与其在本协议中具体承诺不一致的限制，但以下情形除外：

（一）依据第十一条（国际收支平衡保障措施）；

（二）应国际货币基金组织的要求；

（三）在特殊情形下，资本的流动导致相关缔约方严重的经济或金融动荡，或存在导致上述情况的威胁。

六、根据第五款第（三）项所采取的措施①：

（一）应与《国际货币基金组织协定》条款相一致；

① 为进一步明确，为维持汇率稳定包括为防止投机资本流动而采取或维持的任何措施，不应以保护某一特定部门为目的。

（二）不得超过处理第五款第（三）项所指情况所必需的程度；

（三）应是暂时的，并在其设立和维持不再具有合理性时予以取消；

（四）应尽早通知其他缔约方；

（五）应使任何一方所获待遇不低于任何其他方或非缔约方所获待遇；

（六）应在国民待遇的基础上实施；且

（七）应避免对其他缔约方的投资者、所涉投资和商业、经济和财政利益造成不必要的损害。

第十一条　国际收支平衡保障措施

一、若发生国际收支严重不平衡、外部金融困难或威胁，一缔约方可采取或保留投资限制措施，包括与此类投资相关的支付和转移。认识到缔约方在经济发展过程中面临的保持国际收支平衡的特别压力，可在必要时采取限制措施或其他方式，确保维持适当的外汇储备水平以实施其经济发展计划。

二、第一段所指的限制措施应：

（一）与国际货币基金组织协议的条款相一致；

（二）在缔约方之间没有歧视；

（三）避免对任何其他缔约方的商业、经济和金融利益造成不必要的损害；

（四）不超越处理第一段所描述情形的必要限度；

（五）属临时性的，并在第一段所述情形改善时逐步取消；以及

（六）给予任一其他缔约方的待遇不低于任何第三国。

三、一缔约方依据第一款采取或保留的任何限制措施，或对这些措施的任何修改，应及时通知所有其他缔约方。

第十二条　代位

一、如果任何一方或其指定的任何代理、机构、法定机构或公司，依照保

险向其本国投资者就相关投资或其中任何一部分依据本协议形成的要求权进行了支付，其他相关方应当承认前述缔约方或其指定的任何代理、机构、法定机构或公司有资格代位履行其投资者的权利和要求权。代位权利或要求权不应超过投资者的原始权利或要求权。

二、如一方或其指定的任何代理、机构、法定机构或公司已向其投资者进行了支付，并已接管该投资者的权利及请求，则该投资者不得向另一方主张这些权利或请求，除非其得到授权，代表该方或进行支付的代理机构采取行动。

第十三条　缔约方间争端解决

2004 年 11 月 29 日于老挝万象签订的《中国—东盟全面经济合作框架协议争端解决机制协议》的规定，适用于本协议缔约方间争端解决。

第十四条　缔约方与投资者间争端解决

一、本条适用于一缔约方与另一缔约方的投资者之间产生的，涉及因前一缔约方违反本协议第四条（国民待遇）、第五条（最惠国待遇）、第七条（投资待遇）、第八条（征收）、第九条（损失补偿）、第十条（转移和利润汇回），通过对某一投资的管理、经营、运营、销售或其他处置等行为给投资者造成损失或损害的投资争端。

二、本条不适用于：

（一）在本协议生效前，已发生的事件引发的投资争端、已解决的投资争端或者已进入司法或仲裁程序的投资争端；

（二）争端所涉投资者拥有争端所涉缔约方的国籍或公民身份的情况。

三、争端所涉方应尽可能通过磋商解决争端。

四、如果按第三款规定提出磋商和谈判的书面请求后 6 个月内，争端仍未解决，除非争端所涉方另行同意，则应当根据投资者的选择，将争端：

（一）提交有管辖权的争端缔约方法院或行政法庭；或

（二）如果争端所涉缔约方和非争端所涉缔约方均为国际投资争端解决中心公约的成员，则可根据《国际投资争端解决中心公约》及《国际投资争端解决中心仲裁程序规则》①提交仲裁；或

（三）如果争端所涉缔约方和非争端所涉缔约方其中之一为国际投资争端解决中心公约的成员，则可根据国际投资争端解决中心附加便利规则提交仲裁；或

（四）根据《联合国国际贸易法委员会的规则》提交仲裁；或

（五）由争端所涉方同意的任何其他仲裁机构或根据任何其他仲裁规则进行仲裁。

五、在一争端已被提交给适格的国内法院的情况下，所涉投资者如果在最终裁决下达前从国内法院撤回申请，可将其提交给国际争端解决机构。对于印尼、菲律宾、泰国和越南，一旦投资者将争端提交给其适格的法院和行政法庭，或根据本条第四款第（二）项、第（三）项、第（四）项或第（五）项规定的仲裁程序之一，则选定的程序是终局性的。

六、与本条内容保持一致，根据如上第四款第（二）项、第（三）项、第（四）项或第（五）项将争端提交调解或仲裁，应取决于：

（一）将争端提交调解或仲裁发生在争端所涉投资者知道，或者在合理情况下应当知道对本协议义务的违反对其或其投资造成损失或损害之后的3年内；以及

（二）争端所涉投资者在提交请求90日前以书面方式将他（或她）欲将此争端提交调解或仲裁的意愿通知争端所涉缔约方。争端所涉缔约方收到通知后，可要求争端所涉投资者在提交争端前根据第四款第（二）项、第（三）项、第（四）项或第（五）项完成其国内法规规定的国内行政复议程序。

① 对于菲律宾，出现投资争端，只有争端双方的书面同意，方可根据《解决国家和他国国民之间投资争端公约》和《解决投资争端国际中心仲裁程序规则》提交仲裁请求。

通知应：

1. 指定第四款第（二）项、第（三）项、第（四）项或第（五）项之一作为争端解决法庭，在第四款第（二）项的情况下，指明是寻求调解或是仲裁；

2. 在第四款所指的任何争端所涉法庭上，放弃其发起或进行任何程序（不包括第七款所指的中期保护措施的程序）的权利；并且

3. 简要总结本协议（包括被认为所违反的条款）项下争端所涉缔约方被认为违反规定的情况，以及对投资者或其投资造成的损失或损害。

七、任何缔约方不得阻止争端所涉投资者，在第四款所指任何争端解决机制的程序之前，寻求过渡性保护措施，以保护其权利和利益，只要该措施不涉及需争端缔约方法院判决和行政裁决的伤害补偿和争端实质问题的解决。

八、任何缔约方不得对其投资者和任一其他缔约方依照本条应同意提交或已提交调解或仲裁的相关争端，提供外交保护或国际要求，除非此缔约方对此争端未能遵守所做出的裁定。对于本款，外交保护不包括为便利一项争端解决的单一目的进行的非正式外交交涉。

九、当一投资者提出争端缔约方采取或执行税收措施已违背第八条（征收），应争端缔约方请求，争端缔约方和非争端缔约方应举行磋商，以决定争议中的税收措施是否等效于征收或国有化。任何依照本协议设立的仲裁庭应根据本款认真考虑缔约双方的决定。

十、如缔约双方未能启动此类磋商，也未能在自收到第四款所指的磋商请求的 180 天内，决定此类税收措施是否等效于征收或国有化，则不应阻止争端所涉投资者根据本条款将其要求提交仲裁。

第十五条 利益的拒绝

一、经事先通知及磋商，一方可拒绝将本协议的利益给予：

（一）另一方投资者，如果该投资是由非缔约方的人拥有或控制的法人

进行的，且该法人在另一方境内未从事实质性商业经营；或者

（二）另一方投资者，如果该投资是由拒绝给予利益一方的人拥有或控制的法人进行的。

二、尽管有第一款规定，对于泰国，根据其适用的法律和/或法规，可以拒绝将与投资准入、设立、收购和扩大相关的本协议利益给予作为另一方法人的投资者或此类投资者的投资，如果泰国确定该法人①被一非缔约方或拒绝给予利益方的自然人或法人所控制或拥有。

三、在不影响第一款的前提下，菲律宾可拒绝将本协议利益给予另一方的投资者和该投资者的投资，如果其确定该投资者所设投资违反了名为“惩治规避某些权利、特权或优先权的国有化法行为的法案”的《第108号联邦法案》，该法案由第715号总统令修订，并可经修订称作《反欺诈法》。

第十六条　一般例外

一、在此类措施的实施不在情形类似的缔约方、缔约方的投资者或投资者的投资之间构成任意或不合理歧视的手段，或构成对任何一方的投资者或其设立的投资的变相限制的前提下，本协议的任何规定不得解释为阻止任何成员采取或实施以下措施：

（一）为保护公共道德或维护公共秩序所必需的措施②；

（二）为保护人类、动物或植物的生命或健康所必需的措施；

（三）为使与本协议的规定不相抵触的法律或法规得到遵守所必需的措施，包括与下列内容有关的法律或法规：

---

①　（一）对于泰国，本条中的法人是指：1.被一方或非缔约方自然人或法人所“拥有”，若其中超过50%的股比被此类人受益拥有；2.被一方或非缔约方自然人或法人所“控制”，若此类人有权任命大部分董事，或合法指导法人的行为。（二）对于印度尼西亚、缅甸、菲律宾和越南，拥有和控制由其本国法律法规定义。

②　就本款而言，《服务贸易总协议》第十四条脚注5经必要修改后纳入本协议，构成协议一部分。

1. 防止欺骗和欺诈行为或处理服务合同违约而产生的影响；

2. 保护与个人信息处理和传播有关的个人隐私及保护个人记录和账户的机密性；以及

3. 安全；

（四）旨在保证对任何一方的投资或投资者公平或有效地①课征或收取直接税；

（五）为保护具有艺术、历史或考古价值的国宝所采取的措施；

（六）与保护不可再生自然资源相关的措施，如这些措施与限制国内生产或消费一同实施。

二、对于影响提供金融服务的措施而言，WTO 协议附件 1B GATS 关于金融服务的附件第二款（国内规制），经必要调整后并入本协议，构成协议的一部分。

第十七条　安全例外

本协议的任何规定不得解释为：

（一）要求任何一方提供其认为如披露会违背其基本安全利益的任何信息；或

（二）阻止任何一方采取其认为对保护基本安全利益所必需的任何行动，包括但不限于：

1. 与裂变和聚变物质或衍生这些物质的物质有关的行动；

2. 与武器、弹药和作战物资的贸易有关的行动，及与此类贸易所运输的直接或间接供应军事机关的其他货物和物资有关的行动；

3. 为保护关键的公共基础设施免受使其丧失或降低功能的故意袭击行动；

① 就本款而言，《服务贸易总协议》第十四条脚注 6 经必要修改后纳入本协议，构成协议一部分。

4. 战时或国内或国际关系中其他紧急情况下采取的行动;或者

(三)阻止一方为履行其在《联合国宪章》项下的维护国际和平与安全的义务而采取的任何行动。

第十八条　其他义务

一、若任何一方在协议实施之时或此之后的法律或缔约方之间的国际义务使得另一方投资者的投资所获地位优于本协议下所获地位,则此优惠地位不应受本协议影响。

二、各方应遵守其对另一方投资者的投资业已做出的任何承诺。

第十九条　透明度

一、为实现本协议的目标,各方应:

(一)发布在其境内关于或影响投资的所有相关法律、法规和普遍使用的行政指南;

(二)及时并至少每年向其他方通报显著影响其境内投资或下承诺的任何新的法律或现有法律、法规、政策或行政指南的任何变化;

(三)建立或指定一个咨询点,其他方的任何自然人、法人可要求并及时获取第(一)项和第(二)项下要求公布的与措施相关的所有信息;

(四)至少每年一次通过东盟秘书处向其他方通报该方作为缔约方的任何未来的给予任何优惠待遇的投资相关协议或安排。

二、本协议的任何规定不得要求一方提供或允许接触机密信息,披露此类信息会阻碍法律实施、违背公共利益或损害特定法人、私人的合法商业利益。

三、根据第一款的所有通报和通信应使用英文。

第二十条　投资促进

在其他方面,缔约方应合作采取以下措施加强中国—东盟投资地区意识:

（一）增加中国—东盟地区投资；

（二）组织投资促进活动；

（三）促进商贸配对活动；

（四）组织并支持机构举行形式多样的关于投资机遇和投资法律、法规和政策的发布会和研讨会；并

（五）就与投资促进和便利化相关的互相关心的其他问题开展信息交流。

第二十一条　投资便利化

在其他方面，缔约方应按照其法律法规，在中国和东盟间开展以下投资便利化合作：

（一）为各类投资创造必要环境；

（二）简化投资适用和批准的手续；

（三）促进包括投资规则、法规、政策和程序的投资信息的发布；并

（四）在各个东道方建立一站式投资中心，为商界提供包括便利营业执照和许可发放的支持与咨询服务。

第二十二条　机制安排

一、鉴于常设机构尚未建立，由中国—东盟经济高官会支持与协助的中国—东盟经济部长会应监督、指导、协调并审议本协议的实施。

二、东盟秘书处应监控并向中国—东盟经济高官会报告协议的实施情况。所有缔约方应在履行东盟秘书处职责方面与秘书处进行合作。

三、各方应指定一个联系点，促进缔约方间就本协议涵盖的任何事务开展交流。应一方要求，被要求方的联系点应指明某事务的办事机构或负责人员，便利与要求方的交流。

第二十三条　与其他协议的关系

本协议不得减损一方作为任何其他国际协议缔约方的现有权利和

义务。

第二十四条　一般审议

中国—东盟经济部长会或其指定代表应在协议实施之日起一年内召开会议,之后应每两年或在其他适当时候召开会议,审议本协议,以推进第二条(目标)所设定的目标。

第二十五条　修订

缔约方可书面修订本协议,此类修订应在缔约方同意的日期生效。

第二十六条　交存

对于东盟成员国,本协议应交存于东盟秘书长,东盟秘书长应及时向每一个东盟成员国提供一份经核证的副本。

第二十七条　生效

一、本协议自签订之日起6个月生效。

二、缔约方承诺完成使本协议生效的国内程序。

三、如一缔约方未能在签订之日起6个月内完成使协议生效的国内程序,该缔约方依照本协议的权利与义务应自其完成此类国内程序之日后30天开始。

四、一缔约方一俟完成使本协议生效的国内程序,应书面通知其他缔约方。

下列代表经各自政府正式授权,特签订《中华人民共和国政府与东南亚国家联盟成员国政府全面经济合作框架协议投资协议》,以昭信守。

本协议于二〇〇九年八月十五日在泰国曼谷签订,一式两份,以英文写成。

附录 5. 中华人民共和国海关《中华人民共和国与东南亚国家联盟全面经济合作框架协议》项下进出口货物原产地管理办法[①]

海关总署第 199 号令

《中华人民共和国海关〈中华人民共和国与东南亚国家联盟全面经济合作框架协议〉项下进出口货物原产地管理办法》已于 2010 年 11 月 15 日经海关总署署务会议审议通过，现予公布，自 2011 年 1 月 1 日起施行。2003 年 12 月 30 日海关总署令第 108 号发布的《中华人民共和国海关关于执行〈中华人民共和国与东南亚国家联盟全面经济合作框架协议〉项下〈中国—东盟自由贸易区原产地规则〉的规定》同时废止。

署　长　盛光祖

二〇一〇年十一月二十六日

中华人民共和国海关《中华人民共和国与东南亚国家联盟全面经济合作框架协议》项下进出口货物原产地管理办法

第一条　为了正确确定《中华人民共和国与东南亚国家联盟全面经济合作框架协议》（以下简称《协议》）项下进出口货物原产地，促进我国与东盟成员国的经贸往来，根据《中华人民共和国海关法》（以下简称《海关法》）、《中华人民共和国进出口货物原产地条例》、《协议》的规定，制定本办法。

第二条　本办法适用于我国与东盟成员国之间的《协议》项下进出口

① 中华人民共和国海关：《〈中华人民共和国与东南亚国家联盟全面经济合作框架协议〉项下进出口货物原产地管理办法》，2018 年 9 月 1 日，见 http://www.cafta.org.cn/show.php? contentid=34254。

货物的原产地管理。

第三条 从东盟成员国直接运输进口的货物，符合下列条件之一的，其原产国为东盟成员国，适用《中华人民共和国进出口税则》（以下简称《税则》）中的中国—东盟自由贸易区（以下简称“中国—东盟自贸区”）协定税率：

（一）完全在一个东盟成员国获得或者生产的；

（二）在东盟成员国非完全获得或者生产，但符合本办法第五条、第六条、第七条以及第八条规定的。

第四条 本办法第三条第（一）项所述“完全在一个东盟成员国获得或者生产”的货物是指：

（一）在该东盟成员国收获、采摘或者收集的植物和植物产品；

（二）在该东盟成员国出生并饲养的活动物；

（三）在该东盟成员国从上述第（二）项活动物中获得的产品；

（四）在该东盟成员国狩猎、诱捕、捕捞、水生养殖、采集或者捕获所得的产品；

（五）在该东盟成员国领土、领水、海床或者海床底土开采或者提取的除上述第（一）项至第（四）项产品以外的矿物质或者其他天然生成的物质；

（六）在该东盟成员国领水以外的水域、海床或者海床底土获得的产品，只要按照国际法规定该国有权开发上述水域、海床及海床底土；

（七）在该东盟成员国注册或者悬挂该成员国国旗的船只在公海捕捞获得的鱼类及其他海产品；

（八）在该东盟成员国注册或者悬挂该成员国国旗的加工船上加工、制造上述第（七）项产品获得的产品；

（九）在该东盟成员国收集的既不能用于原用途，也不能恢复或者修理，仅适于废弃或者原材料回收，或者仅适于再生用途的废旧物品；

（十）在该东盟成员国完全采用上述第（一）项至第（九）项产品获得或者生产的产品。

第五条　在东盟成员国非完全获得或者生产的货物，其生产过程中使用的非原产于中国—东盟自贸区的材料、零件或者产品的总价格不超过该货物船上交货价格（FOB）的60%，并且最后生产工序在东盟成员国境内完成的，应当视为原产于东盟成员国境内。

第六条　在东盟成员国非完全获得或者生产的货物，其生产过程中使用的原产于任一东盟成员国的中国—东盟自贸区成分不低于该货物船上交货价格（FOB）40%的，应当视为原产于东盟成员国境内。

本条第一款中的中国—东盟自贸区成分应当按照下列方法计算：100%-非中国—东盟自贸区材料价格+不明原产地材料价格货物的船上交货价格（FOB）×100%≥40%，其中，非中国—东盟自贸区材料价格，是指非中国—东盟自贸区原产材料的进口成本、运至目的港口或者地点的运费和保险费（CIF）；不明原产地材料价格是指在生产或者加工货物的该成员国境内最早可以确定的为不明原产地材料所支付的价格。

第七条　除另有规定外，原产于中国的货物或者符合本办法第三条规定的东盟成员国原产货物在其他东盟成员国境内被用作制造、加工其他制成品，最终制成品的中国—东盟自贸区成分累积值不低于40%的，该货物应当视为原产于制造或者加工该最终制成品的东盟成员国境内。

第八条　在东盟成员国制造、加工的产品符合《中国—东盟自由贸易区原产地规则》项下产品特定原产地规则规定的，应当视为原产于东盟成员国的货物，制造、加工该产品的东盟成员国为其原产国。

《中国—东盟自由贸易区原产地规则》项下产品特定原产地规则是本办法的组成部分，由海关总署另行公告。

第九条　下列微小加工或者处理不影响货物原产地确定：

（一）为确保货物在运输或者贮存期间保持良好状态而进行的加工或者处理；

（二）为便于货物装运而进行的加工或者处理；

（三）为货物销售而进行的包装、展示等加工或者处理。

第十条 与货物一起申报进出口的包装、包装材料、容器以及附件、备件、工具、介绍说明性材料，在《税则》中与该货物一并归类的，其原产地不影响货物原产地确定。

第十一条 除另有规定外，下列材料或者物品的原产地不影响货物原产地确定：

（一）在货物制造过程中使用的动力及燃料、厂房及设备、机器及工具；

（二）未物化在货物内的材料；

（三）未构成货物组成部分的材料。

第十二条 本办法第三条所称“直接运输”是指《协议》项下的进口货物从东盟成员国直接运输至我国境内，途中没有经过中国—东盟自贸区成员国以外的其他国家或者地区（以下简称其他国家或者地区）。

原产于东盟成员国的货物，经过其他国家或者地区运输至我国，不论在运输中是否转换运输工具或者作临时储存，同时符合下列条件的，应当视为“直接运输”：

（一）该货物经过这些国家或者地区仅是由于地理原因或者运输需要；

（二）未进入这些国家或者地区进行贸易或者消费；

（三）该货物经过这些国家或者地区时，未做除装卸或者为使货物保持良好状态所必需处理以外的其他处理。

第十三条 货物申报进口时，进口货物收货人或者其代理人应当按照海关的申报规定填制《中华人民共和国海关进口货物报关单》，申明适用中国—东盟自贸区协定税率，并同时提交下列单证：

(一)由东盟成员国签证机构签发的有效原产地证书正本、有效流动证明正本(见附件1)。本办法第十六条规定的免于提交原产地证书或者流动证明的情况除外。

(二)货物的商业发票正本、装箱单及其相关运输单证。

货物经过其他国家或者地区运输至我国境内的,应当提交在出口国境内签发的联运提单、货物的商业发票正本以及其他国家或者地区海关出具的证明文件,或者其他证明货物符合本办法第十二条第二款规定的相关文件。

货物申报进口时,进口货物收货人或者其代理人未提交东盟成员国签证机构签发的有效原产地证书正本或者有效流动证明正本,也未就该进口货物是否具备东盟成员国原产资格向海关进行补充申报的,其申报进口的货物不适用中国—东盟自贸区协定税率,海关应当依法按照该货物适用的最惠国税率、普通税率或者其他税率计征关税及进口环节海关代征税,并按照规定办理进口手续、进行海关统计。收货人或者其代理人在货物放行后向海关提交原产地证书或者流动证明的,已征税款不予调整。

本条规定的商业发票正本是否在东盟成员国境内签发,不影响货物原产地的确定,但进口货物收货人或者其代理人应当将第三方发票复印件随同原产地证书或者流动证明一并提交申报地海关。

第十四条 原产地申报为东盟成员国的进口货物,收货人或者其代理人在申报进口时未提交原产地证书或者流动证明的,应当在办结海关手续前就该进口货物是否具备东盟成员国原产资格向海关进行补充申报(见附件2)。

进口货物收货人或者其代理人依照本条第一款规定就进口货物具备东盟成员国原产资格向海关进行补充申报的,海关可以根据进口货物收货人或者其代理人的申请,收取相当于应缴税款的等值保证金后放行货物,并按照规定办理进口手续,进行海关统计。

第十五条 同时具备下列条件的,进口货物收货人或者其代理人可以自收取保证金之日起 3 个月内,向海关申请退还保证金:

(一)进口时已就进口货物具备东盟成员国原产资格向海关进行补充申报,申明适用中国—东盟自贸区协定税率;

(二)提交有效原产地证书正本或者有效流动证明正本以及海关要求提供的与货物进口相关的其他文件。

自收取保证金之日起 3 个月内或者经海关批准延长的期限内进口货物收货人或者其代理人未提出退还保证金申请的,海关应当立即办理保证金转为进口税款手续,海关统计数据同时作相应修改。

第十六条 原产于东盟成员国的进口货物,每批船上交货价格(FOB)不超过 200 美元的,免予提交原产地证书或者流动证明。进口货物收货人应当同时按照《协议》的要求就进口货物具备原产资格进行书面声明。

为规避本办法规定,一次或者多次进口货物的,不适用前款规定。

第十七条 具有下列情形之一的,该进口货物不适用中国—东盟自贸区协定税率:

(一)进口货物的原产地不符合本办法第三条至第十二条规定的;

(二)货物申报进口时,进口货物收货人或者其代理人没有向海关提交有效原产地证书正本或者流动证明正本,也未就进口货物具备原产资格进行补充申报的;

(三)东盟成员国未将相关签证机构的名称、使用的印章样本、签证人员签名样本或者上述信息的任何变化通知中国海关的;

(四)原产地证书或者流动证明所用的签发印章、签证人员签名与海关备案资料不一致的;

(五)原产地证书或者流动证明所列内容与实际进口货物不符的;

（六）自提出原产地核查请求之日起，海关没有在《协议》规定的期限内收到东盟成员国相关机构的核查反馈结果，或者反馈结果未包含足以确定原产地证书、流动证明真实性或者货物真实原产地信息的；

（七）进口货物收货人或者其代理人存在其他不遵守本办法有关规定行为的。

第十八条　进口货物收货人或者其代理人向海关提交的原产地证书、流动证明应当同时符合下列条件：

（一）由东盟成员国签证机构签发；

（二）符合本办法附件 1 所列格式，以英文填制并由出口商署名和盖章；

（三）原产地证书、流动证明的签证机构印章、签证人员签名与东盟成员国通知中国海关的签证机构印章、签证人员签名样本相符；

（四）所列的一项或者多项货物为同一批次的进口货物；

（五）仅有一份正本，并且具有不重复的原产地证书编号；

（六）注明确定货物具有原产资格的依据。

《协议》项下进口货物原产地证书应当由东盟成员国签证机构在货物装运前或者装运时签发；因不可抗力未能在货物装运前或者装运时签发的，可以在货物装运后 3 天内签发。

第十九条　原产于东盟成员国的货物经过我国关境运往中国—东盟自贸区其他成员国，同时符合下列条件的，可以向海关申请签发流动证明：

（一）该货物始终处于海关监管之下，除了装卸、搬运外，未作其他加工或者处理；

（二）申报该货物进入我国关境的收货人同时是申报该货物离开我国关境的发货人；

（三）申报该货物离开我国关境的发货人向海关提出书面签发申请。

依照本条第一款规定申请签发流动证明的，发货人应当向海关提交如下单证：

（一）中国—东盟自由贸易区流动证明申请书；

（二）原产国签发的有效原产地证书正本；

（三）过境货物的商业发票、合同、提单等证明文件；

（四）海关认为需要提供的其他证明文件。

流动证明签发办法由海关总署另行制定并公告。

第二十条 进口货物原产证书自签发之日起1年内有效。

进口货物流动证明的有效期与其据以签发的原产地证书的有效期相同。

第二十一条 因不可抗力不能在本办法第十八条第二款规定的期限内签发原产地证书的，可以由东盟成员国签证机构在货物装运之日起12个月内补发。

补发的原产地证书应当注明“补发”字样。

第二十二条 原产地证书被盗、遗失或者损毁，并且未经使用的，进口货物收货人或者其代理人可以要求进口货物的出口商或者制造商向东盟成员国签证机构书面申请在原证书正本的有效期内签发注明“经核准的真实副本”字样的原产地证书副本。

经核准的原产地证书副本向海关提交后，原产地证书正本失效。

原产地证书正本已经使用的，经核准的原产地证书副本无效。

第二十三条 海关对中国—东盟自贸区进口货物原产地证书的真实性，相关进口货物是否原产于东盟成员国，或者是否符合本办法其他规定产生怀疑的，可以按照《协议》规定向出口该货物的东盟成员国提出后续核查请求或者到该成员国进行核查访问。

海关对《协议》项下进口货物所附流动证明的真实性、流动证明涵盖的进口货物是否原产于东盟成员国或者是否符合本办法其他规定产生怀疑时,可以按照《协议》规定向签发流动证明的东盟成员国和出口该货物的东盟成员国同时提出核查请求。

在等待核查结果期间,依照进口货物收货人或者其代理人申请,海关可以依法选择按照该货物适用的最惠国税率、普通税率或者其他税率收取相当于应缴税款的等值保证金后放行货物,并且按照规定办理进口手续,进行海关统计。核查完毕后,海关应当根据核查结果,立即办理保证金退还手续或者保证金转为进口税款手续,海关统计数据应当作相应修改。

进口货物属于国家禁止或者限制进口货物,或者存在瞒骗嫌疑的,海关在原产地证书或者流动证明核实完毕前不得放行货物。

第二十四条　进口货物在向海关申报之后、放行之前,目的地发生变化需要运往其他国家的,进口货物的收货人或者其代理人应当向海关提出书面申请。

经审查确认的,海关应当在原产地证书正本加以签注并留存证书正本,同时将证书复印件提供给进口货物收货人或者其代理人。

第二十五条　出口货物申报时,出口货物发货人应当按照海关的申报规定填制《中华人民共和国海关出口货物报关单》,并向海关提交《协议》项下原产地证书或者流动证明的电子数据,或者原产地证书、流动证明正本的复印件。

第二十六条　《协议》项下进出口货物及其包装上标有原产地标记的,其原产地标记应当与依照本办法确定的货物原产地相一致。

第二十七条　原产于东盟成员国的货物,在其他东盟成员国或者我国境内展览并于展览期间或者展览结束后销售至我国境内,同时符合下列条件的,可以适用中国—东盟自贸区协定税率:

(一)该货物已经以送展时的状态在展览期间或者展览后立即发运至

中国；

（二）该货物送展后，除用于展览会展示外，未作他用；

（三）该货物在展览期间处于展览所在国家或者地区的海关监管之下。

上述展览货物申报进口时，收货人或者其代理人应当向海关提交原产该货物的东盟成员国签证机构签发的原产地证书正本、展览举办国有关政府机构签发的注明展览会名称及地址的证明书，以及证明货物符合本办法第十二条第二款规定的相关文件。

第二十八条 海关对依照本办法规定获得的商业秘密依法负有保密义务。未经进出口货物收发货人同意，海关不得泄露或者用于其他用途，但是法律、行政法规及相关司法解释另有规定的除外。

第二十九条 违反本办法，构成走私行为、违反海关监管规定行为或者其他违反《海关法》行为的，由海关依照《海关法》和《中华人民共和国海关行政处罚实施条例》的有关规定予以处理；构成犯罪的，依法追究刑事责任。

第三十条 本办法下列用语的含义：

东盟成员国，是指与中国共同签订《协议》的东盟成员国，包括文莱达鲁萨兰国、柬埔寨王国、印度尼西亚共和国、老挝人民民主共和国、马来西亚、缅甸联邦、菲律宾共和国、新加坡共和国、泰王国和越南社会主义共和国；

材料，包括组成部分、零件、部件、半组装件、已实际上构成另一产品组成部分或者已用于另一产品生产过程的产品；

生产，是指获得产品的方法，包括产品的种植、开采、收获、饲养、繁殖、提取、收集、采集、捕获、捕捞、诱捕、狩猎、制造、生产、加工或者装配；

展览会，包括任何以销售外国产品为目的、展览期间货物处于海关监管之下的交易会、农业或者手工业展览会、展销会或者在商店或者商业场所举办的类似展览或者展示。

第三十一条　本办法由海关总署负责解释。

第三十二条　本办法自 2011 年 1 月 1 日起施行。2003 年 12 月 30 日海关总署令第 108 号发布的《中华人民共和国海关关于执行〈中华人民共和国与东南亚国家联盟全面经济合作框架协议〉项下〈中国—东盟自由贸易区原产地规则〉的规定》同时废止。

参考文献

1. 中文文献

(1)习近平:《高举中国特色社会主义伟大旗帜　为全面建设社会主义现代化国家而团结奋斗——在中国共产党第二十次全国代表大会上的报告》,人民出版社 2022 年版。

(2)[美]爱德华·曼斯菲尔德、海伦·米尔纳:《表决、否决与国际贸易协定的政治经济学》,陈兆源译,上海人民出版社 2019 年版。

(3)陈安:《国际投资法的新发展与中国双边投资条约的新实践》,复旦大学出版社 2007 年版。

(4)陈安:《国际投资争端仲裁——"解决投资争端国际中心"机制研究》,复旦大学出版社 2001 年版。

(5)陈安:《国际经济法学专论》,高等教育出版社 2002 年版。

(6)程德钧:《国际贸易争议与仲裁》,对外经济贸易大学出版社 2002 年版。

(7)程信和:《中国—东盟自由贸易区法律模式研究》,人民法院出版社 2006 年版。

(8)曹云华:《东南亚国家联盟结构、运作与对外关系》,中国经济出版社 2010 年版。

(9)陈奕平:《依赖与抗争——冷战后东盟国家对美国战略》,世界知识出版社2006年版。

(10)宫占奎:《中国与东盟经济一体化:模式比较与政策选择》,中国对外经济贸易出版社2003年版。

(11)佟家栋、朱榄叶、周申、张伯伟:《与贸易救济措施相关的争端解决机制研究》,首都经济贸易大学出版社2006年版。

(12)端木正主编:《国际法》,北京大学出版社1999年版。

(13)龚柏华:《WTO争端解决与中国》第二卷,上海人民出版社2010年版。

(14)龚铁鹰:《国际时事述评集(2009—2012)》,世界知识出版社2013年版。

(15)顾培东:《社会冲突与诉讼机制》,法律出版社2004年版。

(16)高歌:《融入中国—东盟自由贸易区的中越边贸研究》,中南大学出版社2011年版。

(17)高歌:《CAFTA框架下转变广西边境贸易增长方式的研究》,民族出版社2010年版。

(18)侯幼萍:《世界贸易组织与区域贸易组织管辖权的冲突与协调》,上海社会科学院出版社2010年版。

(19)胡建国:《WTO争端解决裁决执行机制研究》,人民出版社2011年版。

(20)黄静波:《中国—东盟经济合作与广州经济贸易的发展》,经济管理出版社2011年版。

(21)贺小勇:《国际贸易争端解决与中国对策研究——以WTO为视角》,法律出版社2006年版。

(22)蒋德恩:《世界贸易组织中的争端解决》,对外经济贸易大学出版社 1999 年版。

(23)纪文华、姜丽勇:《WTO 争端解决规则与中国的实践》,北京大学出版社 2005 年版。

(24)姜作利:《中国与 WTO 争端解决机制案例分析与对策研究》,山东人民出版社 2007 年版。

(25)李浩培:《国际法的概念与渊源》,贵州人民出版社 1994 年版。

(26)李居迁:《WTO 争端解决机制》,中国财政经济出版社 2001 年版。

(27)梁西:《国际法》,武汉大学出版社 1993 年版。

(28)李荣林、宫占奎、孟夏:《中国与东盟自由贸易区研究》,天津大学出版社 2007 年版。

(29)厉力:《原产地规则及其区域贸易安排中适用问题研究》,中国海关出版社 2009 年版。

(30)刘光溪:《共赢性博弈论》,上海财经大学出版社 2007 年版。

(31)陆晓红:《外交决策的科学理性探析》,世界知识出版社 2012 年版。

(32)栾信杰:《国际贸易摩擦与应对研究》,中国人民大学出版社 2011 年版。

(33)[美]曼库尔·奥尔森:《国家兴衰探源:经济增长、滞胀与社会僵化》,吕应中等译,商务印书馆 1993 年版。

(34)门洪华:《构建中国大战略的框架——国家实力、战略观念与国际制度》,北京大学出版社 2005 年版。

(35)慕亚平:《国际法原理》,人民法院出版社 2005 年版。

(36)倪世雄:《当代西方国际关系理论》,复旦大学出版社 2007 年版。

(37)齐虹丽:《中国—东盟自贸区法律协议条文释义》,经济管理出版社 2011 年版。

(38)秦红增:《多元视角下的中国—东盟研究》,民族出版社 2012 年版。

(39)邵沙平、余敏友:《国际法问题专论》,武汉大学出版社 2002 年版。

(40)唐文琳、范祚军、马进:《中国—东盟自由贸易区成员国经济政策协调研究》,广西人民出版社 2006 年版。

(41)王春婕:《区域贸易争端解决机制比较研究》,法律出版社 2012 年版。

(42)王传丽:《国际经济法》(第二版),高等教育出版社 2008 年版。

(43)魏达志:《东盟十国经济发展史》,海天出版社 2010 年版。

(44)韦红:《地区主义视野下的中国—东盟合作研究》,世界知识出版社 2006 年版。

(45)杨丽艳:《区域经济一体化法律制度研究——兼评中国的区域经济一体化法律对策》,法律出版社 2004 年版。

(46)王杰:《国际机制论》,新华出版社 2002 年版。

(47)王士录:《2010—2011 东南亚报告》,云南大学出版社 2011 年版。

(48)王铁崖、田如萱:《国际法资料选编(续编)》,法律出版社 1993 年版。

(49)王孝松:《中国对外贸易环境与贸易摩擦研究报告》,中国人民大学出版社 2019 年版。

(50)王晰:《国外多元利益主体对华反倾销行为分析与应对战略研究》,经济科学出版社 2013 年版。

(51)王玉主:《东盟 40 年区域经济合作的动力机制(1967—2007)》,社会科学文献出版社 2011 年版。

(52)徐复:《保障措施与中国经济发展的攻防方略》,南开大学出版社 2004 年版。

(53)余敏友、左海聪、黄志雄:《WTO 争端解决机制概论》,上海人民出版社 2001 年版。

(54)杨仕辉:《贸易争端解决的博弈分析与策略》,中国经济出版社 2006 年版。

(55)杨仕辉:《反倾销的国际比较、博弈与我国对策》,科学出版社 2005 年版。

(56)姚建峰:《企业进入东盟市场的模式选择研究》,经济科学出版社 2011 年版。

(57)叶兴平:《争端解决机制的最新发展——北美自由贸易区的法律与实践》,法律出版社 2006 年版。

(58)叶兴平:《国际争端解决重要法律文献》,法律出版社 2006 年版。

(59)于洋、张磊:《WTO 争端解决之晚近涉华成案法理选析》,上海三联书店 2011 年版。

(60)张建中:《贸易、投资与环境协同发展的机制研究——以 CAFTA 为例》,中国社会科学出版社 2013 年版。

(61)邵津:《国际法》,北京大学出版社、高等教育出版社 2000 年版。

(62)朱榄叶:《WTO 法律制度——以案说法(二)》,法律出版社 2012 年版。

(63)张晓君:《国际经济法学》,厦门大学出版社 2012 年版。

(64)赵维田:《世贸组织(WTO)的法律制度》,吉林人民出版社 2000 年版。

(65)张云:《国际政治中“弱者”的逻辑——东盟与亚太地区大国关系》,社会科学文献出版社 2010 年版。

(66)中国国际问题研究所:《国际形势与中国外交蓝皮书(2013)》,世界知识出版社 2013 年版。

(67)[奥]哈耶克:《自由秩序原理》(上),邓正来译,生活·读书·新知三联书店 1997 年版。

(68)[美]诺兰·麦卡蒂、亚当·梅罗威茨:《政治博弈论》,孙经纬、高晓晖译,格致出版社、上海人民出版社 2009 年版。

(69)[美]丹尼·罗德里克:《经济全球化的治理》,载[美]约瑟夫·S.奈、约翰·D.唐纳胡主编:《全球化世界的治理》,王勇等译,世界知识出版社 2003 年版。

(70)[美]罗伯特·基欧汉:《局部全球化世界中的自由主义:权力与治理》,斗洪华译,北京大学出版社 2004 年版。

(71)[美]劳伦斯·M.弗里德曼:《法律制度——从社会科学角度观察》,李琼英等译,中国政法大学出版社 2004 年版。

(72)[英]吉登斯:《社会学》,赵旭东等译,北京大学出版社 2003 年版。

(73)[英]弗兰西斯·斯奈德:《欧洲联盟法概论》,宋英编译,北京大学出版社 1996 年版。

(74)[英]詹宁斯·奥本海:《国际法》,王铁崖等译,中国大百科全书出版社 1995 年版。

(75)[德]贝克:《世界风险社会》,吴英姿、孙淑敏译,南京大学出版社 2000 年版。

(76)[德]贝克:《风险社会》,何博闻译,译林出版社 2004 年版。

(77)[德]海德格尔:《林中路》,孙周兴译,上海译文出版社 1997 年版。

(78)[德]乌尔里希·贝克、约翰内斯·威尔姆斯:《自由与资本主义》,路国林译,浙江人民出版社 2001 年版。

(79)[波兰]彼德·什托姆普卡:《信任:一种社会学理论》,程胜利译,中华书局 2005 年版。

(80)[秘鲁]罗伯特·丹尼诺:《ICSID 面临新挑战》,《国际经济法学刊》第13卷第2期。

(81)[日]浦野起央:《国际关系理论导论》,刘更朝译,中国社会科学出版社2000年版。

(82)[日]千叶正士:《法律多元:从日本法律文化迈向一般理论》,强世功等译,中国政法大学出版社1997年版。

(83)[菲]鲁道夫·塞韦里诺:《中国—东盟关系:过去、现在、未来》,《当代亚太》2008年第3期。

(84)陈静:《东盟自由贸易区法律框架之构想》,《贵州商业高等专科学校》2005年第2期。

(85)陈立虎、赵艳敏:《中国参与建立的区域贸易争端解决机制》,《当代法学》2007年第3期。

(86)陈妙英:《中国—东盟货物贸易自由化的法律环境探讨》,《东南亚纵横》2006年第9期。

(87)蔡霜:《WTO与中国—东盟自由贸易区争端解决机制的比较》,《玉林师范学院学报版》2017年第1期。

(88)陈咏梅:《中国—东盟自由贸易协议法律性质论》,《暨南学报(哲学社会科学版)》2012年第7期。

(89)丁丁、王云鹏:《论国际投资争端解决的管辖权冲突及应对——以CAFTA投资争端解决机制为视角》,《国际贸易问题》2012年第8期。

(90)丁丽柏:《论CAFTA争端解决机制的完善》,《现代法学》2009年第3期。

(91)谷婀娜:《试析CAFTA下的〈中国—东盟争端解决机制协议〉》,《公民与法》2012年第4期。

(92)龚柏华:《区域贸易安排争端解决机制比较研究》,《世界贸易组织动态与研究》2005年第8期。

(93)顾华详:《中国—东盟自贸区建设若干法律问题研究》,《中国社会科学院研究生院学报》2010 年第 5 期。

(94)顾华详:《论比较法学视野下的中国—东盟法律协调机制——兼论比较法学的时代责任》,《中国浦东干部学院学报》2011 年第 2 期。

(95)管建军:《国际法院的“复兴”与我国之应对》,《法学》1996 年第 4 期。

(96)官欣荣:《中国入世与证券监管的理念创新及制度应对》,《西南名族学院学报(哲学社会科学版)》2002 年第 10 期。

(97)顾培东:《中国司法改革的宏观思考》,《法学研究》2000 年第 3 期。

(98)高永富:《中国参与制定区域贸易协定争端解决机制初探》,《世界经济研究》2008 年第 7 期。

(99)顾益民:《WTO 与 CAFTA 争端解决管辖竞合之法理与对策》,《理论界》2011 年第 12 期。

(100)何其生:《大国司法理念与中国国际民事诉讼制度的发展》,《中国社会科学》2017 年第 5 期。

(101)贺小勇:《RCEP 与其他区域经贸协定的比较》,《国际贸易法评论》2020 年第 11 期。

(102)黄悦:《中国—东盟自由贸易区争端解决机制浅析》,《辽宁省社会主义学院学报》2006 年第 2 期。

(103)金樊、杨文涛:《区域贸易安排争端解决机制研究》,《法制与社会》2006 年第 10 期。

(104)金霞:《从比较法的角度看中国—东盟自由贸易区争端解决机制》,《经济问题探索》2011 年第 3 期。

(105)江伟、操龙德:《中国—东盟自由贸易区争端解决的模式选择》,

《湖北财经高等专科学校学报》2010 年第 2 期。

(106)陆春霞:《完善 CAFTA 争端解决机制的建议》,《广西教育学院学报》2011 年第 2 期。

(107)蒋德翠:《中国—东盟自贸区投资争端解决机制的困境与出路》,《河北法学》2020 年第 5 期。

(108)刘敬东:《“一带一路”法治化体系构建的再思考》,《环球法律评论》2021 年第 3 期。

(109)刘付斌:《中国—东盟自由贸易区争端解决机制的构建初探》,《东南亚研究》2004 年第 4 期。

(110)林汉川、杨仕辉:《回应反倾销博弈模型与案例分析》,《中国工业经济》2004 年第 4 期。

(111)陆建人:《揭开中国和东盟新篇章》,《求是》2003 年第 11 期。

(112)陆建人:《中国—东盟自由贸易区:经验、问题及对两岸签订 ECFA 的启示》,《亚太经济》2010 年第 5 期。

(113)李家真:《对外投资面临的政治风险及其对策研究——以中国对缅甸投资为例》,《今日中国论坛》2007 年第 4 期。

(114)李珊:《中国—东盟争端解决机制的特征》,《广西青年干部学院学报》2008 年第 6 期。

(115)李珊:《关于完善中国—东盟争端解决机制的立法思考》,《桂海论丛》2011 年第 1 期。

(116)李双元等:《中国法律趋同化问题之研究》,《武汉大学学报(哲学社会科学版)》1994 年第 3 期。

(117)李冰:《中国—东盟自由贸易区解决争端机制问题研究》,《重庆三峡学院学报》2008 年第 4 期。

(118)刘冰:《论完善中国—东盟自由贸易区争端解决机制——以比较

研究为视角》,《重庆工商大学学报(社会科学版)》2008 年第 4 期。

(119)娄万锁:《国际制度视角下区域贸易争端解决机制研究》,《兰州学刊》2012 年第 3 期。

(120)李玉娟:《中国—东盟自由贸易区法律制度框架存在的问题研究——基于与 WTO 法律制度比较分析》,《上海立信会计学院学报》2010 年第 2 期。

(121)陆蓉、何祖普:《对 NAFTA 争端解决机构权限缺失的思考》,《边疆经济与文化》2007 年第 4 期。

(122)陆以权:《中国—东盟自由贸易区投资争端解决机制评析——以缔约方与投资者间争端解决为视角》,《西部法学评论》2011 年第 3 期。

(123)陆以权:《论中国—东盟自由贸易区协定的实施》,《云南大学学报(法学版)》2007 年第 3 期。

(124)廖增金、洪英利:《完善中国—东盟自由贸易区争端解决机制的构想》,《改革与开放》2010 年第 2 期。

(125)廖增金、洪英利:《中国—东盟自由贸易区争端解决机制之比较分析》,《法制与社会》2010 年第 2 期。

(126)麻慧:《中国—东盟自由贸易区争端解决机制之探讨——以比较研究为视角》,《东南亚研究》2005 年第 4 期。

(127)马永梅:《中国—东盟自由贸易区争端解决机制的法律剖析》,《广西民族大学学报(哲学社会科学版)》2008 年第 1 期。

(128)马燕冰:《中国—东盟自由贸易区计划及其影响》,《和平与发展》2002 年第 1 期。

(129)潘星容、纪宗宜:《WTO 争端解决机制中的举证责任研究》,《特区经济》2007 年第 11 期。

(130)邱丹阳:《中国—东盟自由贸易区:中国和平崛起的地缘经济学

思考》,《当代亚太》2005 年第 1 期。

(131)齐洪婷、金恩煌:《论 CAFTA 报复措施的缺陷和完善》,《今日南国》2009 年第 5 期。

(132)秦建荣、周长青:《论中国—东盟自贸区报复制度的缺陷及其完善——兼论 CAFTA 对 WTO 报复制度的借鉴》,《学术论坛》2007 年第 3 期。

(133)秦建荣:《WTO 与 NAFTA 争端解决机制之差异性比较研究——兼论对 CAFTA 争端解决机制的借鉴意义》,《广西政法管理干部学院学报》2007 年第 2 期。

(134)石现明:《中国—东盟自由贸易区争端解决机制之仲裁制度研究》,《云南大学学报(法学版)》2010 年第 2 期。

(135)沈四宝:《论〈中国—东盟全面经济合作框架协议争端解决机制协议〉》,《上海财经大学学报》2006 年第 1 期。

(136)宋清润:《缅甸当前对华认知特点及其走势》,《公共外交》2014 年第 7 期。

(137)苏力:《无需法律的秩序》,《环球法律评论》2004 年春季号。

(138)宋锡祥、吴鹏:《论中国—东盟自由贸易区争端解决机制及其完善》,《时代法学》2006 年第 5 期。

(139)孙志煜:《CAFTA 争端解决机制条约化之路——NAFTA、CAFTA 争端解决机制的比较视角》,《武汉大学学报(哲学社会科学版)》2010 年第 3 期。

(140)孙志煜:《区域经贸争端解决的制度与实践——以中国—东盟自由贸易区为例》,《法学评论》2011 年第 1 期。

(141)孙志煜:《国际制度的表达与实践——以中国—东盟自由贸易区争端解决机制为样本的分析》,《暨南学报(哲学社会科学版)》2012 年第 3 期。

（142）王传丽:《析世界贸易组织争端解决机制——兼评贸易报复》,《政法论坛》1996 年第 4 期。

（143）韦万春:《世界最大自由贸易区全面启动　中国—东盟自由贸易区构筑全球新格局》,《中国检验检疫》2010 年第 3 期。

（144）王虎华:《论我国和平解决国际争端的理论与实践》,《河南师范大学学报（哲学社会科学版）》2002 年第 4 期。

（145）温家宝:《共同谱写中国—东盟关系的新篇章》,《国务院公报》2007 年第 6 期。

（146）王姗姗、殷浩添:《中国—东盟自由贸易区相关协议的法律适用》,《天津商学院学报》2007 年第 5 期。

（147）杨丽艳、蒋德翠、刘秋芷、李志楷:《广西在中国—东盟自由贸易区的新规则下的对策研究》,《改革与战略》2006 年第 2 期。

（148）杨丽艳:《试论中国—东盟自由贸易区争端解决机制》,《安徽大学学报（哲学社会科学版）》2008 年第 4 期。

（149）杨丽艳:《析中国—东盟自由贸易区运作中所及法律及其效力层次》,《河北法学》2007 年第 8 期。

（150）杨青青、徐力立:《浅议中国—东盟投资争端解决机制》,《东方企业文化》2012 年第 4 期。

（151）颜梅林、陈亮:《比较借鉴视角下 ECFA 争端解决机制建构研究——以 WTO、CAFTA、NAFTA 争端解决机制为鉴》,《国际经贸探索》2011 年第 6 期。

（152）王雪:《CAFTA 法律协议的软法性质分析》,《河北法学》2012 年第 3 期。

（153）王贵国:《“一带一路”争端解决制度研究》,《中国法学》2017 年第 6 期。

(154)许敏:《试论 CAFTA 争端解决机制》,《云南大学学报(法学版)》2007 年第 3 期。

(155)肖小文:《CAFTA 争端解决机制的法律探讨》,《学术论坛》2011 年第 3 期。

(156)衣淑玲:《CAFAT 争端解决机制的完善与发展趋势》,《西南政法大学学报》2006 年第 8 期。

(157)杨仕辉:《反倾销博弈与逆向选择》,《世界经济》2000 年第 1 期。

(158)杨仕辉:《反倾销规则的博弈分析》,《世界经济》2001 年第 11 期。

(159)杨仕辉:《国际保障措施对中国出口影响及我国对策研究》,《中国软科学》2004 年第 10 期。

(160)杨仕辉:《WTO 保障措施规则的博弈分析》,《管理科学学报》2005 年第 5 期。

(161)杨仕辉:《保障措施特点分析与我国对策研究》,《商业经济与管理》2005 年第 7 期。

(162)杨仕辉、樊海云:《特别保障措施与保障措施的比较及其应对策略》,《外贸经济、国际贸易》2005 年第 8 期。

(163)杨仕辉、王红玲、舒颜颜:《反倾销动态博弈与效应分析》,《统计研究》2001 年第 5 期。

(164)杨仕辉、王红玲、叶红春:《欧盟对华反倾销比较及我国对策研究》,《欧洲》2001 年第 3 期。

(165)杨仕辉、肖德:《反倾销对抗博弈——兼论我国少有对外反倾销申诉的成因分析》,《工程管理科技前沿》2000 年第 6 期。

(166)杨仕辉、熊艳:《国际反倾销趋势、特点、成因与我国对策》,《管理世界》2002 年第 1 期。

(167)杨仕辉、熊艳、王红玲:《研究合作创新激励与补贴政策》,《中国管理科学》2003 年第 1 期。

(168)张海冰:《中国—东盟区域经济合作的新进展与问题》,《当代亚太》2005 年第 8 期。

(169)张亮:《中国运用 CAFTA 争端解决机制的法律策略探讨》,《云南大学学报(法学版)》2008 年第 1 期。

(170)张亮:《也论 CEPA 是否应借鉴 CAFTA 的争端解决机制》,《湖北广播电视大学学报》2008 年第 1 期。

(171)张琦、杨杰:《中国—东盟自由贸易区投资动态效应分析》,《国际经济合作》2010 年第 8 期。

(172)周申:《论我国政府运用 WTO 争端解决机制的策略》,《南开学报(哲学社会科学版)》2006 年第 5 期。

(173)张晓君:《第四届"中国—东盟法律合作与发展高端论坛"学术综述》,《西南政法大学学报》2011 年第 1 期。

(174)张小伟:《浅议 CAFTA 争端解决机制的完善》,《商品与质量》2011 年第 10 期。

(175)张昕宇:《中国—东盟自由贸易区仲裁机制研究》,《河北法学》2010 年第 6 期。

(176)张锡镇:《东盟的历史转折:走向共同体》,《国际政治研究》2007 年第 2 期。

(177)郑先武:《"东亚共同体"愿望的虚幻性息论》,《现代国际关系》2007 年第 4 期。

(178)周彧:《试析中国—东盟自由贸易区争端解决机制》,《云南大学学报(法学版)》2007 年第 4 期。

(179)周江、范毅强:《也谈中国—东盟自由贸易区中仲裁机制的完善》,《仲裁研究》2008 年第 3 期。

(180)朱继胜、高剑平:《自然法思想与 CAFTA 争端解决机制》,《经济与社会发展》2007 年第 7 期。

(181)吴新慧:《亚细安—中国十年内建世界最大自由贸易区》,新加坡《联合早报》2001 年 11 月 7 日。

(182)北极星电力网新闻中心:《缅甸北部战争殃及中国密松水电站项目》,2013 年 1 月 5 日,见 http://news.bjx.com.cn/html/20130105/411579.shtml。

(183)李怀岩、浦超:《澜沧江—湄公河中国境内最下游大型水电站投产发电》,2010 年 6 月 19 日,见 http://blog.sina.com.cn/s/blog_51aba7300100hy7x.html。

(184)暨佩娟:《中缅密松电站项目有关事宜　双方应协商妥善处理》,2011 年 10 月 2 日,见 http://www.hydropower.org.cn/showNewsDetail.asp?nsId=5722。

(185)毛承之:《如果四年才攒 2 万,何必去新加坡打工》,2012 年 12 月 4 日,见 http://focus.cnhubei.com/original/201212/t2353742.shtml。

(186)唐绪萍:《中国—东盟法律合作为自贸区建设“保驾护航”》,2010 年 1 月 22 日,见 http://www.cn-asean.cn/asean/zx/gnzx/158860.shtml。

(187)谭晶晶、邓苏勇:《争端解决框架协议:中国—东盟自贸区安全卫士》,2005 年 9 月 4 日,见 http://www.gxnews.com.cn。

(188)肖欣:《新加坡“非法罢工”中国籍司机被判监禁》,2012 年 12 月 3 日,见 http://www.chinanews.com/gj/2012/12-03/4378537.shtml。

(189)新华网:《中国—东盟自由贸易区建设:法律先行化解贸易争端》,2008 年 10 月 25 日,见 http:news.xinhuanet.com fortune2008-1025content_10249606.htm。

(190)中国新闻网:《中国商务部回应新加坡中国司机罢工事件》,2012年12月18日,见 http://news.163.com/12/1218/17/8J1BDC6F00014JB6.html。

(191)中国大唐集团:《缅甸太平江水电站:硝烟中的守护》,2014年3月25日,见 http://www.hydropower.org.cn/showNewsDetail.asp? nsId=12437。

(192)丁刚:《谈缅甸搁置中缅合作电站项目》,2011年10月8日,见 http://www.hydropower.org.cn/showNewsDetail.asp? nsId=5739。

(193)高美:《新加坡判一罢工中国司机6周监禁》,2012年12月4日,见 http://www.bjnews.com.cn/world/2012/12/04/237303.html。

(194)高胜科、蔡婷贻:《中缅水电风波》,2011年11月8日,见 http://www.hydropower.org.cn/showNewsDetail.asp? nsId=5973。

(195)韩旭阳:《新加坡4名罢工中国司机待审 29人被遣返回国》,2012年12月4,见 http://www.chinanews.com/hr/2012/12-04/4378741.shtml。

(196)戚凯:《变革背景下的中缅能源合作》,2012年7月9日,见 http://www.faobserver.com/NewsInfo.aspx? id=8646。

(197)任芊:《中电投缅甸水电站搁置一年半　至今无复工迹象》,2013年4月6日,见 http://news.hexun.com/2013-04-06/152858472.html。

(198)苏展:《中国驻缅甸大使:不确信密松水电站项目能否重启》,2013年7月22日,见 http://news.ifeng.com/world/detail_2013_07/22/27758332_0.shtml。

(199)王慧:《新加坡反思中国司机罢工:企业应履行社会责任》,2012年12月3日,见 http://www.chinanews.com/gj/2012/12-03/4375519.shtml。

(200)肖尧:《中国着力化解湄公河水争议》,2010年4月2日,见 http://news.sohu.com/20100402/n271283170.shtml。

(201)谢建伟:《中国—东盟自贸区深入发展互利互惠》,2012年9月5日,见 http://finance.china。

（202）余永胜:《新加坡罢工事件　劳资双方都需反思》,2012 年 12 月 6 日,见 http://news.takungpao.com/opinion/highlights/2012-12/1306419.html。

（203）朱盈库:《西南旱灾引发湄公河四国与中国用水争端》,2010 年 3 月 25 日,见 http:/www.huanqiu.com/。

（204）中国新闻网:《新加坡就中国籍司机罢工事件表态　或高薪聘当地人》,2012 年 12 月 10 日,见 http://msn.huanqiu.com。

（205）中国广播网:《中国司机新加坡劳资风波蔓延　5 人遭指控 29 人遣返》,2012 年 12 月 2 日,见 http://china.cnr.cn/xwwgf/201212/t20121202_511464564.shtml。

（206）中国电力网:《停工后的缅甸密松水电站》,2014 年 1 月 6 日,见 http://www.chinapower.com.cn/newsarticle/1202/new1202120.asp。

2. 英文文献

（1）Abbott, F.M.,"NAFTA and the Legalization of World Politics", *A Case Study International Organization*, Vol.54, 3, Summer, 2000.

（2）Acharya, A., *Constructing a Security Community in Southeast Asia*（*second edition*）, Routledge Publishers, 2009.

（3）Aditya, G.,"Judicial Intervention in granting Interim Measures in International Arbitration", *Journal of Conflict Resolution Quarterly*, Volume38, Issue 4, 2021.

（4）Antonio, C., *International Law*, Oxford: Oxford University Press, 2001.

（5）Bagwell, B. A., &Staiger, R. W.,"Reciprocity, Non-Discrimination and Preferential Agreements in the Multilateral Trading System," *European Journal of Political Economy*, 2001, 17（2）.

（6）Bikhchandani, S., Hirshleifer, D., & Welsh, I.,"A Theory of Fads, Fashion, Custom, and Cultural Changes as Informational Cascades", *Journal of*

Political Economy ,1992,100(5).

(7)Bilder,R.B.,"An Overview of International Dispute Settlement",*Journal of International Dispute Resolution*,1986.

(8)BLokker,N.M.,&Schermers,H.G.,"Proliferation of International Organizations",*Kluwer Law International*,2002.

(9)Blonigen,B.A.,"Anti-dumping and Retaliation Threats(R)",*NBER Working Paper* 8576,2001

(10)Brownlie,L.,*Public International Law*(*sixth edition*), Oxford University Press,2003.

(11)Bown,C.P.,"The Economics of Trade Disputes the GATT´s Article XXIII and the WTO's Dispute Settlement Understanding",*Economics and Politics*,2002,14(3).

(12) Bown, C. P., & McCulloch, R., "Nondiscrimination and the WTO Agreement on Safeguards",*World Trade Review*,2003.

(13)Boyce,P.,"The Machinary of Southeast Asia Regional Diplomacy",in LauTeik Soon ed., *New Directions in the International Relations of Southeast Asia*:*Global Powers and Southeast Asia*,Singapore University Press,1973.

(14)Butler,M.,& Hauser,H.,"The World Dispute Settlement System:A First Assessment from An Economic Perspective",*The Journal of Law,Economics,and Organization*,2000,16(2).

(15)Chang,P.,"The Evolution and Utilization of the GATT/WTO Dispute Settlement Mechanism(R)",*RSIE Paper*, 2002a.

(16) Chang, P., "The Politics of WTO Enforcement Mechanism(R)", *RSIE Paper*,2002b.

(17)Cheng,B.,*General Principles of Law as Applied by International Courts and Tribunals Part II*:*Good Faith*,London:Stevens&Sons,1953

(18) Chen, H. P., *International Economic Law and China in Its Economic Transition*, New York: William S.Hein &Co., Inc.Buffalo, 2007.

(19) Chew, L.K., "ASEAN Unity Showing Signs of Fraying", *Straits Times*, 1998.

(20) Cliff, S., *Global Trade Protection Report*, Rowe & Maw, 2001.

(21) Cllier, J., &Lowe, V., *The Settlement of Disputes in International Law*: *Institutions and Procedures*, Oxford: Oxford University Press, 1999.

(22) Cooter, R.D., & Rubinfeld, D.L., "Journal of Economics", *Literature*, 1989, 27(3).

(23) Dobos, D., "The Necessity of Precaution", *Fordham Environmental Law Journal*, Vol.13, 2002.

(24) Ermst-Ulrich, P., "The Dispute Settlement System of the World Trade Organization and the Evolution of The GATT Dispute Settlement System Since 1948", *Common Market Law Review*, 1994.

(25) Ermst-Ulrich, P. (ed.), "International Trade Law and the GAT/WTO Dispute Settlement System", *Kluwer Law International*, 1997.

(26) Ethier, W.J., "Punishments and Dispute Settlement in Trade Agreement(R)", *PIER Working Paper* 01-021, 2002.

(27) Evans, M.D., *International Law*, Oxford University Press, 2002.

(28) Eventt, S.J., "Sticking to the Rules: Quantifying the Market Access that is Potentially Protected by WTO-sanctioned Trade Retaliation", *Working Paper*, 2002.

(29) Finger, J.M., "GATT Experience With Safeguards: Making Economic and Political Sense of the Possibilities that the GATT Allows to Restrict Im-

ports", *Available at http://wbin0018.worldbank.org/Research/workpapers.nsf*, 2000.

(30) Fritz, B., "WTO Dispute Settlement: An Economic Analysis of four EU-US Mini Trade Wars", *Euro .Econ..Rev.*48, 2004.

(31) Fombad, C. M., "Consultation and Negotiation in the Pacific Settlement of International Disputes.", *African Journal of International and Comparative Law*, 1989.

(32) Frank, S. D., "The Legitimacy Crisis in Investment Treaty Arbitration", *Fordham Law Review*, Vol.73, 2004.

(33) Furusawa, T., "The Role of the WTO Dispute Settlement Procedure on International Cooperation", *Working Paper*, 2003.

(34) Geoffrey, G., &. Smith, J. M., "The Polities of WTO Dispute Settlement", *Working Paper*, 1999.

(35) Greenwal, A., "The ASEAN-CHINA Free Trade Area: A Legal Response to China's Economic Rise", *Duke Journal of Comparative & International Law*, Winter, 2006.

(36) Gros, D., "A Note on the Optimal Tariff, Retaliation and the Welfare Loss from Tariff Wars in a Framework with Intra-Industry Trade", *Journal of International Economics*, 1985, 23.

(37) Grossman, G.M., "Trade Wars And Trade Talks", *Journal of Political Economy*, 1995, 103.

(38) Haggard, S., & Simmons, B. A., "Theories of International Regime", *International Organization*, Vol.41, No.3, Summer, 1987.

(39) Hasenclever, A., Mayer, P., &Rittberger, V., *Theories of International Regimes*, London: Cambridge University Press, 1997.

(40) Henkin, L., *How Nations Behave*, Columbia University Press, 1998.

(41) Higgins, R. "Respecting Sovereign States and Running a Tight Courtroom", *International and Comparative Law Quarterly*, Vol.50.

(42) Hom, H., & Mavroidis, P.C., "Remedies In The WTO Dispute Settlement System and Developing Country Interests", *Working Paper*, 1999.

(43) Huntington, D. S., "Symposium on the North American Free Trade Agreement: Settling Disputes under the North American Free Trade Agreement", *Harvard International Law Journal*, 1993.

(44) ICSID Secretariat, "Possible Improvements of the Framework for ICSID Arbitration", 2004, 10((22).

(45) Jackson, J. H., "The Crumbling Institution of the Liberal Trade System", *Journal of World Trade Law*, 1997.

(46) Jean-Marc, C., &Heiskanen, V. (ed), *The Legitimacy of International Organizations*, United Nations University Press, 2001.

(47) Jennings, S.R., *Reflections on the Term 'Dispute' in R.St.J.MacDonald (ed.): Essays in Honour of Wang Tieya*, Boston: Martinus Nijhoff Publishers, 1993.

(48) J.R.Torres, M.and Ruiz, M., " The International Use of Anti-dumping", *Journal of World Trade*, 1998, 32(5).

(49) Keohane, R.O., & Nye, J.S., "The Club Model of Multilateral Cooperation and Problem of Democratic Legitimacy", In Roger B.Porter(eds.), *Efficiency, Equity and Legitimacy: The Multilateral Trading System at the Millennium*, Washington: Brookings, 2001.

(50) Keohane, R., *After Hegemony: Cooperation and Discord in the World Political Economy*, Princeton: Princeton University Press, 1984.

(51) Keohane, R. O., " Cooperation and International Regime, Williams, Phil, Goldstein Donald M., Shafritz, Jay M. Belmont: Walls Worth, a Division of Thomson Learning", *Classic Readings of International Relations*, 1999.

(52) Koher, P. And Moore, M. O., "The Safeguard Clause, Asymmetric Information and Endogenous Protection", *The World Blank Working Paper*, No. 2000, available at http://www. worldbank. org/researeh/trade/wp2000. htm, 1998.

(53) Kovach, K. K., "The Evolution of Mediation in the United States: Issues Ripe for Regulation May Shape the Future of Practice", in Nadja Alexander ed., *Globe Trends in Mediation (Second Edition)*, Kluwer Law International BV, 2006.

(54) Krugman, P., "The Illusion of Conflict in International Trade", *Peace Economics, Peace Science and Public Policy*, 1995, 2.

(55) Kydd, A., & Snidal, D., *Progressing Game-Theoretical Analysis of International Regimes, Regime Theory and International Relations, ed. Volker, Rittberger*, Oxford: Clarendon Press, 1993.

(56) Liu, X., &Vandenbussche, H., "EU Anti-dumping Cases Against China: An Over view and Future Prospects With Respect To China's WTO Membership," available at http://www. econ. kuleuven. ac. be/licos/DP/DP2002/DP119Vandenbussche.doc, 2002.

(57) L, K. & L, S., " WTO Dispute settlement 1995 - 2003: a Statistical Analysis", *Journal of International Economic Law*, 2004, 71.

(58) Ludema, R.R., "Optimal International Trade Agreements and Dispute Settlement Procedures", *Euro. J. of P.E.*, 2001, 17.

(59) Merrills, J.G., *International Dispute Settlement*, London: Sweet & Max-

well,1984.

(60) Merrills,J.G.,*International Dispute Settlement*,Cambridge:Cambridge University Press,1998.

(61) Mosk,R.M.,*The Role of Facts in International Dispute Resolution*,Martinus Nijhoff Publishers,2004.

(62) OBrien,J., *International Law*,London:Cavendish,2001.

(63) Onuoha,A.,"Enforcement of Arbitrating Interim Measures under the Nigerian Arbitration and Conciliation Act",*Science Technology Public Policy*,Volume5,Issue1,2021.

(64) Olson,K.M.,"Free Riders Among the Rent-Seekers:A Model of Firm Participation in Anti-dumping Petitions",*Working Paper*,available at

http://econwpa.wustl.edu/eprints/it/papers/0404/0404009.abs,2004.

(65) Olson,K.M.,"Subsiding Rent-Seeking:Anti-dumping Protection and the Byrd Amendment",available at http://econwpa.ustl.edu:8089/eps/it/papers/0407/0407005.pdf,2005.

(66) Ortino, F., &E - U, P., "The WTO Dispute Settlement System (1995-2003)",*Kluwer Law International*,2004

(67) OngKengYong,H.E.,"ASEAN and the 3 Ls':Leaders,Laymen,and Lawyers",*http:www.aseansec.org*17356.*htm.*

(68) Palmeter,D.,&Mavroidis,P.C.,*Dispute Settlements in WTO:Practice and Procedure*,2nd Edition,Cambridge University Press,2004.

(69) "Panel Report of Economics Measures Concerning Meat and Meat Products(Hormones Case)",1997,8.

(70) Pauwelyn,J.,"The Use of Experts in WTO Dispute Settlement",*International & Comparative Law Quarterly*,Vol.51,2002.

(71) Pauwelyn, J., "The Puzzle of WTO Safeguards and Regional Trade agreements", *Journal of International Economic Law*, 2004, 7(1).

(72) Peck, C., &Lee, S.R. (Eds), "Increasing the Effectiveness of the International Court of Justice", *Kluwer Law International*, 1997.

(73) Polouektov, A., " Non-market Economy Issues in the WTO Anti-dumping Law and Accession Negotiations", *Journal of World Trade*, 2002, 36 (1).

(74) Preiss, E.L., "The International Obligation to Conduct an Environmental Impact Assessment", *New York University Environmental Law Journal*, Vol.7, 1999.

(75) Probst, R.R., "Good Offices in International Relations in the Light of Swiss Practice and Experience", 201 *Hagure Recueil des Cours*, 1987.

(76) Quayle, P., Gao, X., "International Organizations and the Promotion of Effective Dispute Resolution", *Koninkligke Brill NV*, 2019.

(77) Roitinger, A., "Anti-dumping Reform, Trade Policy Flexibility and Compensation", *Econ. Paper*, available at http://econpapers.hhs.se/paper/usgdP2002/2002-18.htm, 2002

(78) Rosendorff, B.P., "Stability and Rigidity: Politics and Design of the WTO's Dispute Settlement Procedure", 2004.

(79) Rosenne, S., *The Law and Practice of the International Court* (1920-2005), Martinus Nijhoff Publishers, Vol. Ⅲ, 2006.

(80) Schwebel, S.M., "Address by the President of the International Court of Justice to the General Assembly of the United Nations", 1998.

(81) Shell, R.G., "Trade Legalism and International Relations Theory: An Analysis of the world Trade Organization.", *Duke Law Journal*, Vol.44, 1995.

(82)Snyder, F., "The Origins of the Non- market Economy", *European Law Journal*, 2001, 7.

(83) Sohn, L. B., "The Function of International Arbitration Today", in *I Hague Recueil*, 1963.

(84) Sparshott, J., "Firms get $329 Million to offset Foreign Goods: 1,200 Recipients of Subsidy Plan.", *The Washington Times*, 2002, 12.

(85) Spelliscy, S., "The Proliferation of International Tribunals", *Columbia Journal of Transnational Law.*, Vol.40, 2001.

(86) Staiger, R., " International Rules and Institutions for Cooperative Trade Policy", Ch29, in Grossman, G. M. and K. Rogoff(eds.), *Hand book of International Economies, Anlsterdam, Elsevier*, Vol.3, 1995.

(87) Steren, S., "Retaliation And Trade Wars (R)", Available at http://international econ.com./v1.0, 1999.

(88) Valihora, M.S., "NAFTA Chapter 19 or the WTO's Dispute Settlement Body", *A Hobson's Choice for Canada Case Western Reserve Journal of International Law*, Spring Summer, 1998.

(89) Wang, J. Y., "Two International Legal Issues in the China-ASEAN Free Trade Agreement", *Paper for Symposium China's Relations with ASEAN: New Dimensions*, Singapore 3-4 Dec, 2004.

(90) Waldock, S, H., *International Disputes: the legal aspects*, London: Europa Publications, 1972.

(91) Wang, T. Y., "The Third World and International Law", in R. St. J. Macdonald, and D. Johnston (eds.), *The Structure And Process of International Law*, Boston: Martinus Nijhoff Publishers, 1983.

(92) Wattanapruttipaisan, " ASEAN-China Economic Relationships and

Cooperation in Trade and Investment: Patterns and Potential", paper presented at the Symposium on ASEAN-China Entrepreneur Exchanges, Chengdu, China, 22-23 October.

(93)"WTO Report(1996-2005) of the Committee on Safeguards to the Council for Trade in Goods", available at http://www.wto.org/english/tratop_e/safeg_e/safeg_e.htm/.

(94) Young.& Umbricht., "WTO Dispute Settlement 1995-2000: A.Statistical Analysis", *J.of International Economic Law*, 2001, 4(1).

(95) Zhu, W.Y.& Tong, S., "China-ASEAN FTA changes ASEAN's Perspective on China", *East Asian Policy*, 2010.

3. 国外网站

(1)中国—东盟自由贸易区,http://www.cafta.org.cn/。

(2)东盟秘书处,http://www.aseansee.org/home.htm。

(3)菲律宾外交部,http://www.dfa.gov.ph/dfa-menu.html。

(4)国际货币基金组织,http://www.imf.org/。

(5)联合国,http://www.un.org/。

(6)美国战略与国际研究中心,http://www.csis.org。

(7)马来西亚总理府,http://www.smpke.jpm.my。

(8)马来西亚外交部,http://www.kln.gov.my。

(9)瑞士斯德哥尔摩国际和平研究所,http://www.sipri.org/。

(10)世界银行,http://www.worldbank.org/。

(11)世界贸易组织,http://www.wto.org/。

(12)泰国外交部,http://www.mfa.go.th。

(13)新加坡外交部,http://www.gov.sg/mfa/。

(14)新加坡国防部,http://www.mindef.gov.sg/main/。

(15)新加坡工业贸易部,http://www.mti.gov.sg。

(16)新加坡国立大学东南亚研究所,http://www.iseas.edu.sg/。

(17)亚洲太平洋经济合作组织,http://www.apecsec.org.sg/apec.html。

(18)亚洲开发银行,http://www.adb.org。

(19)雅加达战略与国际研究中心,http://www.csis.or.id。

(20)英国国际战略研究所,http://www.iiss.org。

(21)印度尼西亚外交部,http://www.dfa-deplu.go.id。

责任编辑:陆丽云　李琳娜
封面设计:汪　莹

图书在版编目(CIP)数据

中国—东盟经贸争端解决的法制研究/潘星容 著. —北京:人民出版社,
2022.12
ISBN 978 - 7 - 01 - 024517 - 1

Ⅰ.①中…　Ⅱ.①潘…　Ⅲ.①自由贸易区-经贸合作-国际争端-经济纠纷-处理-研究-中国、东南亚国家联盟　Ⅳ.①D996.1

中国版本图书馆 CIP 数据核字(2022)第 019938 号

中国—东盟经贸争端解决的法制研究

ZHONGGUO DONGMENG JINGMAO ZHENGDUAN JIEJUE DE FAZHI YANJIU

潘星容　著

人民出版社 出版发行
(100706　北京市东城区隆福寺街 99 号)

北京汇林印务有限公司印刷　新华书店经销

2022 年 12 月第 1 版　2022 年 12 月北京第 1 次印刷
开本:710 毫米×1000 毫米 1/16　印张:17.75
字数:240 千字

ISBN 978 - 7 - 01 - 024517 - 1　定价:88.00 元

邮购地址 100706　北京市东城区隆福寺街 99 号
人民东方图书销售中心　电话 (010)65250042　65289539